“十三五”全国高职高专教育精品规划教

经 济 法

（第 2 次修订本）

主　编　刘　艳
副主编　徐　进　谢国萍
主　审　于云波

北京交通大学出版社
·北京·

内 容 简 介

本书根据《教育部关于全面提高高等职业教育教学质量的若干意见》（教高〔2006〕16号）的文件精神，立足于高职高专院校经济管理类专业工作岗位所需要的知识、能力、素质要求，以“理论与实践结合、知识与技能并重”为原则，以培养学生能力为本位，系统介绍了我国重要的经济法律法规的基本内容。本书包括经济法基础理论、经济实体法律和经济法律救济制度三部分，具体由经济法概述、企业法律制度、合同法律制度、市场秩序规范法律制度、工业产权法律制度、证券法律制度、劳动保障法律制度、经济纠纷的解决等8个单元组成。

本书适用于高等院校（高职高专、应用型本科）、成人高校、民办高校及本科院校举办的二级职业技术学院、继续教育学院经济管理类专业经济法课程的教学，也可作为厂矿企业管理人员的岗位培训参考用书。

图书在版编目（CIP）数据

经济法／刘艳主编．—北京：北京交通大学出版社，2016.4（2021.3 重印）
（“十三五”全国高职高专教育精品规划教材）
ISBN 978-7-5121-2695-4

Ⅰ．①经…　Ⅱ．①刘…　Ⅲ．①经济法-中国-高等职业教育-教材　Ⅳ．①D922.29

中国版本图书馆 CIP 数据核字（2016）第 067693 号

责任编辑：杨　青
出版发行：北京交通大学出版社　　电话：010-51686414　　http://www.bjtup.com.cn
地　　址：北京市海淀区高梁桥斜街44号　　邮编：100044
印 刷 者：北京鑫海金澳胶印有限公司
经　　销：全国新华书店
开　　本：185 mm×260 mm　　印张：14.25　　字数：352千字
版　　次：2020年1月第1版第2次修订　　2021年3月第4次印刷
书　　号：ISBN 978-7-5121-2695-4/D・195
印　　数：8 001～10 000 册　　定价：38.00 元

本书如有质量问题，请向北京交通大学出版社质监组反映。对您的意见和批评，我们表示欢迎和感谢。
投诉电话：010-51686043，51686008；传真：010-62225406；E-mail：press@bjtu.edu.cn。

“十三五”全国高职高专教育精品规划教材丛书编委会

出版说明

高职高专教育是我国高等教育的重要组成部分，其根本任务是培养生产、建设、管理和服务第一线需要的德、智、体、美全面发展的应用型专门人才，所培养的学生在掌握必要的基础理论和专业知识的基础上，应重点掌握从事本专业领域实际工作的基础知识和职业技能，因此与其对应的教材也必须有自己的体系和特点。

为了适应我国高职高专教育发展及其对教育改革和教材建设的需要，在教育部的指导下，我们在全国范围内组织并成立了“全国高职高专教育精品规划教材研究与编审委员会”（以下简称“教材研究与编审委员会”）。“教材研究与编审委员会”的成员所在单位皆为教学改革成效较大、办学实力强、办学特色鲜明的高等专科学校、成人高等学校、高等职业学校及高等院校主办的二级职业技术学院，其中一些学校是国家重点建设的示范性职业技术学院。

为了保证精品规划教材的出版质量，“教材研究与编审委员会”在全国范围内选聘“全国高职高专教育精品规划教材编审委员会”（以下简称“教材编审委员会”）成员和征集教材，并要求“教材编审委员会”成员和规划教材的编著者必须是从事高职高专教学第一线的优秀教师和专家。此外，“教材编审委员会”还组织各专业的专家、教授对所征集的教材进行评选，对所列选教材进行审定。

此次精品规划教材按照教育部制定的“高职高专教育基础课程教学基本要求”而编写。此次规划教材按照突出应用性、针对性和实践性的原则编写，并重组系列课程教材结构，力求反映高职高专课程和教学内容体系改革方向；反映当前教学的新内容，突出基础理论知识的应用和实践技能的培养；在兼顾理论和实践内容的同时，避免“全”而“深”的面面俱到，基础理论以应用为目的，以必需、够用为尺度；尽量体现新知识和新方法，以利于学生综合素质的形成和科学思维方式与创新能力的培养。

此外，为了使规划教材更具广泛性、科学性、先进性和代表性，我们真心希望全国从事高职高专教育的院校能够积极参与到“教材研究与编审委员会”中来，推荐有特色、有创新的教材。同时，希望将教学实践的意见和建议及时反馈给我们，以便对出版的教材不断修订、完善，不断提高教材质量，完善教材体系，为社会奉献更多更新的与高职高专教育配套的高质量教材。

此次所有精品规划教材由全国重点大学出版社——北京交通大学出版社出版。适合于各类高等专科学校、成人高等学校、高等职业学校及高等院校主办的二级技术学院使用。

全国高职高专教育精品规划教材研究与编审委员会

2020年1月

总　序

历史的车轮已经跨入了公元2020年，我国高等教育的规模已经是世界之最，2017年毛入学率达到45.7%，属于高等教育大众化教育阶段。根据《教育部关于全面提高高等职业教育教学质量的若干意见》（教高〔2006〕16号）等文件精神，高职高专院校要积极构建与生产劳动和社会实践相结合的学习模式，把工学结合作为高等职业教育人才培养模式改革的重要切入点，带动专业调整与建设，引导课程设置、教学内容和教学方法改革。由此，高职高专教学改革进入了一个崭新阶段。

新设高职类型的院校是一种新型的专科教育模式，高职高专院校培养的人才应当是应用型、操作型人才，是高级蓝领。新型的教育模式需要我们改变原有的教育模式和教育方法，改变没有相应的专用教材和相应的新型师资力量的现状。

为了使高职院校的办学有特色，毕业生有专长，需要建立“以就业为导向”的新型人才培养模式。为了达到这样的目标，我们提出“以就业为导向，要从教材差异化开始”的改革思路，打破高职高专院校使用教材的统一性，根据各高职高专院校专业和生源的差异性，因材施教。从高职高专教学最基本的基础课程，到各个专业的专业课程，着重编写出实用、适用高职高专不同类型人才培养的教材，同时根据院校所在地经济条件的不同和学生兴趣的差异，编写出形式活泼、授课方式灵活、满足社会需求的教材。

培养的差异性是高等教育进入大众化教育阶段的客观规律，也是高等教育发展与社会发展相适应的必然结果。只有使在校学生接受差异性的教育，才能充分调动学生浓厚的学习兴趣，才能保证不同层次的学生掌握不同的技能专长，避免毕业生被用人单位打上“批量产品”的标签。只有高等学校的培养有差异性，其毕业生才能有特色，才会在就业市场具有竞争力，从而使高职高专的就业率大幅度提高。

北京交通大学出版社出版的这套高职高专教材，是在教育部所倡导的“创新独特”四字方针下产生的。教材本身融入了很多较新的理念，出现了一批独具匠心的教材，其中，扬州环境资源职业技术学院的李德才教授所编写的《分层数学》，教材立意新颖，独具一格，提出以生源的质量决定教授数学课程的层次和级别。还有无锡南洋职业技术学院的杨鑫教授编写的一套将管理学、经济学等不同学科知识融为一体的教材，具有很强的实用性。

此套系列教材是由长期工作在第一线、具有丰富教学经验的老师编写的，具有很好的指导作用，达到了我们所提倡的“以就业为导向培养高职高专学生”和因材施教的目标要求。

教育部全国高等学校学生信息咨询与就业指导中心择业指导处处长

中国高等教育学会毕业生就业指导分会秘书长

曹　殊　研究员

前　言

市场经济就是法治经济。“经济法”课程是高职高专院校市场营销、工商管理、电子商务、财务会计等经济管理类专业重要的专业基础课。“以就业为导向、以能力为本位”是高职教育应当遵循的基本理念，高职高专的培养目标决定了经济法的教学目标在于培养学生知法、守法、用法的本领，培养学生运用经济法律知识分析和解决实际问题的能力，培养其法律意识，增强其法制观念。因此从事经济管理和服务工作的人员都应当学习和掌握与工作有关的经济法律知识，“经济法”课程教学要根据学生将来的工作任务来设计学习内容。

本书立足于高职高专院校经济管理类专业人才培养特点和培养目标的要求，以“理论与实践结合、知识与技能并重”为原则，以培养学生能力为本位，系统介绍了我国重要的经济法律法规的基本内容。本书包括经济法基础理论、经济实体法律和经济法律救济制度三部分，具体由经济法概述、企业法律制度、合同法律制度、市场秩序规范法律制度、工业产权法律制度、证券法律制度、劳动保障法律制度、经济纠纷的解决等8个单元组成。

本书突出了高职高专经济法“以能力为本位”的思想，突出了经济管理类经济法实用性、应用性的特点。一是内容新颖实用。本书紧跟国家经济法制建设的步伐，反映国内经济法学研究的最新学术成果及国家最新修订、出台的经济法律法规，内容的设计在侧重介绍经济法的基础理论和基本知识的同时，注重对学生实践能力和综合素养的培养。二是结构特色鲜明。根据高职高专培养目标要求，本书在结构上充分体现了导—教—学—思—练的教学规律，每一单元都设定学习目标，每一节均采用案例导读，概念知识点重点突出。三是实用性强。本书内容能充分体现高职高专教育特色的需要，既注重提高学生经济法理论水平，更注重培养学生从事经济法实务的能力，每单元末设计了案例分析，以便老师组织案例讨论课或学生自学，为理论与实践结合提供一个教学平台，以便强化学生理解、应用的能力，同时还设计了技能训练的项目来提高学生的实践动手能力，充分体现了高职高专教育教学的特色。

本书是无锡职业技术学院刘艳等老师多年的教学实践探索和积累，体现了经济法精品课程建设的教学改革思想，力求将经济法基础理论与经济法应用能力相结合，从实际经济法律问题出发，帮助学生确立发现问题、分析问题、解决问题的研究型学习方法，培养学生分析和解决经济法律实际问题的能力。本书通过实际经济法律案例导入学习内容，以“从概念到技能”的方式组织全书结构，单元末再以“复习思考题” 和“案例分析”深化思考。每个单元的内容都按照学习目标、案例导读、基本内容、复习思考题、案例分析、技能训练的模式进行编排，中间穿插“典型案例”“想一想”等栏目，便于学生理解、掌握和应用所学知识，使全书更适应教学改革和课程建设的要求，体现了科学性、系统性和新颖性。

本书由刘艳老师任主编，负责整体内容体系和篇章结构设计，并编写第三、五、八单元；无锡职业技术学院徐进老师和谢国萍老师任副主编，其中徐进编写第一、四、七单元，谢国萍编写第二、六单元。全书由无锡职业技术学院于云波教授主审。

本书在编写过程中，参考了大量的书籍和文献资料，并得到无锡职业技术学院各级领导的大力支持和无锡苏宁电器有限公司人力资源部易望廷经理的帮助，在此一并表示衷心的感谢。但是，由于编者水平有限和时间限制，书中难免存在不妥之处，敬请读者批评指正。

编　者

2020 年 1 月

目　录

第一部分　经济法基础理论

第二部分　经济实体法律

第三部分　经济法律救济制度

第一部分
经济法基础理论

单元一

经济法概述

学习目标

本单元是经济法的基础理论部分，通过本单元的学习，学生应能了解法的基本知识，掌握经济法的基本概念和基本理论，并能够在以后各具体法律制度的学习中加以运用。学生应了解法的起源、法的概念和特征、法的渊源及效力等级；掌握经济法的概念、特征和调整对象，了解经济法的基本原则和作用；掌握经济法律关系的概念，熟悉经济法律关系的构成要素及引起经济法律关系产生、变更和终止的法律事实的含义、种类；了解经济法律责任的概念和承担方式。

第一节　法的基本知识

案例导读

2003 年 3 月 17 日晚上，任职于广州某公司的湖北青年孙志刚在前往网吧的路上，因缺少暂住证，被警察送至广州市“三无”人员（即无身份证、无暂居证、无用工证明的外来人员）收容遣送中转站收容。次日，孙志刚被收容站送往一家收容人员救治站。在这里，孙志刚遭到工作人员及其他收容人员的野蛮殴打，并于 3 月 20 日死于这家救治站中。

一个公民，就因为没有暂住证，被收容，被遣送，被毒打，被剥夺生命，而后真相被曝光，凶手被审判，恶法被废止。这就是孙志刚收容案。

孙志刚的悲剧引起全国各地乃至海外各界人士的强烈反响，通过互联网及报纸杂志各媒体，民众呼吁严惩凶手，要求违宪审查。

同年 6 月 5 日：广州当地法院开庭审理孙志刚案。

6 月 20 日：《城市生活无着的流浪乞讨人员救助管理办法》公布。

8 月 1 日：1982 年颁布的《城市流浪乞讨人员收容遣送办法》被废止。

以生命为代价推动中国法治进程，值得纪念的人——孙志刚。

请思考：孙志刚事件给我们带来了哪些法的启示？

一、法的概念、本质与特征

长期以来，原始社会并没有法，调整人们活动的行为准则是原始习惯。原始习惯是在实践中形成的，是不成文的，它反映着氏族成员共同意志和利益，是靠习惯、传统力量、氏族首领的威严来实现的。随着生产力的发展，产品有了剩余，使占有多余产品、剥削他人劳动成果有了可能，也使产品交换有了可能，促进了社会大分工。它们之间的利益和要求是根本对立的，冲突是不可避免的。占有生产资料和经济上强大的集团必然组织一定的暴力机构，维护自己的利益，镇压对立阶级的反抗，国家由此产生。同时他们还要强行把自己的意志变成国家的意志，按自己的意志维持社会秩序，组织社会生活，并强制所有社会成员遵守，法由此产生。法是随着私有财产的出现和阶级划分而产生的，将来随着私有制和阶级的消灭，随着国家的消亡，法也会消亡。法与国家同时产生、同步发展，也将同时消亡。

（一）法的概念

法是由国家制定或者认可并依靠国家强制力保证实施的行为规范体系。一般来说，调整人们行为的社会规范，有道德规范、宗教规范、纪律规范和法律规范。法是以权利和义务为调整机制，以人的行为及行为关系（社会关系）为调整对象，反映由特定物质生活条件所决定的统治阶级意志，以确认、保护和发展统治阶级所期望的社会关系和价值目标为目的的行为规范体系。

想一想 马克思说：“对于法律来说，除了我的行为以外，我是根本不存在的。”这句话的含义是什么？

（二）法的本质与特征

法是一种特殊的行为规则、社会规范，有其自己的本质和特征。

1. 法是统治阶级意志的体现

法是统治阶级意志的体现。这就是法的阶级性，是法的本质和属性。这句话的含义有 5 个。① 法不是超阶级的，它总是一定阶级的意志的体现。② 法只能是属于统治阶级的，是在经济上、政治上占统治地位的阶级意志的体现，它不能同时又属于被统治阶级，它所体现的统治阶级意志永远是和被统治阶级意志相对立的。③ 法是统治阶级的阶级意志的体现。它不应是统治阶级中个人意志的体现，也不应是统治阶级中个别或部分人（阶层、集团）的意志的体现。④ 法是统治阶级的基本意志的体现，而不是它的全部意志的体现。⑤ 法所体现的统治阶级的意志，不是随心所欲、凭空产生的，是由统治阶级所处的物质生活条件决定的。物质资料的生产方式是决定社会面貌、性质和发展的根本原因，也是决定法律本质、内容和发展方向的根本因素。

2. 法是由国家制定或认可的

这句话的含义有 4 个。① 法体现着统治阶级的意志，但统治阶级意志并不能直接形成为法。它只有通过一定的组织和方式、程序，即由统治阶级的国家制定或认可，才能成为法。② 法所体现的统治阶级意志，是采取国家意志形态的。③ 采取国家意志形态是为了取得普遍遵守的形式，是为了使一切人都能按照统治阶级的意志和利益行事。法作为一个整体在本国主权范围内具有普遍约束力，所有国家机关、社会组织和个人都必须遵守法。任何人的合法行为都无一例外地受到法律保护，任何人的违法行为也都无一例外地受到法律制裁。④ 并非所有的国家意志都采取法的形式，并非所有国家机关制定和认可的文件都是法。只有有立法权的国家机关通过特定的立法方式和程序制定和认可的规范性文件才是法。

3. 法是由国家强制力保证实施的

这句话的含义有两个。① 一切行为规则、社会规范都具有一定的强制性，但法所具有的强制性是最强的，是以国家强制力为后盾，由国家强制力保证其实施和推行的。法律规范区别于道德规范、宗教规范、纪律规范等其他社会规范的首要之处在于，它是由国家制定或认可的并由国家强制力保证实施的社会规范体系。法的国家强制性，既表现为国家对违法行为的否定和制裁，也表现为国家对合法行为的肯定和保护；既表现为国家机关依法行使权力，也表现为公民可以依法请求国家保护其合法权利。② 这种国家强制力的物质形态即一系列的国家执法组织，如法院、监狱及其他执法机关。应当指出，法依靠国家强制力保证实施，这是从终极意义上讲的，即从国家强制力是法的最后一道防线的意义上讲的，而非意味着法的每一个实施过程，每一个法律规范的实施都要借助于国家系统化的暴力。也不是说，国家强制力是保证法的实施的唯一力量。

二、法的渊源和效力等级

法的渊源，也被称为法的形式，是指由一定的有权国家机关制定的各种规范性法律文件的表现形式。当代中国法的渊源主要有：宪法、法律、行政法规、地方性法规、自治法规、部门规章、地方人民政府规章等。

（一）法的渊源

1. 宪法

作为法的形式，宪法是国家最高权力机关经由特殊程序制定和修改的，综合性地规定国家、社会和公民生活的根本问题，具有最高法的效力的一种法。宪法规定国家的根本制度和根本任务，具有最高的法律地位和法律效力，一切法律、法规都不得与宪法相抵触。

2. 法律

法律是由全国人大和全国人大常委会制定、修改、补充、废止的。《中华人民共和国立法法》第 7 条规定：“全国人民代表大会和全国人民代表大会常务委员会行使国家立法权。全国人民代表大会制定和修改刑事、民事、国家机构的和其他的基本法律。全国人民代表大会常务委员会制定和修改除应当由全国人民代表大会制定的法律以外的其他法律；在全国人民代表大会闭会期间，对全国人民代表大会制定的法律进行部分补充和修改，但是不得同该法律的基本原则相抵触。”

3. 行政法规

行政法规是由国务院制定的规范性法律文件，是国家行政机关体系中效力最高的规范性文件。

4. 地方性法规

地方性法规，是指法定的地方国家权力机关依照法定的权限，在不同宪法、法律和行政法规相抵触的前提下，制定和颁布的在本行政区域范围内实施的规范性文件。

5. 自治法规

自治法规是民族区域自治地方，即自治区、自治州、自治县人大制定的与民族区域自治有关的规范性法律文件，包括自治条例和单行条例。自治条例和单行条例可以依照当地民族的特点，对法律和行政法规的规定作出变通规定，但不得违背法律或者行政法规的基本原则，不得对宪法和民族区域自治法的规定及其他有关法律、行政法规专门就民族自治地方所作的规定作出变通规定。

6. 规章

规章通常称为行政规章，是国家行政机关依照行政职权所制定、发布的针对某一类事件或某一类人的一般性规定。规章包括部门规章和地方人民政府规章。

（二）规范性法律文件的效力等级

上述各种法的渊源都具有法的效力，但它们的效力等级又是有差别的。

（1）宪法具有最高的法律效力，一切法律、行政法规、地方性法规、自治条例和单行条例、规章都不得同宪法相抵触。

（2）法律的效力高于行政法规、地方性法规、规章。行政法规的效力高于地方性法规、规章。

（3）地方性法规的效力高于本级和下级地方政府规章，省、自治区的人民政府制定的规章的效力高于本行政区域内的较大的市的人民政府制定的规章。

（4）自治条例和单行条例具有优先适用效力，经济特区法规具有优先适用效力。自治条例和单行条例依法对法律、行政法规、地方性法规作变通规定的，在本自治地方适用自治条例和单行条例的规定；经济特区法规根据授权对法律、行政法规、地方性法规作变通规定的，在本经济特区适用经济特区法规的规定。

（5）部门规章之间、部门规章与地方人民政府规章之间具有同等效力，在各自的权限范围内施行。

（6）特别规定优于一般规定、新的规定优于旧的规定。同一机关制定的法律、行政法规、地方性法规、自治条例和单行条例、规章，特别规定与一般规定不一致的，适用特别规定；新的规定与旧的规定不一致的，适用新的规定。

三、法的效力

（一）法对人的效力

1. 法对人的效力原则

法对人的效力原则如表 1-1 所示。

表 1-1　法对人的效力原则

（1）属人主义原则	即法律只适用于本国公民，不论其身在国内还是国外；非本国公民即便身在该国领域内也不适用。
（2）属地主义原则	法律适用于该国管辖地区内的所有人，不论是否为本国公民，都受法律约束和法律保护；本国公民不在本国，则不受本国法律的约束和保护。
（3）保护主义原则	即以是否维护本国利益作为是否适用本国法律的依据；任何侵害了本国利益的人，不论其国籍和所在地域，都要受该国法律的追究。
（4）综合原则：属地主义为主，属人、保护主义相结合。	这是近代以来多数国家所采用的原则，我国也是如此。

2. 法对中国公民及对外国人和无国籍人的效力

法对中国公民及对外国人和无国籍人的效力，如表 1-2 所示。

表 1-2 法对中国公民及对外国人和无国籍人的效力

<table>
<tr><td rowspan="2">对中国公民的效力</td><td colspan="2">（1）在中国领域内一律适用中国法律。</td></tr>
<tr><td colspan="2">（2）在中国境外的中国公民，也应遵守中国法律并受中国法律保护。但对于适用中国法律与适用所在国法律的关系，应区别情况，依法分别对待。</td></tr>
<tr><td rowspan="3">对外国人和无国籍人的效力</td><td colspan="2">（1）外国人和无国籍人在中国领域内，除法律另有规定者外，适用中国法律。
有特殊身份的或者享有豁免权的外国主体，如外国元首、外交使者、外国政要及他们的配偶和未成年的子女，中国法对其不加以直接适用。</td></tr>
<tr><td rowspan="2">（2）外国人和无国籍人在中国领域外：</td><td>① 外国人对中国国家或者公民犯罪，而按《中华人民共和国刑法》规定的最低刑为 3 年以上有期徒刑的，可以适用中国刑法，但是按照犯罪地的法律不受处罚的除外；</td></tr>
<tr><td>② 在民事或商事活动领域，可以按照我国有关法律的规定或国际私法的冲突规范来加以确定。</td></tr>
</table>

（二）法的空间效力

法的空间效力，指法在哪些地域有效力，适用于哪些地区。

一般来说，一国法律适用于该国主权范围所及的全部领域，包括领陆、领水及其底土和领空。有的法律只适用于一国的部分领域，如我国的特别行政区法律。

根据有关国际条约的规定，一国的法律也可以适用于本国驻外使馆、在外船舶及飞机。

（三）法的时间效力

法的时间效力，指法何时生效、何时终止效力及法对其生效以前的事件和行为有无溯及力，具体如表 1-3 所示。

表 1-3 法的时间效力具体含义

<table>
<tr><td rowspan="3">1. 法的生效时间</td><td>（1）自法律公布之日起生效。</td></tr>
<tr><td>（2）由该法律规定具体生效时间。</td></tr>
<tr><td>（3）规定法律公布后符合一定条件时生效，例如，《中华人民共和国企业破产法（试行）》第 43 条规定：“本法自全民所有制工业企业法实施满三个月之日起试行，试行的具体部署和步骤由国务院规定。”</td></tr>
<tr><td rowspan="2">2. 法终止生效的时间</td><td>（1）明示的废止，即在新法或其他法律文件中明文规定废止旧法。</td></tr>
<tr><td>（2）默示的废止，即当法律适用中出现新法与旧法冲突时，依“新法优于旧法”“后法优于前法”，适用新法而使旧法事实上被废止。</td></tr>
<tr><td rowspan="3">3. 法的溯及力（也称法溯及既往的效力，是指法对其生效以前的事件和行为是否适用。如果适用，就具有溯及力；如果不适用，就没有溯及力）</td><td>（1）有关侵权、违约的法律和刑事法律，一般以法不溯及既往为原则。</td></tr>
<tr><td>（2）法不溯及既往并非绝对。目前各国通例是采用“从旧兼从轻”原则，即新法原则上不溯及既往，但是新法不认为犯罪或者处刑较轻的，适用新法，也称为“有利原则”。</td></tr>
<tr><td>（3）在某些有关民事权利的法律中，法律有溯及力。比如，《中华人民共和国著作权法》第 60 条规定：“本法规定的著作权人和出版者、表演者、录音录像制作者、广播电台、电视台的权利，在本法施行之日尚未超过本法规定的保护期的，依照本法予以保护。”</td></tr>
</table>

四、法的作用

法的作用泛指法对人们的行为及社会关系和社会生活发生的影响。

（一）法的规范作用

作为国家制定的社会规范，法具有指引、评价、预测、教育和强制等规范作用。

1. 指引作用

法是通过人们在法律上的权利和义务及违反法律规定应当承担的责任来调整人们的行为的。

2. 评价作用

法律作为一种行为标准和尺度，具有判断、衡量人们的行为的作用。

3. 预测作用

根据法律规定，人们可以预先知晓或估计到人们相互间将如何行为。

4. 强制作用

法的强制作用还在于制裁、惩罚违法犯罪行为，预防违法犯罪行为，增强社会成员的安全感。

5. 教育作用

这是对一般人的行为的作用。法作为一种行为规范，在对一般人的行为进行指引、预测、评价和强制的过程中，直接或间接影响着人们的思想，并进而影响到人们的行为选择。有人因违法而受到制裁，固然对一般人以至受制裁人本人有教育作用，反过来，人们的合法行为及其法律后果也同样对一般人的行为具有示范作用。

（二）法的社会作用

1. 维护统治阶级的阶级统治

法律的阶级统治作用是指法律在经济统治、政治统治、思想统治等方面的作用。在阶级对立社会中，社会基本矛盾是对立阶级之间的冲突和斗争。为了维护自己的统治，掌握政权的阶级必然把阶级冲突和斗争控制在一定的秩序范围内，他们利用国家制定和实施法律，来使自己在社会生活中的统治地位合法化，使阶级冲突和矛盾保持在统治阶级的根本利益所允许的界限之内，建立有利于统治阶级的社会关系和社会秩序。

2. 执行社会公共事务

法律在执行社会公共事务上的作用具体表现在 5 个方面。① 维护人类社会基本生活条件，包括维护最低限度的社会治安，保障社会成员的基本人身安全，保障食品卫生、生态平衡、环境与资源合理利用、交通安全，等等。② 维护生产和交换条件，即通过立法和实施法律来维护生产管理、保障基本劳动条件、调节各种交易行为等。③ 促进公共设施建设，组织社会化大生产。④ 确认和执行技术规范，对消费者权益进行保护。⑤ 促进教育、科学和文化事业，如通过法律对人们的受教育权加以保护，鼓励兴办教育和奖励科技发明，保护人类优秀的文化遗产，要求政府兴办各种图书馆、博物馆、文化馆等文化设施。

五、法律关系

法律关系是在法律规范调整社会关系的过程中所形成的人们之间的权利和义务关系。

（一）法律关系主体

法律关系的主体是法律关系的参加者，即在法律关系中一定权利的享有者（称为权利人）和一定义务的承担者（称为义务人）。法律关系主体如表 1-4 所示。

表 1-4 法律关系主体

<table>
<tr><td>1. 自然人</td><td>既指中国公民，也指居住在中国境内或在境内活动的外国人和无国籍人。</td></tr>
<tr><td rowspan="3">2. 机构和组织</td><td>（1）各种国家机关（立法机关、行政机关和司法机关等）。</td></tr>
<tr><td>（2）各种企事业组织和在中国领域内设立的中外合资经营企业、中外合作经营企业和外资企业。</td></tr>
<tr><td>（3）各政党和社会团体。</td></tr>
<tr><td>3. 国家</td><td>特殊情况下国家可以作为一个整体成为法律关系主体。如作为主权者它是国际公法关系的主体，在国内法上，可直接以自己的名义参与国内的法律关系（如发行国库券），但在多数情况下由国家机关或其授权的组织作为代表参加法律关系，既不同于一般公民，也不同于法人。</td></tr>
</table>

（二）法律关系客体

法律关系的客体是主体权利和义务所共同指向的对象，如表 1-5 所示。

表 1-5 法律关系客体

<table>
<tr><td rowspan="8">1. 物</td><td rowspan="4">（1）作为法律关系客体的物与物理意义上的物既有联系，又有不同，它不仅具有物理属性，而且应具有法律属性。物理意义上的物要成为法律关系客体，须具备以下条件：</td><td>① 应得到法律之认可；</td></tr>
<tr><td>② 应为人类所认识和控制，不可认识和控制之物（如地球以外的天体）不能成为法律关系客体；</td></tr>
<tr><td>③ 能够给人们带来某种物质利益，具有经济价值；</td></tr>
<tr><td>④ 具有独立性。不可分离之物（如道路上的沥青、桥梁之构造物、房屋之门窗）一般不能脱离主物，故不能单独作为法律关系客体存在。</td></tr>
<tr><td rowspan="4">（2）在我国，大部分天然物和生产物可以成为法律关系的客体，但有几种物不得进入国内商品流通领域，成为私人法律关系的客体：</td><td>① 人类公共之物或国家专有之物，如海洋、山川、水流、空气；</td></tr>
<tr><td>② 文物；</td></tr>
<tr><td>③ 军事设施、武器（枪支、弹药等）；</td></tr>
<tr><td>④ 危害人类之物（如毒品、假药、淫秽书籍等）。</td></tr>
<tr><td rowspan="6">2. 人身（不仅是指作为物质实体的人身，也包括人身的延展物，如姓名、荣誉等）</td><td rowspan="3">（1）人身是由各个生理器官组成的生理整体（有机体）。它是人的物质形态，也是人的精神利益的体现。它不仅是人作为法律关系主体的承载者，而且在一定范围内成为法律关系的客体，但须注意的是：</td><td>① 活人的（整个）身体，不得视为法律上之“物”，不能作为物权、债权和继承权的客体，禁止任何人（包括本人）将整个身体作为“物”参与有偿的经济法律活动，不得转让或买卖，例如，贩卖或拐卖人口，买卖婚姻，是法律所禁止的违法或犯罪行为，应受到法律的制裁；</td></tr>
<tr><td>② 权利人对自己的人身不得进行违法或有伤风化的活动，不得滥用人身，或自践人身和人格，例如，卖淫、自杀、自残行为属违法行为或至少是法律所不提倡的行为；</td></tr>
<tr><td>③ 对人身行使权利时必须依法进行，不得超出法律授权的界限，严禁对他人人身非法强行行使权利，例如，有监护权的父母不得虐待未成年子女的人身。</td></tr>
<tr><td rowspan="3">（2）人身（体）部分（如血液、器官、皮肤等）的法律性质，是一个较复杂的问题。它属于人身，还是属于法律上的“物”，不能一概而论，应从三方面分析：</td><td>① 当人身之部分尚未脱离人的整体时，即属人身本身；</td></tr>
<tr><td>② 当人身之部分自然地从身体中分离，已成为与身体相脱离的外界之物时，亦可视为法律上之“物”；</td></tr>
<tr><td>③ 当该部分已植入他人身体时，即为他人人身之组成部分。</td></tr>
</table>

续表

3. 精神产品	精神产品是人通过某种物体（如书本、砖石、纸张、胶片、磁盘）或大脑记载下来并加以流传的思维成果，属于非物质财富。西方学者称之为"无体（形）物"。我国法学界常称为"智力成果"或"无体财产"。	① 不同于有体物，其价值和利益在于物中所承载的信息、知识、技术、标识（符号）和其他精神文化。
		② 不同于人的主观精神活动本身，它是精神活动的物化、固定化。
4. 行为结果	作为法律关系客体的行为结果是特定的，即义务人完成其行为所产生的能够满足权利人利益要求的结果。这种结果一般分为两种：	① 物化结果，即义务人的行为（劳动）凝结于一定的物体，产生一定的物化产品或营建物（房屋、道路、桥梁等）；
		② 非物化结果，即义务人的行为没有转化为物化实体，而仅表现为一定的行为过程，直至终了，最后产生权利人所期望的结果（或效果）。例如，权利人在义务人完成一定行为后，得到了某种精神享受或物质享受，增长了知识和能力等。

（三）法律关系的内容

法律关系的内容就是法律关系主体所享有的法律权利和承担的法律义务。

从本质上看，权利是指法律保护的某种利益；从行为方式的角度看，它表现为要求权利相对人可以怎样行为，必须怎样行为或不得怎样行为。义务是指人们必须履行的某种责任，它表现为必须怎样行为和不得怎样行为两种方式。在法律调整状态下，权利是受法律保障的利益，其行为方式表现为意志和行为的自由。义务则是对法律所要求的意志和行为的限制，以及利益的付出。权利和义务是法律调整的特有机制，是法律行为区别于道德行为最明显的标志，也是法律和法律关系内容的核心。

>> **想一想** 下列各项属于法律关系吗？

A. 甲男和乙女登记结婚

B. 甲公司和乙公司签订货物买卖合同

C. 甲同学和乙公司签订就业协议

D. 甲司机因违章被交警罚款

六、法律责任

法律责任是指因违反了法定义务或契约义务或不当行使法律权利、权力所产生的，由行为人承担的不利后果。

以引起责任的行为性质为标准，法律责任可分为：刑事责任、民事责任、行政责任、违宪责任和国家赔偿责任，具体如表 1-6 所示。

表 1-6 法律责任的分类及特点

(1) 刑事责任，是指行为人因其犯罪行为所必须承受的，由司法机关代表国家所确定的否定性法律后果。其特点是：	① 产生刑事责任的原因在于行为人行为的严重社会危害性，只有行为人的行为具有严重的社会危害性即构成犯罪，才能追究行为人的刑事责任；
	② 刑事责任是犯罪人向国家所负的一种法律责任，它与民事责任由违法者向被害人承担责任有明显区别，刑事责任的大小、有无都不以被害人的意志为转移；
	③ 刑事责任是一种惩罚性责任，是所有法律责任中最严厉的一种；
	④ 刑事责任基本上是一种个人责任，但某些情形下也包括集体责任，有些国家称为"法人犯罪"的刑事责任，在我国称为"单位犯罪"的刑事责任；
	⑤ 刑事法律是追究刑事责任的唯一法律依据，罪刑法定。

续表

（2）民事责任，是指由于违反民事法律、违约或者由于民法规定所应承担的一种法律责任。其特点是：	① 它主要是一种救济责任，民事责任的功能主要在于救济当事人的权利，赔偿或补偿当事人的损失，当然，民事责任也执行惩罚的功能，具有惩罚的内容，如违约金本身就含有惩罚的意思；	
	② 它主要是一种财产责任；	
	③ 它主要是一方当事人对另一方的责任，在法律允许的条件下，多数民事责任可以由当事人协商解决。	
民事责任根据承担民事责任的原因可分为：	① 由违约行为（或不履行其他义务）产生的违约责任；	
	② 由民事违法行为，即侵权行为产生的一般侵权责任；	
	③ 由法律规定产生的特殊侵权责任。	
（3）行政责任，是指因违反行政法或因行政法规定而应承担的法律责任。其特点是：	① 承担行政责任的主体是行政主体和行政相对人；	
	② 产生行政责任的原因是行为人的行政违法行为和法律规定的特定情况；	
	③ 通常情况下，实行过错推定的方法，在法律规定的一些场合，实行严格责任；	
	④ 行政责任的承担方式多样化。	
（4）违宪责任，是指由于有关国家机关制定的某种法律和法规、规章，或者有关国家机关、社会组织或公民从事的与宪法规定相抵触的活动而产生的法律责任。其特点是：	① 广而言之，所有违法行为都是违宪行为；	
	② 违宪行为与一般违法行为还是有所区别的。宪法规范不仅为普通法律提供立法依据，它还有自己特定的调整对象，即国家机关之间的相互关系及它们与广大公民之间的相互关系。对违反这类宪法规范的行为，是不能通过追究刑事责任、民事责任或行政责任来预防和制止的。在我国，监督宪法实施的权力属于全国人民代表大会及其常务委员会。	
（5）国家赔偿责任，是指国家对于国家机关及其工作人员执行职务、行使公共权力损害公民、法人和其他组织的法定权利与合法利益所应承担的赔偿责任。其特点是：	① 产生国家赔偿责任的原因是国家机关及其工作人员在执行职务过程中的不法侵害行为；	
	② 国家赔偿责任的主体是国家；	
	③ 国家赔偿责任的范围如下。	● 行政赔偿是指行政机关及其工作人员在行使职权时，侵犯人身权、财产权造成损害而给予的赔偿。
		● 刑事赔偿是指行使国家侦查、检察、审判、监狱管理职权的机关在刑事诉讼中，侵犯当事人人身权、财产权造成损害而给予的赔偿。

七、民事主体

民事主体是指民事法律关系中享受权利、承担义务的参与者、当事人。民事主体包括：自然人、法人和非法人组织。法人包括：企业法人、机关、事业单位和社会团体法人。其他组织包括：个体工商户、农村承包经营户和个人合伙等。

（一）自然人

1. 自然人的概念

自然人，是指从出生时到死亡时止，依法享有民事权利，承担民事义务的人。

自然人主体资格具有广泛性，即任何人都要参加民事法律关系，不论其是否愿意，都要受到民事法律关系的调整。所有自然人都有平等的民事权利，有平等的民事义务。

2. 自然人的权利能力

自然人的民事权利能力，是自然人成为民事主体，享受民事权利和承担民事义务的资格。《中华人民共和国民法总则》以下简称《民法总则》第 13 条规定：“自然人从出生时起到死亡时止，具有民事权利能力，依法享有民事权利，承担民事义务。”即自然人的民事权利能力始于自然人出生，并为自然人终身享有。

3. 自然人的民事行为能力

民事行为能力是自然人以自己的行为设定民事权利义务的资格，即自然人依法独立进行民事活动的资格。我国《民法总则》将自然人的民事行为能力分为三类。

1）完全民事行为能力

具有完全民事行为能力的自然人，可以独立地实施法律规定自然人有权实施的一切民事行为。根据我国《民法总则》的规定，年满18周岁的自然人具有完全民事行为能力。此外，年满16周岁、不满18周岁，以自己的劳动收入为主要生活来源的自然人视为完全民事行为能力人。

2）限制民事行为能力

限制民事行为能力是指当事人的民事行为能力不完全，在法定范围内，当事人具有民事行为能力，可以独立地实施民事行为；但在法定范围之外，其民事行为能力有所欠缺，不能独立地实施民事行为。在我国，限制民事行为能力人包括年满8周岁但不满18周岁的自然人和不能完全辨认自己行为的成人。

限制民事行为能力人如果需要参加重要的民事活动，应由其法定代理人代理，或者事前征得法定代理人的同意，也可事后征得法定代理人的追认。但是，限制民事行为能力人可以独立实施纯获利益的民事法律行为或者与其年龄、智力和精神健康状况相适应的民事法律行为。

3）无民事行为能力

无民事行为能力是指完全不具备民事行为能力，原则上不能参加任何民事活动。在我国，无民事行为能力人包括未满8周岁的儿童和不能辨认自己行为的成年人，以及8周岁以上不能辨认自己行为的未成年人。无民事行为能力人既不能自己独立实施民事行为，也不能经他们的法定代理人的同意而独立实施民事行为。如无民事行为能力人需要实施民事行为，只能由他们的法定代理人代理。不过，为保护无民事行为能力人的利益，有关司法解释规定，无民事行为能力人接受奖励、赠与及报酬的行为有效。

（二）法人

1. 法人的概念

法人是指具有民事权利能力和民事行为能力，依法独立享有民事权利和承担民事义务的组织。法人是自然人的对称，在法学中，法人和自然人可以合称为“人”。人是民事权利的主体。法人的本质是国家对一定的社会组织赋予法律上的人格及人格化的法律组织。

2. 法人资格的取得

法人的权利能力是指法人享有参与民事活动，取得民事权利并承担民事义务的能力或资格。法人的行为能力是指法人能够以自己的行为进行民事活动，取得权利并承担义务的能力或资格。根据我国《民法总则》第58、59条的规定，法人应当依法成立。法人应当有自己的名称、组织机构、住所、财产或者经费。法人成立的具体条件和程序，依照法律、行政法规的规定。设立法人，法律、行政法规规定须经有关机关批准的，依照其规定。法人的民事权利能力和民事行为能力，从法人成立时产生，到法人终止时消灭。

3. 法人的种类

（1）企业法人，是指以生产经营为其活动内容，实行独立经济核算，自负盈亏，向国家纳税的单位。

（2）非企业法人，是指不直接从事生产经营活动的法人，以国家管理和非经营性的社会活动为其内容的法人，主要包括国家机关法人、事业单位法人、社会团体法人等。

（3）营利法人，是指以取得利润并分配给股东等出资人为目的成立的法人。营利法人包括有限责任公司、股份有限公司和其他企业法人等。

（4）非营利法人，是指为公益目的或者其他非营利目的成立，不向出资人、设立人或者会员分配所取得利润的法人。非营利法人包括事业单位、社会团体、基金会、社会服务机构等。

（三）非法人组织

非法人组织是指不具有法人资格，但是能够依法以自己的名义从事民事活动的组织。我国《民法总则》规定，非法人组织包括个人独资企业、合伙企业、不具有法人资格的专业服务机构等。非法人组织应当依照法律的规定登记。设立非法人组织，法律、行政法规规定须经有关机关批准的，依照其规定。非法人组织的财产不足以清偿债务的，其出资人或者设立人承担无限责任。非法人组织可以确定一人或者数人代表该组织从事民事活动。

八、代理制度

民法上的代理，是指代理人在代理权限范围内，以被代理人名义与第三人为民事法律行为，从而对被代理人直接发生权利义务的行为。

根据代理权产生的方式不同，代理可以分为法定代理和委托代理。

1. 法定代理

法定代理是指代理人的代理权直接根据法律规定而产生。如我国《民法总则》第 23 条规定："无民事行为能力人、限制民事行为能力人的监护人是其法定代理人。"法定代理中，代理人的代理权直接根据法律规定产生。具体说来，产生法定代理的原因主要包括：① 监护关系；② 法定财产代管关系；③ 法律的其他规定。

法定代理人依照法律的规定行使代理权。除为维护被代理人的利益之外，法定代理人不得处理被代理人的财产。

2. 委托代理

委托代理是指代理人的代理权根据被代理人的委托授权行为而产生。

代理人必须亲自进行代理活动，不得擅自转委托。转委托又称"再代理""复代理"。根据《民法总则》第 169 条的规定，代理人需要转委托第三人代理的，应当取得被代理人的同意或者追认。转委托代理经被代理人同意或者追认的，被代理人可以就代理事务直接指示转委托的第三人，代理人仅就第三人的选任以及对第三人的指示承担责任。转委托代理未经被代理人同意或者追认的，代理人应当对转委托的第三人的行为承担责任，但是在紧急情况下代理人为了维护被代理人的利益需要转委托第三人代理的除外。

代理活动不得超越代理权的范围，越权代理的具体表现方式：一是行为在性质上的越权（称为质的越权）；二是行为在数量上的越权（称为量的越权）。

代理人必须认真履行职责，不得损害被代理人的利益。我国《民法总则》第 164 条规定，代理人不履行或者不完全履行职责，造成被代理人损害的，应当承担民事责任。代理人和相对人恶意串通，损害被代理人合法权益的，代理人和相对人应当承担连带责任。

第二节　经济法的概念和调整对象

案例导读

《一个馒头引发的血案》是中国自由职业者胡戈创作的一部网络短片，其内容重新剪辑自电影《无极》和中国中央电视台社会与法频道栏目《中国法治报道》。对白经过重新改编，只有 20 分钟长，无厘头的对白，滑稽的视频片段分接，搞笑另类的穿插广告。在网络上，《一个馒头引发的血案》的下载率甚至远远高于《无极》本身。对于这种“篡改”，陈凯歌怒了，他声称要将这段视频的作者胡戈告上法庭。

请思考：胡戈到底有无权利对《无极》进行评论？其到底是否对陈凯歌构成侵权？如果侵权，那么前者侵犯了后者的何项权益？

一、经济法的概念

（一）“经济法”一词的由来

我国法学界一般认为：“经济法”一词首先出现在 18 世纪法国著名的空想社会主义者摩莱里 1755 年出版的《自然法典》一书中。该书第四篇《合乎自然意图的法制蓝本》中出现了“分配法或经济法”的说法，“经济法”是作者设想的在未来理想的公有制社会，用以“调整自然产品或人工产品的分配”的法律规定。但在该书中，经济法并非是以现实生活为基础的科学概念，而只是一种唯理论的对未来的主观构想。19 世纪法国又一空想社会主义者德萨米在《公有法典》一书中再次使用“经济法”这一概念，并且发展了摩莱里关于经济法的思想。

现代意义上的经济法是在市场经济从自由竞争阶段进入到垄断阶段以后才产生的，并体现为 19 世纪末 20 世纪初在美国、德国等国家制定的有关规范市场竞争行为的法律，如美国 1890 年的《谢尔曼反托拉斯法》、德国 1896 年的《反对不正当竞争法》等。此外，在第一次世界大战期间所产生的一些“战时统制法”，如德国 1919 年的《煤炭经济法》（它是世界上第一部以经济法命名的法典）等，体现了国家对市场经济活动的干预、协调，也有学者把它们看做是早期的经济法。上述各类新型立法，引发了研究者的浓厚兴趣，于是，有人开始称之为“经济法”，并在研究经济法的过程中，逐渐形成了新兴的经济法学。继德国在立法和法学研究上使用“经济法”一词后，其他一些资本主义国家和苏联、东欧等社会主义国家也开始大量使用“经济法”一词。如 1964 年捷克斯洛伐克颁布了《捷克斯洛伐克社会主义共和国经济法典》，这是世界上第一部系统和完备的（也是世界上唯一一部）经济法典，在经济法发展史上具有里程碑的意义。第一次世界大战后，德国的经济法研究很快就传入日本，并对日本产生了深远的影响。

总之，“经济法”一词虽然最早出现在 200 多年前的法国，但现代意义上的经济法概念则产生于 20 世纪初期的德国，并逐步传播到欧亚其他国家，成为目前世界各国重要的法律部门和法学科学。

（二）经济法概念的发展

从现代经济法的产生来看，经济法是社会经济发展到一定阶段，为克服市场自身调控的不足，国家对社会经济生活进行必要的干预，以建立和维护公正、稳定和有序的社会经济秩序而形成的法律部门。发达资本主义国家于 19 世纪末 20 世纪初，走向了垄断和社会化发展阶段。生产手段和经济实力的集中，产生了垄断财团。它们大量吞并、挤垮中小企业，独占或者操纵市场，恶化了竞争环境并导致消费者利益受损，自由、平等、民主等宪法所标榜的一系列原则被破坏殆尽，资本主义自由竞争机制所产生的活力和生机受到压抑和摧残。而且，财团实力的膨胀，也令其日益向政治领域渗透，国家政权直接或者间接地被财团所控制，成为服务于财团利益的工具。社会矛盾的激化还导致了战争和经济危机的频繁爆发。单靠市场的力量，显然是无法摆脱这种困境的。于是，资本主义国家不得不改变被动的不干预政策，逐步采用“国家干预”“宏观调控”“组织经济”等新的做法和理念，加强组织、管理经济的职能。它们以“有形之手”，直接、具体地干预和参与经济生活，以国家的经济集中限制私人垄断财团，以社会总代表的身份协调各方利益关系，调控经济进程，在国际贸易和交往中，以国家的名义和形式开展经济协作和竞争等。上述种种国家对经济生活的干预和参与，大都通过法的手段来实施，于是就出现了与民商法和其他传统法律迥然有异的经济性法律、法规，有的法学家将其诠释为“经济法”。经济法以“社会本位”为基本特征，以追求社会经济利益的均衡协调发展为根本宗旨。因此，经济法是调整国家在协调本国经济运行过程中所发生的经济关系的各种法律规范的总称。

经济法概念在我国出现得较晚。1979 年 6 月，全国人民代表大会五届二次会议的官方文件提出：“随着经济建设的发展，我们需要制定各种经济法”。第九届全国人民代表大会将经济法确立为我国法律体系中七大法律部门之一，与宪法及宪法相关法、民商法、行政法、社会法、刑法和诉讼与非诉讼法（程序法）并列。作为一个独立的法律部门，经济法是我国社会主义法律体系的重要组成部分。

二、经济法的调整对象

经济法是一个独立的法律部门。划分法律部门的主要依据就是法律的调整对象，即法律所调整的不同的社会关系。经济法是调整经济关系的，但并非调整所有的经济关系。经济法有其独特的调整对象。

经济法的调整对象具体包括以下内容。

（一）企业组织管理关系

国家为了协调本国经济运行，对于企业组织涉及影响整体社会经济运行的重大问题需进行必要的规范。国家从社会整体利益出发，在市场经济主体的法定资格条件、设立的法律程序、主体资本制度、内部治理结构等问题上必须进行统一协调。国家要对企业的设立、变更和终止，企业内部的设置及其职权，企业的财务、会计管理等进行一些必要的干预。经济法对企业组织管理关系进行调整，有助于从法律上保证企业成为自主经营、自负盈亏的合格主体，形成我国企业运行统一的企业经营机制、企业激励机制、企业约束机制和企业监督机制的系统，从而推进企业转换经营机制，政府转变职能，促进经济的健康发展。

（二）市场规制关系

为了维护市场机制的有效运行，发挥市场功能正面效应，尽量克服市场竞争的负面效应，国家必须对市场进行必要的规制。经济法调整国家在规制市场过程中发生的经济关系，即市场规制关系。国家通过运用经济法调整市场规制关系，有效地反对垄断，制止不正当竞争，维护市场经济秩序，保护正当经营者的合法权益，保障消费者的权益，实现市场功能。

（三）宏观调控关系

社会主义市场经济是一种国家宏观调控下的市场经济。在这种市场经济体制下，政府综合运用计划、财政、金融等手段，发挥价格、税收、利率、汇率等杠杆作用，引导和促进经济结构调整，保证经济稳定增长。在国家实施宏观调控行为中，法律要调整一系列的关系，如要确定政府在宏观调控中的权威地位，明确政府的调控权利和职责，确定其调控的手段及法律程序等。经济法调整国家在宏观调控中产生的这一特定经济关系，有助于发挥宏观调控的长处，弥补市场调节的缺陷，防止或者消除经济中的总量失衡，优化资源配置，并且健全宏观调控制度，使经济管理法制达到较高水平。

（四）劳动和社会保障关系

在社会主义市场经济条件下，不仅要强调效率和资源，同时还要注重公平和社会保障。在劳动力市场上，劳动者总是处于弱者的地位，因此需要国家进行干预，以维护劳动者的合法权益。同时，劳动者在年老、患病及失业的情况下，其基本生活应当得到保障，而市场本身无法解决这个问题，因此需要国家进行干预，以使其获得社会保障。在国家进行干预过程中形成的劳动和社会保障关系，也应当由经济法来调整。

总之，经济法的调整对象是国家协调本国经济运行过程中发生的经济关系。经济法的独特的调整对象，使经济法从根本上与民法、行政法、国际经济法等部门法区分开来。

想一想 有人认为，经济法就是调整经济关系的法，它用于规范各种经济行为。这种观点正确吗？

三、经济法的基本原则

经济法的基本原则是指能够体现经济法的本质和特征，贯穿于一切经济法律规范之中，并对经济立法、执法和司法活动起指导作用的根本准则。在社会主义市场经济条件下，经济法的基本原则主要有国家适度干预原则、社会本位原则、经济公平原则、经济效益原则等。

（一）国家适度干预原则

这是体现经济法本质特征的原则。所谓适度干预，就是要求国家授权政府在法律规定的范围内对经济进行干预，这种干预应当积极主动地进行，同时干预不能过多也不能过少。在不同的国家、不同的历史时期，国家干预经济的情况是不一样的。一般来说，在经济处于紧缩状况时，国家干预过多；在经济处于宽松状况时，国家干预过少。目前，我国正处在经济体制转轨时期，国家已不再像过去那样对经济运行进行直接和全面的干预，但是还没有完全摆脱过多干预的状况。值得注意的是，适度干预的要求、范围和手段，来源于经济法，而不是来源于政府的行政行为。因此，国家适度干预应当成为经济法的纲领性原则。

（二）社会本位原则

这一原则又称为社会公共利益至上的原则。它是对经济法干预经济生活范围的定位，或者说是对经济法基本出发点的规定。每一个法律部门在确定自己调整范围时，都以维护哪方面利益作为自己的基本出发点，也就是以什么为本位。行政法强调国家本位，注重保护国家利益，民法则强调个人本位，注重保护民事主体的利益。在市场经济中，市场的缺陷已经表明，个人利益只有与社会公共利益平衡发展才能得到实现。因此，经济法以保护社会公共利益作为自己的基本出发点，即强调社会本位。它要求个人必须服从社会的需要，个人必须作出利益上的让步，只要这种让步合乎社会的正义。

（三）经济公平原则

民法和经济法都将公平作为自己的基本原则，但是两者的侧重点有所不同。民法更强调机会的公平，而经济法更注重结果意义上的公平，因而这一原则体现了人类对终极意义上的公平的追求。市场交易的过程由民法进行规制，经济法则主要对交易的结果进行干预和调整。有时经济法也会积极干预交易过程，但其目的是为了维护社会整体利益，并非纯粹维护公平交易。经济法中许多法律制度都体现了这一原则，如消费者权益保护法律制度、税收法律制度、反垄断法律制度、劳动法律制度、社会保障法律制度等。

（四）经济效益原则

经济效益，是我国经济工作的重点和归宿，也是国家干预经济运行和经济立法的终极目标。经济效益包括企业经济效益和社会经济效益。两者是互相联系的，企业经济效益应当符合社会经济效益，社会经济效益则是企业经济效益的总和。可见，提高企业经济效益是关键，提高社会经济效益是目的。因此，经济法的制定和实施，必须把促进和保障提高企业经济效益和社会经济效益放在首位。

第三节 经济法律关系

案例导读

A 食品厂冒充某知名奶粉企业，生产伪劣奶粉并在市场上销售。这一行为被该知名企业发现，该知名企业遂投诉至有关政府管理部门。有关政府管理部门责令 A 食品厂登报道歉，要求其赔偿该知名企业的经济损失，并对其处以罚款。

请思考：本案中发生的主要法律关系是否属于经济法律关系？请说明理由。

一、经济法律关系的概念

法律关系是在法律规范调整社会关系的过程中所形成的人们之间权利与义务关系。经济法律关系是指在国家协调经济运行过程中，根据经济法的规定而形成的权利和义务关系。也就是说，经济法律关系是社会关系为经济法所确认和调整而形成的经济权利和经济义务关系。

任何一类法律关系，都具有三个基本的构成要素，即主体、客体和内容。主体是法律关系产生的先决条件，是客体的占有者、使用者和行为的实践者。主体是权利和义务的承担者，失去了主体也就谈不上法律关系的内容。经济法律关系也不例外，该三要素是经济法律关系不可缺少的组成部分。

二、经济法律关系的构成要素

（一）经济法律关系的主体

经济法律关系的主体是经济法律关系的参加者，是依法享受经济权利和承担经济义务的当事人。

在我国，经济法律关系的主体包括以下几类。

1. 国家

国家是经济法律关系的特殊主体。它是全民所有制财产的唯一所有者和国民经济的统一管理者；在组织、领导社会主义经济建设过程中，它还是国家机关的经济管理权、国有企业生产经营权的授权者。国家在一般情况下，并不直接参与经济法律关系。只是在少数情况下，如发行公债、国库券，与外国签订经济贸易协定等，国家才直接以自己的名义参与经济法律关系。

2. 国家机关

国家机关是经济法律关系的重要主体。其中，经济管理机关在实现国家经济职能的过程中处于非常重要的法律地位。经济管理机关，主要是指国务院和地方各级人民政府设置的计划委员会、经济委员会和经济体制改革委员会及执行经济管理职能的其他各部、委、办（厅）局。其主要职能是：制定经济和社会发展的战略、计划、方针和政策；制定资源开发、智力开发和技术改造的方案；协调各地区、部门、企业之间的发展计划和经济关系；部署重点工程，特别是能源、交通和原材料工业的建设；汇集和发布经济信息，掌握和运用经济调节手段；制定并监督执行经济法规；按规定任免干部；管理对外经济技术交流和合作；等等。

3. 企业

企业是独立自主地从事生产或者经营活动的营利性经济组织，它是经济法律关系最普遍、最重要的主体。按照生产资料所有制的形式，企业可以分为：① 国有企业，包括国有工业企业、建筑业企业、商业企业、服务业企业、金融业企业和国有农林牧场等；② 集体所有制企业，包括城市和农村的集体所有制企业；③ 外商投资企业，包括中外合资经营企业、中外合作经营企业和外资企业；④ 私营企业；⑤ 经济联合体等。

4. 事业单位和社会团体

事业单位和社会团体是指依靠国家预算拨款，从事经济活动以外的业务活动的各类组织，如学校、科研院（所）、科协等。它们不专门从事生产或者流通活动，所以也称为非经济组织。当它们同经济组织等在经济活动中发生经济关系时，也是经济法律关系的主体。

5. 农村承包户和城乡个体工商户

农村承包户可以以家庭或几个自然人组合的形式出现，一般以户主或组长为代表人参加经济活动。农村承包户是农村合作经济组织的一个经营层次，它是农业生产承包合同的一方主体，因此它是经济法律关系的主体。城乡个体工商户是指经过工商注册登记并取得营业执照，在城市和农村从事小型手工业生产、小规模商业活动、小规模公共服务事业、小型文化商品交换等的个体劳动者。城乡个体工商户的生产经营要接受国家的指导、监督和管理，他们的活动准则是经济法规，因此也是经济法律关系的主体。

6. 自然人

由于自然人同其他经济法主体之间也存在着各种各样的经济活动，因而也是经济法律关系的主体。

≫ **想一想** 有人认为，经济法主体资格的取得具有特殊性，是因为经济法更关注整体的经济运行、整体的经济秩序、社会公共利益，所以才需要从主体的职权、职责及权利义务等方面作出更多的限定。这种看法是否正确？

（二）经济法律关系的内容

经济法律关系的内容是指经济法律关系主体享有的权利和承担的义务。内容是经济法律关系的实质和核心，是联系主体与客体之间的桥梁，直接体现了法律关系主体的要求和利益。

1. 经济权利

经济权利是指经济法律关系的主体在经济关系中依法具有的自己为一定行为或者不为一定行为及要求他人为一定行为或者不为一定行为的资格。它包括经济职权、财产所有权、工业产权、请求权等。

（1）经济职权是指国家经济管理机关依法行使经济管理职能时所享有的权利。经济职权的产生基于国家授权或者法律的直接规定。经济职权具有命令和服从的隶属性质。在国家机关依法行使经济职权时，其下属的国家机关、各种经济组织和其他经济法主体，都必须服从。经济职权不可随意转让、放弃和抛弃。行使经济职权，对于国家机关来说既是权利也是义务。

（2）财产所有权是指所有者根据自己的意志和利益，对其财产进行利用和处分的权利。它是一种独占性、排他性的权利。

（3）工业产权属于无形财产，是指人们依法对应用于商品生产和流通中的创造发明和显著标记等智力成果，在一定地区和期限内享有的专有权。

（4）请求权是指经济法律关系主体的合法权益受到侵犯时，依法享有要求侵权人停止侵权和要求国家机关保护其合法权益的权利。请求权虽然不具有等价有偿的性质，但是它与经济法律关系主体的经济利益直接相关，所以是经济法赋予经济法律关系主体的一项重要权利。

2. 经济义务

经济义务是指经济法律关系的主体依法必须为一定行为和不为一定行为的责任。经济法律关系主体必须在法律规定的范围内正确履行经济义务。如果不履行或者不适当履行，就要承担相应的法律责任。

经济法律关系主体的经济义务包括：① 守法；② 履行经济管理职责；③ 全面履行合同义务；④ 完成国家指令性计划；⑤ 依法纳税；⑥ 不得侵犯其他经济法律关系主体的合法权益等。

（三）经济法律关系的客体

经济法律关系的客体是经济法律关系主体权利义务所指向的对象。没有经济法律关系的客体，经济法律关系主体的活动就失去了意义，权利义务也就失去了目标。归纳起来，可以作为经济法律关系客体的有四类：物、经济行为、智力成果、货币和有价证券。

1. 物

物是可以为人们控制和支配，具有一定的经济价值，能够满足人们生产和生活需要的物资。物作为经济法律关系的客体，可以从不同的角度划分为：动产和不动产，生产资料和生活资料，流通物、限制流通物和禁止流通物，原物和孳息，等等。

2. 经济行为

经济行为是指经济法律关系主体为实施计划、组织、指挥、监督、调节、管理等职能时所进行的有意识、有目的的活动。它主要是指权利主体的经济职权行为。它包括完成一定的工作、提供一定的劳务和经济管理行为。

3. 智力成果

智力成果是人们脑力劳动所创造的非物质性财富，主要包括专利、商标、专有技术等。智力成果可以转化为生产力，因而它也是经济法律关系的客体。随着社会进步和科学技术的迅猛发展，智力成果已逐步成为社会财富的重要组成部分。

4. 货币和有价证券

货币是由国家垄断发行、充当一般等价物的特殊商品。货币是经济法律关系的一种特殊标的。它具有价值尺度、流通手段、 贮藏手段、支付手段和世界货币等五种职能。有价证券是具有一定的票面金额、代表一定的财产所有权或者债权的证书。有价证券主要包括股票、债券、票据等。有价证券按照有关法律规定可以买卖和转让。

三、经济法律关系的产生、变更和终止

（一）经济法律关系的产生、变更和终止的概念

经济法律关系的产生是指在经济法律关系主体之间形成一定的经济权利和经济义务关系。

经济法律关系的变更是指经济法律关系主体、内容和客体的变更。

经济法律关系的终止是指经济法律关系主体之间经济权利和经济义务关系的消灭。

（二）经济法律关系的产生、变更和终止的要素——法律事实

经济法律规范是经济法规定经济行为的一般准则，但规范本身并不能在当事人之间直接引起经济法律关系的产生、变更或者终止。只有当一定的经济法律事实出现后，才能在当事人之间产生具体的经济权利和经济义务关系。同时，也不是任何事实都可以成为经济法律事实。只有为经济法规定的，并同经济法律关系主体之间一定的经济权利和经济义务关系的确立、变更和终止这一法律后果相联系的事实，才被认为是经济法律事实。因此，经济法律事实是经济法律关系产生、变更和终止的要素，是指由经济法律规范所确认的，能够引起经济法律关系产生、变更和终止的情况。法律事实可以划分为法律行为和法律事件。

1. 法律行为

法律行为是能够引起经济法律关系产生、变更和终止的人们有意识的活动。法律行为又有合法行为和违法行为之分。前者是指符合经济法律规范的行为，如经济调控行为、完成工作的行为、签订合同的行为等；后者是指违反经济法律规范的行为，如滥用经济权利的行为、偷税漏税行为等。

2. 法律事件

法律事件是能够引起经济法律关系产生、变更和终止的不以人们的意志为转移的客观事实，是客观上不可抗拒的因素。它又可具体划分为自然现象（如水灾、火灾、地震等）和社会现象（如战争、社会动乱、罢工等）。

第四节 经济法律责任

案例导读

原告永利度假村公司是知名的跨国酒店企业，其在第 41 类娱乐、游乐场、提供娱乐设备等服务上享有“永利”和“wynn”注册商标专用权。2012 年 8 月，永利度假村公司发现个体工商户熊霞兵经营的金永利娱乐城未经许可擅自使用与上述注册商标相同和近似的“永利”“wyin”标识。北京拉手网络技术有限公司（下称拉手网络公司）在其团购网站上发起了由熊霞兵提供的“永利娱乐城 KTV 下午场”包房套餐团购活动，团购网页附有熊霞兵经营场所的照片，照片中带有“永利”“wyin”标识。永利度假村公司认为，熊霞兵未经许可，在相同的服务上使用与其注册商标“永利”“wynn”分别相同和近似的“永利”“wyin”标识，造成了消费者的混淆。拉手网络公司作为一家知名的团购网站，未尽到合理注意义务，销售了熊霞兵提供的侵权团购套餐，致使熊霞兵的侵权影响进一步扩大。据此，永利度假村公司诉至北京市第二中级人民法院，请求判令：二被告立即停止侵犯商标权的行为，并向原告公开道歉、消除影响；二被告共同赔偿原告经济损失 36.65 万元及为制止侵权所支付的诉讼合理费用 13.35 万元，并承担该案的全部诉讼费用。

请思考：案例中的被告可能会承担哪些经济法律责任？

一、经济法律责任的概念和特征

（一）经济法律责任的概念

经济法律责任，是经济法主体因实施了违反经济法规定的行为而应承担的法律后果。或者说，是因为经济法主体实施了违法行为，侵害了经济法所保护的法益，而应受到的经济法上的制裁。

（二）经济法律责任的特征

（1）经济法律责任是一种消极的、否定的法律义务，具有否定性。

法律责任是一种法律义务，但并非所有的法律义务都是法律责任，因为法律义务既有积极的，又有消极的，既有肯定的，又有否定的。法律责任只是一种消极的、否定的法律义务，而不能同时包含积极的、肯定的法律义务。也就是说，法律责任是在政治上、道德上、法律上、主观上、客观上都应受到非难和谴责的。经济法律责任也同样具有这种消极性和否定性。

（2）经济法律责任是一种单向的、非对等的法律义务，具有单向性。

从法律上讲，权利和义务是对等的，义务和义务也是对等的，但经济法律责任只是违法主体的单向义务，不存在对等性。

（3）经济法律责任是一种法定的强制性义务，具有法定性、强制性。

（4）经济法律责任是因经济主体的违法行为所引起的因果性、后续性义务，具有因果性。

经济法律责任不是凭空产生的消极义务，而是与经济法主体的先前行为存在因果关系。它既是后续义务，又是因果义务，没有经济法主体的违法行为，就不可能产生经济法律责任。

（5）经济法律责任是在国家进行宏观调控和经济管理过程中产生的经济义务，具有经济性。

经济法律责任同其他法律责任的主要区别或者根本区别就在于它是在国家干预和调节社会经济过程中产生的责任。这就决定了责任的内容具有经济性。

二、承担经济法律责任的条件和依据

（一）承担经济法律责任的一般条件

1. 主体必须有经济违法行为存在

经济违法行为不仅是产生经济法律责任的前提，而且也是承担经济法律责任的必备条件。经济法主体的违法行为既包括违反法定经济义务的行为，如偷税、抗税、骗税、生产伪劣产品、销售侵权产品等，也包括不正确地行使权利的行为，如错误吊销营业执照、超额罚款、擅自审批、擅自减免税款等；既包括作为的违法行为，如私设金融机构、诈骗贷款等，又包括不作为的经济违法行为，如偷税、玩忽职守等。

2. 主体的违法行为必须给国家、社会或个人造成损害事实

经济法律责任既是一种经济责任，又是一种社会责任。因为主体的经济违法行为给国家、社会或个人造成的损害，既包括经济的，也包括人身的；既包括有形的，也包括无形的；既包括现实的，也包括潜在的；既包括对国家和社会的，也包括对个人的。因此经济法律责任从本质上讲具有经济性，但从实现方式来看未必都具有经济性。

3. 主体的经济违法行为与损害事实之间存在因果关系

主体要承担经济法律责任，不仅要有经济违法行为和损害事实，而且要求经济违法行为与损害事实之间必须具有内在的、必然的引起和被引起的关系。无论是管理和调控的主体，还是管理和调控的受体其违法行为与损害事实无关，或者说违法行为仅仅是损害事实产生的外部的、偶然的条件，一般就不应要求经济法主体承担经济法律责任。

4. 主体在主观上必须具有故意或者过失

主体承担经济法律责任，不仅要具备客观方面的条件，还必须同时具备主观方面的条件，即要具备法定的故意或者过失的主观因素。所谓故意是指主体对其经济违法行为具备明知的认识因素和希望或者放任的意志因素。所谓过失是指主体对其经济违法行为是当知而因疏忽大意未知或已知但轻信能避免的心理态度。当然也有个别的经济违法行为，实行无过错责任原则，但这是特殊原则，并以法定为限。如国家机关及其工作人员在执行经济管理职权过程中，侵犯相对主体的经济权利时，应承担经济法律责任，而不论其主观上有无过错及其内容。

（二）承担经济法律责任的依据

1. 事实依据

承担经济法律责任的事实依据，是指经济违法主体实施的具体的、特定的经济危害行为。首先，这种行为是客观存在的，而不仅仅是经济法主体的某些意愿、想法或者倾向，它必须具有客观性、外在性。其次，这种行为又是特定的、具体的，而不是抽象的、概括的，它必须具有特定性、针对性。行为人实施的每一种经济行为都必须是特定领域内的具体经济行为，不可能存在超越具体经济行为之上的一般经济行为和抽象经济行为，对于后者不能对其予以经济惩罚。再次，这种行为从政治上、法律上、道德上都是应当予以否定评价的，而不是值得提倡、称赞、鼓励的，它必须具有消极性、否定性。最后，这种行为是在经济法主体的自由意志支配之下所外化出来的，它必须具有能动性、反映性。

2. 法律依据

承担经济法律责任不仅要求具有事实根据，而且要求具有法律依据，也即是说，经济法律责任不仅是事实责任，而且是法定责任，非法定的经济责任，不能成为经济法律责任，更不能依据经济法律、法规的规定对行为人予以惩罚。承担经济法律责任的法律依据就是经济法律、法规对各种经济法律责任的明文规定。大多数的经济法律、法规中都有专章或专节规定“法律责任”或“罚则”，在无专章或专节规定的法律、法规中，也大多包含有“法律责任”或“罚则”的条款。这些规定主要包括以下内容：一是对实施违法行为的主体即国家机关、企业、事业单位、社会团体和个人予以明确规定；二是对主体实施的违法行为的性质、种类、情节、程度、后果等予以明确规定；三是对违法行为人实施惩罚的国家机关予以明文规定；四是对违法主体应承担的具体惩罚措施予以明文规定。

三、经济法律责任的形式

经济法主体的违法行为依法应承担的法律责任是经济法律责任。

依据法律责任的类型分类，经济法律责任的主要形式包括：民事责任、行政责任和刑事责任。

1. 民事责任

承担民事责任的方式主要有：停止侵害、排除妨碍、消除危险；返还财产；恢复原状；修理、重作、更换；赔偿损失；支付违约金；消除影响、恢复名誉；赔礼道歉等。

2. 行政责任

行政责任主要分为行政处分和行政处罚两种。行政处分有警告、记过、记大过、降级、撤职和开除六种形式。行政处罚包括警告；罚款；没收违法所得、没收非法财物；责令停产停业；暂扣或者吊销许可证、执照等。

3. 刑事责任

刑事责任是指国家司法机关对触犯刑法，实施犯罪行为的人实施的法律制裁。刑罚分为主刑和附加刑。主刑包括管制、拘役、有期徒刑、无期徒刑、死刑。附加刑包括罚金、没收财产和剥夺政治权利。刑事制裁是最为严厉的一种法律制裁。

依据法律责任的性质，可以把经济法律责任分为经济性责任和非经济性责任，或称为财产性责任和非财产性责任。经济性责任可以是损害赔偿、违约金等民事责任形式，也可以是罚款、没收财产等行政责任形式。非经济性责任可以是赔礼道歉、消除影响、记过、开除等。在违反刑法所可能承担的法律责任中，所受的自由罚是非经济性责任，而所受的罚金则是经济性责任。

依据追究责任的目的，可以把经济法律责任分为赔偿性或补偿性责任和惩罚性责任。赔偿性或补偿性责任是为了补偿受害人的实际损失，例如，民法上的损害赔偿、违约金，一般都被看做是赔偿性或补偿性责任的形式。而罚款、人身自由罚等，无论是体现为行政处罚还是刑罚，往往会被看做是惩罚性责任的形式。

拓展阅读

授权委托书参考范本（授权委托书因不同的委托事项，格式和内容也不尽相同）如下。

法人授权委托书

×××公司（受理单位名称）:

兹有我公司需办理×××（办理的事项）等事务，现授权委托我公司员工：×××，性别：×，身份证号码：××××××××××××××××××，前往贵处（司）办理，望贵处（司）给予接洽受理为盼！

法人代表（签字）:

单位名称（盖章）

年 月 日

个人委托书

委托人：××× 性别：× 身份证号：××××××××××××××××××

被委托人：××× 性别：× 身份证号：××××××××××××××××××

本人工作繁忙，不能亲自办理×××的相关手续，特委托__________作为我的合法代理人，全权代表我办理相关事项，对委托人在办理上述事项过程中所签署的有关文件，我均予以认可，并承担相应的法律责任。

委托期限自签字之日起至上述事项办完为止。

委托人:

年 月 日

复习思考题

1. 简述法的概念和本质。
2. 简述法的渊源和效力等级。
3. 法律关系的主体包括哪些？
4. 代理的种类有哪些？
5. 简述经济法的概念和调整对象。
6. 论述经济法的基本原则。
7. 论述经济法律关系的构成要素。
8. 什么是经济法律责任？经济法律责任的形式有哪些？
9. 什么是法律事实？其范围包括哪些？

案例分析

亚洲金融风暴及香港政府的应对

这场风暴发端于泰国，席卷整个亚洲，搅得周天寒彻。在扫荡了东南亚各国之后，“金融大鳄”们流着口水将手伸向香港。1997 年至 1998 年间，“大鳄”先后对香港发动四次猛攻。特区政府坚决捍卫联系汇率，抵御炒家，打响港元保卫战。

1998年夏日一役，惊心动魄，双方杀得天昏地暗，数家欧美投资银行和对冲基金同时向香港汇市、股市和恒指期货市场发动车轮战，疯狂抛售港元和恒指期货，恒生指数很快直线暴跌到6 660点。据称，当时外汇储备已损失了80亿美元，香港金融管理局有官员分析，“大势已去”，如果不采取行动，香港很可能在5天之内“断气”。8月7日，董建华发表谈话表明特区政府捍卫联系汇率的决心：“我们一定做得到！维持联系汇率将能确保香港的长远经济活力与利益，短期的痛苦可以接受。”其言语颇为悲壮。

世纪大战击退炒家

照索罗斯等国际炒家的如意算盘，香港金融管理局会采用扯高利率的老套子，并借此打压股市。利率抬高，股市势必下跌。恒指期货也会同步下滑，然后炒家便可在期货市场以较低的价格沽空恒指期货，从汇市、股市双双获利。但在生死关头，特区政府一改策略，董建华花了半个小时作了一个他上任后最重要也是极富争议的决定：在8月14日至28日两周时间内，特区政府共动用近1 200亿港元的外汇储备基金入市干预，在股票、期货市场与大炒家们展开了一次“世纪豪赌”，将恒生指数上拉1 169点。特区政府在期指市场获利约20亿港元，最终成功击退炒家，投机者损失估计为12亿港元。

1998年8月11日，经过10天的权衡，曾荫权决定入市：“如果任人肆意冲击联系汇率藉以图利，结果令香港600万人的经济利益受损，那便是我失职。在接受经济调整这事实之余，我有责任将调整带给市民的痛苦减到最低。”

“当时‘老板’（董建华）问我，这一决定是否在我权力之内？我回答道：是，我来承担！”半个小时之后，董建华拍板同意。

在作出决定的当日，曾荫权“夜晚静静地哭过两三次”，担心自己不小心输掉香港人的钱，就算“跳楼”也无法挽回损失。

8月14日，特区政府动用1 200亿元外汇储备基金，与外国炒家在外汇市场、股票市场和期指市场同步炒作。这一动作在当时引起广泛争议，学者、市场人士纷纷指责特区政府破坏了香港一贯自由市场运作体系，开了“坏先例”，曾荫权更是成为众矢之的。

曾荫权回忆：“政府在股票和期指市场有所行动，是迫不得已的决定。但我和同事，却因这政策决定而被判了破坏自由经济的罪名。面对种种指责，我当然感到不好受。看到一叠叠的剪报，有精辟持平的分析，但也有极尽挖苦之能事的讽刺文章和漫画，虽然有些人可能以为我不会看批评我的文章，但我的同事都深知我的脾性，越是骂得厉害的越要第一时间让我细读。”

8月28日，在一场惊心动魄的世纪金融大战中，特区政府成功击退外国炒家，当日港股创出了790亿元的惊人成交纪录。特区政府将入市炒作赚到的钱，以出售官股盈富基金方式，还富于民。

曾荫权凭借此战声名大振，由“败家子”形象摇身一变成为港人心目中的“民族英雄”。

曾荫权还说过：“在那段危急日子里，中央没有下达文件与电话指示，中央领导那么放心让港人来应对危机，实在显示了国家领导人对特区政府班子的信心和实行‘港人治港’的坚决。对此，我不能不写一个‘服’字。”

挑战还来自内部

杀敌一万，自伤三千。在金融风暴的吹袭下，特区政府挺了过来，没让香港出现“崩盘”，然而这一胜利实在来得惨烈——从1998年第1季度起，经济持续5个季度衰退，为战后最严重的一次；股市从1997年8月最高峰的16 673点急跌至1998年8月最低谷的6 600点，一年间跌幅超过60%。数以千亿计的财富瞬间蒸发，香港似乎一夜之间变为一座危城。在香港特别行政区成立一周年庆典大会上，行政长官致辞号召港人“拿出前所未有的勇气”去战胜困难。

在1998年的那场动荡中，董建华及特区政府的挑战不仅来自外部炒家，还来自因金融风暴而引起的内部矛盾。英国人离开香港时留下两个难题：高地价、高楼价政策和联系汇率政策。特区政府成立后，本来应该着手解决，不料金融风暴袭来，令董建华陷入两难的困局。金融风暴使香港不仅不能改变联系汇率，反而要死守下去。再加上此前的“八万五”政策已令楼市低迷，香港股价、楼价一时双双暴跌。一个两难的局面出现：一方面仍有许多人无力买楼，另一方面有越来越多人因楼价暴跌、利息上升而蒙受损失。于是，许多人诟病政府政策。董建华后来被迫发表声明：“由于1997年和1998年经济环境发生重大变化，在1998年的施政报告中，我们相应调整了房屋供应措施。故此，每年兴建85 000个单位的目标不再存在。”1998年6月政府停止卖地，目的是稳定楼价。

另一波批评之声由特区政府动用外汇储备基金入市干预引发。学者、商界纷纷指责特区政府破坏了香港一贯的自由市场运作体系，西方传媒的批评更为强烈。一场经济领域的战争，政治硝烟四处弥漫。为此，曾荫权在夜晚静静地哭泣；为此，金融管理局总裁任志刚撰文与反对者论战；为此，特首发表谈话呼吁，“要成功克服我们目前面对的困难，社会团结十分重要”。

请问：

1. 香港政府是否有权力将其掌握的外汇储备基金投入香港的股市及在汇市进行盈利型炒作？

2. 港英政府及此后的特区政府在金融风暴前后的一些既有政策法规该作何评价？

3. 在风暴中，自由金融体系出现了一些什么样的问题？

技能训练

1. 4人一组，以小组为单位，采用头脑风暴法列举10项经济权利和经济义务。

2. 制作一份授权委托书或者代理协议。

第二部分

经济实体法律

单元二

企业法律制度

学习目标

通过本单元的学习，学生应能正确理解公司的概念和特征；掌握有限责任公司的设立条件、组织机构、一人有限公司的规定，了解股份公司的设立条件、组织机构和表决机制；了解有关合伙企业的立法概况，理解并掌握合伙企业的概念、设立、财产、与第三人的关系，以及入伙、退伙、解散与清算等有关法律规定；了解个人独资企业的概念和特征，设立条件和解散、清算的法律规定；能够运用这些知识解决有关企业的各种具体法律问题。

第一节　公司法律制度

案例导读

王某、张某、陈某及吴某四个人拟共同设立一生产塑钢窗的有限责任公司，注册资本为110万元，王某、张某各出现金20万元，陈某以其所有的房产作价40万元，吴某以其塑钢窗实用新型技术作价30万元，王某、张某将现金存入准备设立的有限公司的临时账户，吴某将其实用新型技术办理了财产权转移手续。经全体出资人同意，陈某未办理房屋变更登记，王某召集并主持了首次股东会议。四人拟定了一份公司章程，推选张某为董事长，并由其在公司章程中签字、盖章，然后将公司章程及其他材料报送企业登记主管机关审查。

请思考：本案中该公司的设立过程有哪些违反了《公司法》的规定？

一、公司和公司法概述

（一）公司的概念

公司是一种企业组织形态，是依照法定的条件与程序设立的、以营利为目的的商事组织。按照我国法律的规定，公司是指由符合法定人数的股东依法设立的，股东以其认缴的出资额或认购的股份为限对公司承担责任，而公司以其全部资产对公司债务承担责任的企业法人。

（二）公司的法律特征

1. 公司是企业

作为一个企业如果要营利必须具有两个条件：① 必须有资产；② 必须进行经营活动。企业的法律形态可分为独资企业、合伙企业、公司企业等，公司是企业的一种组织形式。

2. 公司是企业法人

我国的法人可分为企业法人、机关事业单位法人和社会团体法人三种。公司有独立的法人财产，享有法人财产权。公司以其全部财产对公司的债务承担责任。

3. 公司是依公司法设立的企业法人

我国公司法规定了公司设立的法定条件、法定程序，只有依法设立的公司才能取得法律地位和主体资格。

（三）公司的分类

1. 以公司股东的责任范围为标准分类

以此为标准，可将公司分为无限责任公司、两合公司、股份两合公司、股份有限公司和有限责任公司。

（1）无限责任公司是指以全部资产对债权人承担责任的公司。全部股东对公司的债权人承担无限连带责任。

（2）两合公司是指由两种股东组成的公司。一种股东是对公司债务承担无限连带责任，另一种股东是对公司债务承担有限责任。

（3）股份两合公司是指由部分对公司债务负连带无限责任的股东和部分仅以所持股份为限对公司债务承担有限责任的股东共同组建的公司。

（4）股份有限公司是指公司全部资本分成等额股份，股东以其所认购的股份为限对公司承担责任，公司以其全部资产对公司债方承担责任的企业法人。

（5）有限责任公司是股东以其出资额为限对公司承担责任，不对公司的债权人承担责任。公司以其全部资产对公司债务承担责任。

我国公司法上规定的公司为有限责任公司和股份有限公司两种。

2. 以股份转让方式为标准分类

以此为标准，可将公司分为开放式公司和封闭式公司。

（1）开放式公司股东没有最高人数的限制，可以向社会公开地筹集资本，经营状况、财务状况必须向社会公开，股份的转让是自由的。

（2）封闭式公司股东有最高人数的限制，不可以向社会公开地筹集资本，经营状况、财务状况无须向社会公开，股份的转让不是自由的。

3. 以公司的信用基础为标准分类

以此为标准，可将公司分为人合公司、资合公司及人合兼资合公司。

（1）公司对外的信用基础主要取决于股东个人的信用状况的公司为人合公司，如无限责任公司。

（2）公司对外的信用基础与公司的出资人没有关系，取决于公司的资本总额及其现有财产状况的公司为资合公司，如股份有限公司。

（3）人合兼资合公司是指公司的设立和经营同时依赖于股东个人信用和公司资本规模，从而兼有两种公司的特点。两合公司、股份两合公司和有限责任公司均属此类公司。

4. 以公司之间的关系为标准分类

以此为标准，可将公司分为总公司和分公司、母公司与子公司。

（1）总公司也称本公司，是指依法设立并管辖公司全部组织的具有企业法人资格的总机构。总公司通常先于分公司而设立，在公司内部管辖系统中，处于领导、支配地位。

（2）分公司是指在业务、资金、人事等方面受本公司管辖而不具有法人资格的分支机构，但其设立程序简单。《中华人民共和国公司法》（以下简称《公司法》）第14条第1款规定："公司可以设立分公司。设立分公司，应当向公司登记机关申请登记，领取营业执照。分公司不具有法人资格，其民事责任由公司承担。"

（3）母公司是指拥有其他公司一定数额的股份或根据协议，能够控制、支配其他公司的人事、财务、业务等事项的公司。

（4）子公司是指一定数额的股份被另一公司控制或依照协议被另一公司实际控制、支配的公司。子公司具有独立法人资格，拥有自己所有的财产，自己的公司名称、章程和董事会，对外独立开展业务和承担责任。这是子公司与分公司的本质区别。我国《公司法》第14条第2款规定："公司可以设立子公司，子公司具有法人资格，依法独立承担民事责任。"

↘ **典型案例 2-1：** 某市华远实业有限责任公司（以下简称华远总公司）下设华远实业分公司（以下简称华远分公司），分公司具有营业执照。2005年5月，华远分公司与乙市林业局下属的木材公司签订购销家具合同，总价款100万元，约定在2005年7月华远分公司上门提货。7月，华远分公司去木材公司提货后迟迟不支付价款，木材公司多次索要未果，故起诉至法院。经查，华远分公司连年亏损，濒临倒闭，账上已无资金，原先与木材公司签订合同时的分公司负责人李某已于8月辞职。华远分公司与华远实业有限责任公司有一内部承包协议，约定由华远分公司自负盈亏，华远总公司不承担华远分公司的一切债权债务。

请问：木材公司的债务应由谁来承担，如何承担？

5. 以公司的国籍为标准分类

以此为标准，可将公司分为本国公司、外国公司和跨国公司。依照我国《公司法》的规定，允许外国公司在中国境内设立分支机构，从事生产经营活动，但外国公司属于外国法人，其在中国境内设立的分支机构不具有中国法人资格，该分支机构在中国境内进行经营活动而产生的民事责任，由其所属外国公司承担。

（四）公司法的概念和适用范围

公司法是调整公司在设立、经营、变更、终止过程中所发生的经济关系的法律规范的总称。《中华人民共和国公司法》是1993年12月29日第八届全国人民代表大会常务委员会第五次会议通过并颁布的，是新中国成立以来第一部公司法，于1994年7月1日正式施行。2005年10月27日第十届全国人民代表大会常务委员会第十八次会议表决通过了全面修改后的《公司法》，于2006年1月1日生效。最新的《公司法》于2013年12月28日第十二届全国人民代表大会常务委员会第六次会议通过修订，并于2014年3月1日起实施。

我国《公司法》的调整范围只包括在我国境内设立的有限责任公司和股份有限公司，《公司法》只对这两种公司作了规定，对其他的公司没有作出规定。对于外商投资公司，适用《公司法》的一般规定，有关外商投资的法律如果另有规定，则适用相关法律的规定。

二、有限责任公司

（一）有限责任公司的概念

有限责任公司也称有限公司，是指依照公司法设立的，由法定数额的股东出资组成，股东以其认缴的出资额为限对公司承担责任的企业法人。

根据《公司法》的规定，有限责任公司可以分为一般的有限责任公司和特殊的有限责任公司两种。

有限公司具有以下特征：一是股东人数有最高限制，有限公司由 50 个以下股东出资设立；二是公司的设立程序和公司机构相对简易化；三是公司的封闭性，其财务和经营状况可以不公开。

（二）有限责任公司的设立

1. 设立方式

根据我国《公司法》的规定，有限责任公司可以采取下列三种方式设立，如表 2-1 所示。

表 2-1　有限责任公司三种设立方式的对比

序号	设 立 方 式	设 立 特 征
1	由多数股东发起设立	股东人数为 2 个以上 50 个以下
2	由国家单独出资设立	发起人仅为 1 个，即国家
3	由自然人独资或者法人独资	发起人仅为 1 个

2. 设立条件

根据《公司法》的规定，设立有限责任公司，应当具备下列条件：

（1）股东符合法定人数，有限责任公司由 50 个以下股东出资设立；

（2）有符合公司章程规定的全体股东认缴的出资额；

（3）股东共同制定公司章程；

（4）有公司名称，建立符合有限责任公司要求的组织机构；

（5）有公司住所。

3. 设立程序

（1）订立公司章程

公司章程由全体股东共同制定，股东应当在章程上签名、盖章。有限责任公司章程须全体股东一致同意，并应当载明下列事项：

① 公司名称和住所；

② 公司经营范围；

③ 公司注册资本；

④ 股东的姓名或者名称；

⑤ 股东的出资方式、出资额和出资时间；

⑥ 公司的机构及其产生办法、职权、议事规则；

⑦ 公司法定代表人；

⑧ 股东会会议认为需要规定的其他事项。

股东应当在公司章程上签名、盖章。

（2）股东出资

有限责任公司的注册资本为在公司登记机关登记的全体股东认缴的出资额。法律、行政法规及国务院决定对有限责任公司注册资本实缴、注册资本最低限额另有规定的，从其规定。

股东可以用货币出资，也可以用实物、知识产权、土地使用权等可以用货币估价并可以依法转让的非货币财产作价出资；但是，法律、行政法规规定不得作为出资的财产除外。对作为出资的非货币财产应当评估作价，核实财产，不得高估或者低估作价。法律、行政法规对评估作价有规定的，从其规定。

股东应当按期足额缴纳公司章程中规定的各自所认缴的出资额。股东以货币出资的，应当将货币出资足额存入有限责任公司在银行开设的账户；以非货币财产出资的，应当依法办理其财产权的转移手续。

（3）申请设立登记

股东认足公司章程规定的出资后，由全体股东指定的代表或者共同委托的代理人向公司登记机关报送公司登记申请书、公司章程等文件，申请设立登记。依法设立的公司，由公司登记机关发给公司营业执照。公司营业执照签发日期为公司成立日期。

↘ **典型案例 2-2：** 燕山啤酒有限责任公司（以下简称燕山公司）是一家大型国有企业，虎威啤酒股份有限公司（以下简称虎威公司）是一家享誉海内外的啤酒生产集团公司。为强强联合，共同开创美好未来，两家企业决定出资设立中原啤酒有限责任公司。虎威公司以"虎威"商标及该公司信用出资，燕山公司则以国有土地使用权（划拨而来）和劳务入股，此外两家还分别出资 500 万元，向注册机关申请登记注册。

请问：（1）燕山公司与虎威公司可否出资设立中原啤酒有限责任公司？（2）虎威公司和燕山公司的出资形式符合法律的规定吗？

（三）有限责任公司的股东

1. 有限责任公司股东的概念

有限责任公司的股东即公司的出资人。在公司获准成立之后，出资人即成为公司的股东。有限责任公司成立后，应当向股东签发出资证明书。出资证明书由公司盖章。出资证明书应当载明下列事项：公司名称；公司成立日期；公司注册资本；股东的姓名或者名称、缴纳的出资额和出资日期；出资证明书的编号和核发日期。

2. 股东名册

《公司法》规定，有限责任公司应当置备股东名册，记载下列事项：股东的姓名或者名称及住所；股东的出资额；出资证明书编号。

记载于股东名册的股东，可以依股东名册主张行使股东权利。公司应当将股东的姓名或者名称向公司登记机关登记；登记事项发生变更的，应当办理变更登记。未经登记或者变更登记的，不得对抗第三人。

3. 有限责任公司股东的权利和义务

股东有权查阅、复制公司章程、股东会会议记录、董事会会议决议、监事会会议决议和财务会计报告。股东可以要求查阅公司会计账簿。股东要求查阅公司会计账簿的，应当向公司提出书面请求，说明目的。公司有合理根据认为股东查阅会计账簿有不正当目的，可能损害公司合法利益的，可以拒绝提供查阅，并应当自股东提出书面请求之日起十五日内书面答复股东并说明理由。公司拒绝提供查阅的，股东可以请求人民法院要求公司提供查阅。

（四）有限责任公司的组织机构

1. 股东会

有限责任公司股东会由全体股东组成，股东会是公司的权力机构，依法行使职权。

《公司法》规定，股东会行使下列职权：① 决定公司的经营方针和投资计划；② 选举和更换非由职工代表担任的董事、监事，决定有关董事、监事的报酬事项；③ 审议批准董事会的报告；④ 审议批准监事会或者监事的报告；⑤ 审议批准公司的年度财务预算方案、决算方案；⑥ 审议批准公司的利润分配方案和弥补亏损方案；⑦ 对公司增加或者减少注册资本作出决议；⑧ 对发行公司债券作出决议；⑨ 对公司合并、分立、解散、清算或者变更公司形式作出决议；⑩ 修改公司章程；⑪ 公司章程规定的其他职权。

股东会会议分为定期会议和临时会议。股东会的首次股东会会议由出资最多的股东召集和主持。定期会议应当依照公司章程的规定按时召开。代表十分之一以上表决权的股东，三分之一以上的董事，监事会或者不设监事会的公司的监事提议召开临时会议的，应当召开临时会议。有限责任公司设立董事会的，股东会会议由董事会召集，董事长主持；董事长不能履行职务或者不履行职务的，由副董事长主持；副董事长不能履行职务或者不履行职务的，由半数以上董事共同推举一名董事主持。有限责任公司不设董事会的，股东会会议由执行董事召集和主持。董事会或者执行董事不能履行或者不履行召集股东会会议职责的，由监事会或者不设监事会的公司的监事召集和主持；监事会或者监事不召集和主持的，代表十分之一以上表决权的股东可以自行召集和主持。

股东会会议由股东按照出资比例行使表决权，但是公司章程另有规定的除外。股东会的议事方式和表决程序，除《公司法》有规定的外，由公司章程规定。

股东会会议作出修改公司章程、增加或者减少注册资本的决议，以及公司合并、分立、解散或者变更公司形式的决议，必须经代表三分之二以上表决权的股东通过。

2. 董事会

有限责任公司设董事会，其成员为三人至十三人。但《公司法》规定，股东人数较少或者规模较小的有限责任公司，可以设一名执行董事，不设董事会。两个以上的国有企业或者两个以上的其他国有投资主体投资设立的有限责任公司，其董事会成员中应当有公司职工代表；其他有限责任公司董事会成员中可以有公司职工代表。董事会中的职工代表由公司职工通过职工代表大会、职工大会或者其他形式民主选举产生。董事会设董事长一人，可以设副董事长。董事长、副董事长的产生办法由公司章程规定。

董事任期由公司章程规定，但每届任期不得超过三年。董事任期届满，连选可以连任。董事任期届满未及时改选，或者董事在任期内辞职导致董事会成员低于法定人数的，在改选出的董事就任前，原董事仍应当依照法律、行政法规和公司章程的规定，履行董事职务。

董事会对股东会负责，行使下列职权：① 召集股东会会议，并向股东会报告工作；② 执行股东会的决议；③ 决定公司的经营计划和投资方案；④ 制订公司的年度财务预算方案、决算方案；⑤ 制订公司的利润分配方案和弥补亏损方案；⑥ 制订公司增加或者减少注册资本及发行公司债券的方案；⑦ 制订公司合并、分立、解散或者变更公司形式的方案；⑧ 决定公司内部管理机构的设置；⑨ 决定聘任或者解聘公司经理及其报酬事项，并根据经理的提名决定聘任或者解聘公司副经理、财务负责人及其报酬事项；⑩ 制定公司的基本管理制度；⑪ 公司章程规定的其他职权。

董事会会议由董事长召集和主持；董事长不能履行职务或者不履行职务的，由副董事长召集和主持；副董事长不能履行职务或者不履行职务的，由半数以上董事共同推举一名董事召集和主持。董事会的议事方式和表决程序，除本法有规定的外，由公司章程规定。董事会决议的表决，实行一人一票。董事会应当对所议事项的决定作成会议记录，出席会议的董事应当在会议记录上签名。

3. 经理

有限责任公司可以设经理，由董事会决定聘任或者解聘。经理对董事会负责，行使下列职权：① 主持公司的生产经营管理工作，组织实施董事会决议；② 组织实施公司年度经营计划和投资方案；③ 拟订公司内部管理机构设置方案；④ 拟订公司的基本管理制度；⑤ 制定公司的具体规章；⑥ 提请聘任或者解聘公司副经理、财务负责人；⑦ 决定聘任或者解聘除应由董事会决定聘任或者解聘以外的负责管理人员；⑧ 董事会授予的其他职权。公司章程对经理职权另有规定的，从其规定。经理列席董事会会议。

4. 监事会

根据《公司法》的规定，有限责任公司设监事会，其成员不得少于三人。股东人数较少或者规模较小的有限责任公司，可以设一至两名监事，不设监事会。监事会应当包括股东代表和适当比例的公司职工代表，其中职工代表的比例不得低于三分之一，具体比例由公司章程规定。监事会中的职工代表由公司职工通过职工代表大会、职工大会或者其他形式民主选举产生。

监事会设主席一人，由全体监事过半数选举产生。监事会主席召集和主持监事会会议；监事会主席不能履行职务或者不履行职务的，由半数以上监事共同推举一名监事召集和主持监事会会议。

监事的任期每届为三年。监事任期届满，连选可以连任。董事、高级管理人员不得兼任监事。监事任期届满未及时改选，或者监事在任期内辞职导致监事会成员低于法定人数的，在改选出的监事就任前，原监事仍应当依照法律、行政法规和公司章程的规定，履行监事职务。

监事会、不设监事会的公司的监事行使下列职权：① 检查公司财务；② 对董事、高级管理人员执行公司职务的行为进行监督，对违反法律、行政法规、公司章程或者股东会决议的董事、高级管理人员提出罢免的建议；③ 当董事、高级管理人员的行为损害公司的利益时，要求董事、高级管理人员予以纠正；④ 提议召开临时股东会会议，在董事会不履行本法规定的召集和主持股东会会议职责时召集和主持股东会会议；⑤ 向股东会会议提出提案；⑥ 依法对董事、高级管理人员提起诉讼；⑦ 公司章程规定的其他职权。

综上所述，有限责任公司的组织机构的对比如表 2-2 所示。

表 2-2　有限责任公司的组织机构的对比

组织机构		
机构名称	机构特征	行使职权
股东会	股东会是公司的最高权力机构，由董事会召集、董事长主持	有限责任公司的一切重大事务均由股东会决定，行使 10 项职权
董事会或者执行董事	董事会是公司的经营管理执行机构	董事会对股东会负责，行使 10 项职权
经理	经理是董事会聘任的公司日常经营管理者	经理由董事会聘任或者解聘，不设董事会的，执行董事可以兼任公司经理
监事会或者监事	经营规模较大的设立监事会，监事会是公司经营管理的监督机构	行使 6 项职权

（五）特殊的有限责任公司

1. 一人有限责任公司

一人有限责任公司是指只有一个自然人股东或者一个法人股东的有限责任公司。

我国《公司法》对一人有限责任公司作了特别规定，具体体现为以下几方面。

（1）一个自然人只能投资设立一个一人有限责任公司。该一人有限责任公司不能投资设立新的一人有限责任公司。

（2）一人有限责任公司应当在公司登记中注明自然人独资或者法人独资，并在公司营业执照中载明。

（3）一人有限责任公司章程由股东制定。

（4）一人有限责任公司不设股东会。股东作出一般有限责任公司股东会职权的决定时，应当采用书面形式，并由股东签名后置备于公司。

（5）一人有限责任公司应当在每一会计年度终了时编制财务会计报告，并经会计师事务所审计。

（6）一人有限责任公司的股东不能证明公司财产独立于股东自己的财产的，应当对公司债务承担连带责任。

↘ **典型案例 2-3**：2006 年 2 月，周某个人投资 12 万元成立了一家一人有限责任公司（以下简称“一人公司”），从事粮油经营。2006 年 9 月，周某购进一大批小麦，因保管不善，被雨水淋湿变质，造成较大经济损失，公司无力继续经营。周某所投资的 12 万元已经远不够用于偿还债务。公司债权人要求周某个人继续偿还剩余的债务。周某表示：根据《公司法》规定，股东仅以出资额为限对公司债务承担有限责任，股东对超过出资额以外的公司债务不应当承担清偿责任，因而拒绝清偿。公司债权人向法院提起民事诉讼，要求周某清偿剩余债务。法院查明：该一人公司营业场所与周某个人居所合一，公司会计记录不清，公司经营性收支与周某个人收支未作区分，导致无法证明公司财产独立于周某个人财产。

请问：周某是否应当以其他个人财产对公司债务承担连带清偿责任？

2. 国有独资公司

国有独资公司是指国家单独出资，由国务院或者地方人民政府授权本级人民政府国有资产监督管理机构履行出资人职责的有限责任公司。

我国《公司法》对国有独资公司的特别规定如下。

（1）不设股东会，由国有资产监督管理机构行使股东会的职权。国有资产监督管理机构可以授权公司董事会行使股东会的部分职权，决定公司的重大事项，但公司的合并、分立、解散、增加或者减少注册资本和发行公司债券，必须由国有资产监督管理机构决定；其中，重要的国有独资公司合并、分立、解散、申请破产的，应当由国有资产监督管理机构审核后，报本级人民政府批准。

（2）设董事会。董事会成员由国有资产监督管理机构委派的人员和公司职工代表大会选举产生的职工代表组成。董事会设董事长一个，可以设副董事长。董事长、副董事长由国有资产监督管理机构从董事会成员中指定。

（3）设经理。经理由董事会聘任或解聘。经国有资产监督管理机构同意，董事会成员可以兼任经理。

（4）设监事会。监事会成员不得少于五人，由国有资产监督管理机构委派的人员和公司职工代表组成。其中职工代表的比例不得低于三分之一，具体比例由公司章程规定。

监事会主席由国有资产监督管理机构从监事会成员中指定。

（5）兼职的禁止。董事长、副董事长、董事、高级管理人员，未经国有资产监督管理机构同意，不得在其他有限责任公司、股份有限公司或者其他经济组织兼职。

三、股份有限公司

（一）股份有限公司的概念和特征

1. 股份有限公司的概念

股份有限公司简称股份公司，是指将公司的资产划分为等额股份，股东以其所认购的股份为限对公司承担责任，公司以其全部资产对公司债务承担责任的企业法人。

2. 股份有限公司的特征

股份有限公司具有以下特征：一是股东人数众多，股东人数不得少于法定人数，但无最高人数限制。二是公司资本划分为金额相等的股份。三是可以向社会公开发行股票筹资，股份可以依法自由转让。四是股东以认购股份对公司债务承担有限责任。五是股份公司是典型的资合企业、法人企业，公司设立和解散有严格的法律程序，手续复杂。其中上市公司的财务状况和经营状况还需要向社会公开，让社会公众了解公司的经营状况，这也是股份有限公司和有限责任公司的区别之一。

（二）股份公司的设立

1. 设立条件

（1）发起人符合法定人数。发起人应有两人以上两百人以下，其中半数以上的发起人在中国境内有住所。

（2）有符合公司章程规定的全体发起人认购的股本总额或者募集的实收股本总额。

（3）股份发行、筹办事项符合法律规定。

（4）发起人制订公司章程，采用募集方式设立的经创立大会通过。

（5）有公司名称、建立符合股份公司要求的组织机构。

（6）有公司住所。

2. 设立方式

（1）发起设立。由发起人认购公司应发行的全部股份而设立公司的为发起设立。

（2）募集设立。由发起人认购公司应发行股份的一部分，其余股份向社会公开募集或者向特定对象募集而设立公司为募集设立。募集设立公司，发起人认购的股份不得少于公司股份总数的百分之三十五。发起人向社会公开募集股份，必须公告招股说明书，并制作认股书。认股书应当载明《公司法》第 87 条所列事项，由认股人填写认购股数、金额、住所，并签名、盖章。认股人按照所认购股数缴纳股款。

3. 创立大会

创立大会是指股份公司成立之前，由全体发起人、认股人参加，决定公司是否设立并决定公司设立过程中及成立后的重大事项的决议机构。发起人应在股款缴足之日起三十日内主持召开创立大会，在三十日内未召开创立大会的，认股人可以按照所缴股款并加算银行同期存款利息要求发起人返还。创立大会应由代表股份总额过半数的发起人、认股人出席，才能举行。创立大会行使下列职权：① 审议发起人关于公司筹办情况的报告；② 通过公司章程；③ 选举董事会成员；④ 选举监事会成员；⑤ 对公司的设立费用进行审核；⑥ 对发起人用于抵作股款的财产的作价进行审核；⑦ 发生不可抗力或者经营条件发生重大变化直接影响公司设立的，可以作出不设立公司的决议。

创立大会作出决议，必须经出席会议的认股人所持表决权的过半数通过。

4. 设立登记

董事会应于创立大会结束后三十日内，向公司登记机关报送下列文件，申请设立登记：① 公司登记申请书；② 创立大会的会议记录；③ 公司章程；④ 验资证明；⑤ 法定代表人、董事、监事的任职文件及其身份证明；⑥ 发起人的法人资格证明或者自然人身份证明；⑦ 公司住所证明。

以募集方式设立股份有限公司公开发行股票的，还应当向公司登记机关报送国务院证券监督管理机构的核准文件。

↘ **典型案例 2-4**：某省辖市有 4 家生产经营化工产品的集体企业，拟设立一股份公司，只发行定向募集的记名股票。总注册资本为 900 万元，每个企业各承担 200 万元。在经过市领导的同意后，正式开始筹建。4 个发起人各认购 200 万元，其余 100 万元向其他企业募集，并规定：只要支付购买股票的资金，即时就交付股票，无论公司是否成立，且为了吸引企业购买，可将每股 1 元优惠到每股 0.9 元。一个月后，股款全部募足，发起人召开创立大会，但参加人员所代表的股份总数只有三分之一多一点。原因是有两个发起人改变了主意，抽回了其股本。创立大会决定仍要成立公司，就向公司登记机关提交了申请书，但公司登记机关认为根本达不到设立股份公司的条件，且违法之处甚多，不予登记。此时，发起人也心灰意冷，宣布不成立公司了，各股东的股本也随即退回。但这样一来，公司在设立过程中所产生的各项费用及以公司名义欠的债务达 12 万元，加上被退回股本的发起人以外的股东要求赔偿利息损失 3 万元，合计 15 万元的债务，各发起人之间互相推诿，谁也不愿意承担。各债权人于是推选 2 名代表到法院状告 4 个发起人，要求偿还债务。4 个发起人辩称，公司不能成立，大家都有责任，因此各人损失各自承担。

请问：本案股份公司成立过程中有哪些违法之处？

（三）股份有限公司的组织机构

1. 股东大会

1）组成及性质

股份有限公司股东大会由全体股东组成，是公司的权力机构。

2）股东会的职权

股东会的职权适用有限责任公司股东会职权的规定。

3）股东大会会议

定期会议每年一次，法律规定股东大会应当每年召开一次年会。有特殊情形的应当在两个月内召开临时会议：① 董事人数不足法定人数或者公司章程所定人数的三分之二时；② 公司未弥补亏损达到实收股本总额的三分之一时；③ 单独或者合计持有百分之十以上股份的股东请求时；④ 董事会认为有必要时；⑤ 监事会提议召开时；⑥ 公司章程规定的其他情形。

4）股东大会会议的召集与主持

股东大会会议由董事会召集，董事长主持；董事长不能履行职务或者不履行职务的，由副董事长主持；副董事长不能履行职务或者不履行职务的，由半数以上董事共同推举一名董事主持。

董事会不能履行或者不履行召集股东大会会议职责的，监事会应当及时召集和主持；监事会不召集和主持的，连续九十日以上单独或者合计持有公司百分之十以上股份的股东可以自行召集和主持。

股东出席股东大会会议，所持每一股份有一表决权。但是，公司持有的本公司股份没有表决权。股东可以委托代理人出席股东大会会议，代理人应当向公司提交股东授权委托书，并在授权范围内行使表决权。

股东大会作出决议，必须经出席会议的股东所持表决权过半数通过。但是，股东大会作出修改公司章程、增加或者减少注册资本的决议，以及公司合并、分立、解散或者变更公司形式的决议，必须经出席会议的股东所持表决权的三分之二以上通过。

2. 董事会和经理

1）董事会的性质

董事会是公司的经营决策机构，股东大会的执行机构，对股东大会负责。

2）董事会的组成

董事会成员由五至十九名董事组成，董事会成员中可以有公司职工代表。董事会中的职工代表由公司职工通过职工代表大会、职工大会或者其他形式民主选举产生。董事会设董事长一人，可以设副董事长。董事长和副董事长由董事会以全体董事的过半数选举产生。董事任期由公司章程规定，每届任期不得超过三年，届满可连选连任。

3）董事会会议的召开

董事会每年度至少召开两次会议。代表十分之一以上表决权的股东、三分之一以上的董事或者监事会可以提议召开董事会临时会议。董事长应当自接到提议后十日内，召集和主持董事会会议。董事会会议应有过半数的董事出席方可举行。董事会作出决议必须经全体董事的过半数通过。董事会决议的表决，实行一人一票。

董事会会议，应由董事本人出席；董事因故不能出席，可以书面委托其他董事代为出席，委托书中应载明授权范围。董事会应当对会议所议事项的决定作成会议记录，出席会议的董事应当在会议记录上签名。董事应当对董事会的决议承担责任。董事会的决议违反法律、行政法规或者公司章程、股东大会决议，致使公司遭受严重损失的，参与决议的董事对公司负赔偿责任。但经证明在表决时曾表明异议并记载于会议记录的，该董事可以免除责任。

股份有限公司设经理，由董事会决定出任或者解聘。公司董事会可以决定由董事会成员兼任经理。《公司法》第 50 条关于有限责任公司职权的规定，适用于股份有限公司经理。

3. 监事会

1）监事会的性质

监事会是公司的监督机构，对股东大会负责并报告工作。

2）监事会的组成

监事会成员不得少于三人，应当包括股东代表和适当比例的公司职工代表，其中职工代表的比例不得低于三分之一。监事会设主席一人，可以设副主席，由全体监事过半数选举产生。监事任期每届为三年，届满可连选连任。董事、高级管理人员不得兼任监事。

3）监事会的职权

监事会的职权适用有限责任公司监事会职权的规定。

4）监事会会议

监事会每六个月至少召开一次会议。监事可以提议召开临时监事会会议。监事会的议事方式和表决程序，除《公司法》有规定的外，由公司章程规定。监事会决议应当经半数以上监事通过。监事会应当对所议事项的决定作成会议记录，出席会议的监事应当在会议记录上签名。

4. 上市公司组织机构的特别规定

上市公司，是指其股票在证券交易所上市交易的股份有限公司。《公司法》对上市公司的组织机构作了以下特别规定。

（1）股东会特别决议事项：上市公司在一年内购买、出售重大资产或者担保金额超过公司资产总额的百分之三十的，须经股东大会特别决议，并经出席会议的股东所持表决权的三分之二以上通过。

（2）独立董事制度：上市公司设独立董事，具体办法由国务院规定。

（3）设董事会秘书：上市公司设董事会秘书，负责公司股东大会和董事会会议的筹备、文件保管及公司股东资料的管理，办理信息披露事务等事宜。

（4）关联董事权力行使规则：上市公司董事与董事会会议决议事项所涉及的企业有关联关系的，不得对该事项决议行使表决权，也不得代理其他董事行使表决权。该董事会会议由过半数的无关联关系董事出席方可举行，董事会会议所作决议须经无关联关系的董事过半数通过。出席会议的无关联关系的董事人数不足三人的，应将该事项提交股东大会审议。

（四）股份有限公司的股份发行和转让

1. 股份发行

公司的股份是资本的组成部分。股份有限公司的资本划分为股份，每一股的金额相等。公司的股份表现为股票，股票是公司签发的证明股东所持股份的凭证。《公司法》规定，股份的发行，实行公平、公正的原则，必须同股同权，同股同利。同次发行的同种类股票，每股的发行条件和价格应当相同；任何单位或者个人所认购的股份，每股应当支付相同价额。

股票发行价格可以按票面金额，也可以超过票面金额，但不得低于票面金额。股票采用纸面形式或者国务院证券监督管理机构规定的其他形式。股票应当载明下列主要事项：公司名称；公司成立日期；股票种类、票面金额及代表的股份数；股票的编号。

股票由法定代表人签名，公司盖章。发起人的股票，应当标明发起人股票字样。

公司发行的股票，可以为记名股票，也可以为无记名股票。公司向发起人、法人发行的股票，应当为记名股票，并应当记载该发起人、法人的名称或者姓名，不得另立户名或者以代表人姓名记名。公司发行记名股票的，应当置备股东名册，记载下列事项：股东的姓名或者名称及住所；各股东所持股份数；各股东所持股票的编号；各股东取得股份的日期。

发行无记名股票的，公司应当记载其股票数量、编号及发行日期。

股份有限公司成立后，即向股东正式交付股票。公司成立前不得向股东交付股票。

2. 股份转让

股东持有的股份可以依法转让，其转让必须在依法设立的证券交易场所或者按照国务院规定的其他方式进行。

记名股票，由股东以背书方式或者法律、行政法规规定的其他方式转让；转让后由公司将受让人的姓名或者名称及住所记载于股东名册。

无记名股票的转让，由股东将该股票交付给受让人后即发生转让的效力。

发起人持有的本公司股份，自公司成立之日起一年内不得转让。公司公开发行股份前已发行的股份，自公司股票在证券交易所上市交易之日起一年内不得转让。

公司董事、监事、高级管理人员应当向公司申报所持有的本公司的股份及其变动情况，在任职期间每年转让的股份不得超过其所持有本公司股份总数的百分之二十五；所持本公司股份自公司股票上市交易之日起一年内不得转让。上述人员离职后半年内，不得转让其所持有的本公司股份。公司章程可以对公司董事、监事、高级管理人员转让其所持有的本公司股份作出其他限制性规定。

四、公司其他

（一）公司董事、监事、高级管理人员的资格和义务

1. 公司董事、监事、高级管理人员的任职资格要求

有下列情形之一的，不得担任公司的董事、监事、高级管理人员：

（1）无民事行为能力或者限制民事行为能力；

（2）因贪污、贿赂、侵占财产、挪用财产或者破坏社会主义市场经济秩序，被判处刑罚，执行期满未逾五年，或者因犯罪被剥夺政治权利，执行期满未逾五年；

（3）担任破产清算的公司、企业的董事或者厂长、经理，对该公司、企业的破产负有个人责任的，自该公司、企业破产清算完结之日起未逾三年；

（4）担任因违法被吊销营业执照、责令关闭的公司、企业的法定代表人，并负有个人责任的，自该公司、企业被吊销营业执照之日起未逾三年；

（5）个人所负数额较大的债务到期未清偿。

公司违反规定选举、委派董事、监事或者聘任高级管理人员的，该选举、委派或者

聘任无效。董事、监事、高级管理人员在任职期间出现上述 5 种情形的，公司应当解除其职务。

2. 公司董事、监事、高级管理人员的义务

董事、监事、高级管理人员应当遵守法律、行政法规和公司章程，对公司负有忠实义务和勤勉义务，不得利用职权收受贿赂或者其他非法收入，不得侵占公司的财产。董事、高级管理人员有下列行为的，所得的收入应当归公司所有：① 挪用公司资金；② 将公司资金以其个人名义或者以其他个人名义开立账户存储；③ 违反公司章程的规定，未经股东会、股东大会或者董事会同意，将公司资金借贷给他人或者以公司财产为他人提供担保；④ 违反公司章程的规定或者未经股东会、股东大会同意，与本公司订立合同或者进行交易；⑤ 未经股东会或者股东大会同意，利用职务便利为自己或者他人谋取属于公司的商业机会，自营或者为他人经营与所任职公司同类的业务；⑥ 接受他人与公司交易的佣金归为己有；⑦ 擅自披露公司秘密；⑧ 违反对公司忠实义务的其他行为。

董事、监事、高级管理人员执行公司职务时违反法律、行政法规或者公司章程损害公司利益的，应当承担损害赔偿责任。董事、高级管理人员违反法律、行政法规或者公司章程损害股东利益的，股东可以向人民法院提起诉讼。

（二）公司债券

1. 公司债券的概念

公司债券是依照法定程序发行，约定在一定期限还本付息的有价证券。公司债券与公司股票的区别在于以下四方面。

（1）性质不同。股票表示的是股东权，是股权凭证；债券表示的是债权，是债权凭证。

（2）收益不同。股票持有人是从公司利润中分取股息、红利；债券持有人则不论公司是否盈利，都有权依事先约定的利率计取利息。

（3）承担风险不同。债券持有人承担的风险相对于股票持有人要小。

（4）对公司经营管理享有的权利不同。股票持有人可通过在股东大会上行使表决权参与公司的经营管理，而债券持有人则无权参与公司的经营管理。

2. 公司债券的分类

依照不同的标准，公司债券有不同的分类。

1）记名公司债券和不记名公司债券

记名公司债券是指在公司债券上记载债券人姓名或者名称的债券。不记名公司债券是指在公司债券上不记载债券人姓名或者名称的债券。

2）可转换公司债券和不可转换公司债券

可转换公司债券是指可以转换成公司股票的公司债券。这种公司债券在发行时规定了转换为公司股票的条件与办法，当条件具备时，债券持有人拥有将公司债券转换为公司股票的选择权。不可转换公司债券是指不能转换为公司股票的公司债券。凡在发行债券时未作出转换约定的，均为不可转换公司债券。

3. 公司债券的发行和转让

公司发行债券应当符合《中华人民共和国证券法》规定的发行条件与程序。公司债券可以转让，转让价格由转让人与受让人约定。公司债券在证券交易所上市交易的，按照证券交

易所的交易规则转让。

根据公司债券种类的不同，公司债券的转让有两种不同的方式。记名公司债券由债券持有人以背书方式或者法律、行政法规规定的其他方式转让，转让后由公司将受让人的姓名或者名称及住所记载于公司债券存根簿，以备公司存查。无记名公司债券的转让，由债券持有人将该债券交付给受让人后即发生转让的效力。发行可转换为股票的公司债券的，公司应当按照其转换办法向债券持有人换发股票，但债券持有人对转换股票或者不转换股票有选择权。

（三）公司的财务、会计制度和利润分配

（1）公司应当依照法律、行政法规和国务院财政主管部门的规定建立本公司的财务、会计制度。

（2）公司应当在每一会计年度终了时制作财务会计报告，并依法经会计师事务所审计。公司财务会计报告主要包括资产负债表、损益表、财务状况变动表、财务情况说明书、利润分配表等。

（3）公司应当依法披露有关财务、会计资料。有限责任公司应当按照公司章程规定的期限将财务会计报告送交各股东。股份有限公司的财务会计报告应当在召开股东大会的二十日前置备于本公司，供股东查阅。公开发行股票的股份有限公司必须公告其财务会计报告。

（4）公司除法定的会计账簿外，不得另立会计账簿。对公司资产不得以任何个人名义开立账户存储。

（5）公司应当按照以下顺序进行利润分配：① 弥补以前年度的亏损，但不得超过税法规定的弥补年限；② 缴纳所得税；③ 弥补在税前利润弥补亏损后仍存在的亏损；④ 提取法定公积金，公司应提取税后利润的10%列入公司的法定公积金，公司法定公积金累计额为公司注册资本的50%以上时，可不再提取；⑤ 提取任意公积金，按照股东会或者股东大会决议提取；⑥ 向股东分配利润。

（四）公司的变更、破产、解散和清算

1. 公司合并

公司合并是指两个以上的公司依照法定程序合并为一个公司的法律行为。

公司合并可以采取吸收合并和新设合并两种形式。一个公司吸收一个或一个以上的其他公司为吸收合并，被吸收的公司解散。两个或两个以上的公司合并设立一个新的公司为新设合并，原合并各方解散。

公司合并后，合并各方的债权债务，由合并后存续的公司或新设的公司继承。

2. 公司分立

公司分立是指一个公司依照法定程序分立为两个以上的公司。

公司分立的形式有两种：一是公司以其部分财产和业务另设立一个新的公司，原公司存续；二是公司以全部财产分别归入两个以上的新设立的公司，原公司解散。

公司分立前的债务由分立后的公司承担连带责任。但是公司在分立前与债权人就债务清偿达成的书面协议另有约定的除外。

3. 公司破产

公司因不能清偿到期债务，经该公司或其债权人向有管辖权的人民法院提出申请，被依法宣告破产的，由人民法院依照《中华人民共和国企业破产法》等有关法律的规定，组织股东、有关机关及有关专业人员成立清算组，对公司进行破产清算。

4. 公司解散

公司解散即丧失了进行业务活动的能力。根据《公司法》的规定，公司有以下情形之一的，可以解散：① 公司章程规定的营业期限届满或者公司章程规定的其他解散事由出现；② 股东会或者股东大会决议解散；③ 因公司合并或者分立需要解散；④ 依法被吊销营业执照、责令关闭或者被撤销；⑤ 公司经营管理发生严重困难，继续存续会使股东利益受到重大损失，通过其他途径不能解决的，持有公司全部股东表决权百分之十以上的股东，可以请求人民法院解散公司。

5. 公司清算

1）成立清算组

解散的公司应当在解散事由出现之日起十五日内成立清算组。有限责任公司的清算组由股东组成，股份有限公司的清算组由董事或者股东大会确定的人员组成。逾期不成立清算组进行清算的，债权人可以申请人民法院指定有关人员组成清算组进行清算。

清算组在清算期间行使下列职权：清理公司财产，分别编制资产负债表和财产清单；通知、公告债权人；处理与清算有关的公司未了结的业务；清缴所欠税款及清算过程中产生的税款；清理债权、债务；处理公司清偿债务后的剩余财产；代表公司参与民事诉讼活动。

2）清算程序

清算组成立后，公司进入实质性清算程序。清算程序一般如下。

① 登记债权。清算组应当自成立之日起十日内通知债权人，并于六十日内在报纸上公告。债权人应当自接到通知书之日起三十日内，未接到通知书的自公告之日起四十五日内，向清算组申报其债权。

② 清理公司财产，制订清算方案。清算组应对公司财产进行清理，编制资产负债表和财产清单，制订清算方案。清算组在清理公司财产后，发现公司财产不足清偿债务的，应当依法向人民法院申请宣告破产。法院裁定宣告破产后，清算组应当将清算事务移交人民法院。公司财产在分别支付清算费用、职工的工资、社会保险费用和法定补偿金，缴纳所欠税款，清偿公司债务后的剩余财产，有限责任公司按照股东的出资比例分配，股份有限公司按照股东持有的股份比例分配。

③ 公告公司终止。公司清算结束后，清算组应当制作清算报告，报股东会、股东大会或者人民法院确认，并报送公司登记机关，申请注销公司登记，公告公司终止。

↘ **典型案例 2-5**：甲贸易公司与 A、B 两个公司均签订货物买卖合同，发生以下事实：（1）2012 年 1 月 3 日，甲公司按合同向 A 公司收取货款时，A 公司称内部正在整顿，暂不付款。2 月 22 日，甲公司再次向 A 公司催款时，发现 A 公司已经和乙公司合并了，A 公司已由乙公司接管，甲公司只好向乙公司索要货款，乙公司称，A 公司与乙公司于 1 月 8 日签订合并协议，并于 1 月 10 日在报纸上公告。因为甲公司没有按规定时间主张债权，所以乙公司不承担这笔债务。（2）甲公司与 B 公司的合同约定：B 公司应于 2012 年 3 月 1 日付款。2012 年 1 月 3 日，B 公司通知甲公司，B 公司将分立为 C、D 两个公司。2 月 26 日，B 公司正式分立为 C、D 两个公司。3 月 1 日，甲公司要求 C、D 公司还款，C、D 两个公司认为，甲公司在接到通知后30天内，没有主张其债权，所以，甲公司已经丧失其债权，况且B公司已经不存在了，甲无权要求C、D公司偿还其货款。

根据上述案情，请回答：

1. 甲公司有权要求乙公司承担A公司的债务吗？为什么？
2. 甲公司有权要求C、D两个公司清偿B公司的债务吗？为什么？

第二节 合伙企业法

案例导读

甲、乙、丙、丁四人准备合伙兴办一家饮食店。他们共同拟订了一份合伙协议，合伙协议的部分内容如下：合伙企业的注册资本为10万元，其中甲出资4万元；乙出资3万元；丙以一批桌椅出资，作价1.8万元；丁以劳务出资，作价1.2万元。甲、乙、丙实际缴付各自出资的70%以上即可。未缴付部分何时缴付视情况而定。合伙人对合伙企业债务以下列约定份额承担责任，并以合伙企业财产为限。合伙企业的利润分配按照甲45%、乙35%、丙20%进行；合伙企业的亏损分担按照甲35%、乙25%、丙15%、丁25%进行。甲和丁为合伙企业事务的执行人，对外代表合伙企业，其权限为：① 负责企业的日常管理；② 对外交易、订立合同；③ 改变合伙企业的名称；④ 必要时，聘任合伙人以外的人担任合伙企业的经营管理人员。乙和丙不参与合伙企业的日常经营管理，但有权了解经营状况，监督甲和丁执行合伙企业事务的执行情况。合伙人依照本协议之规定退伙的，对退伙前合伙企业的债务在退伙后两年内，须继续承担连带责任；两年后，则不再承担连带责任。

请思考：该合伙协议的内容是否符合法律规定？

一、合伙企业的概念和特征

（一）合伙企业的概念

一般而言，合伙是两个以上的人为着共同目的，相互约定共同出资、合伙经营、共享收益、共担风险，并对合伙债务承担无限连带责任的自愿联合。《中华人民共和国合伙企业法》（以下简称《合伙企业法》）规定的合伙企业，是指自然人、法人和其他组织依法在中国境内设立的普通合伙企业和有限合伙企业。

普通合伙企业由普通合伙人组成，合伙人对合伙企业债务承担无限连带责任。

有限合伙企业由普通合伙人和有限合伙人组成，普通合伙人对合伙企业债务承担无限连带责任，有限合伙人以其认缴的出资额为限对合伙企业债务承担责任。

（二）合伙企业的一般特征

（1）须有两个以上合伙人。

（2）各合伙人共同出资，共同经营，共享收益，共担风险。

（3）必须订立书面合伙协议。

（4）普通合伙人对合伙债务承担无限连带责任。

二、合伙企业法的概念

合伙企业法是指调整合伙企业在设立、经营、变更、终止过程中形成的各种社会关系的法律规范的总称。广义的合伙企业法是指国家调整合伙企业和合伙关系的各种法律规范的总称。狭义的合伙企业法是指《中华人民共和国合伙企业法》，该法是我国关于合伙企业的基本立法，由第八届全国人民代表大会常务委员会第二十四次会议于 1997 年 2 月 23 日通过，自 1997 年 8 月 1 日起施行。2006 年 8 月 27 日第十届全国人民代表大会常务委员会第二十三次会议通过《中华人民共和国合伙企业法修订案》修订，修订后的《合伙企业法》自 2007 年 6 月 1 日起施行。

三、普通合伙企业

（一） 普通合伙人的设立条件

设立合伙企业，应当具备以下条件。

（1）有两个以上合伙人，合伙人为自然人的，应当具有完全民事行为能力。

合伙人可以是自然人、法人或者其他组织。合伙企业人数应当不少于 2 人，若出资人只有 1 人，则是独资企业而非合伙。法律对合伙企业人数没有上限限制。但是，由于合伙人之间的信任尤为重要，所以在实践中，合伙人的人数一般不会太多。《合伙企业法》规定，国有独资公司、国有企业、上市公司以及公益性的事业单位、社会团体不得成为普通合伙人。

（2）有书面合伙协议。

合伙协议是合伙企业成立的前提，也是确定合伙人权利义务的依据。合伙协议应当依法由全体合伙人协商一致、以书面形式订立。合伙协议经全体合伙人签名、盖章后方能生效。修改或者补充合伙协议，应当经全体合伙人一致同意；但合伙协议另有约定的除外。合伙协议未约定或者约定不明确的事项，由合伙人协商决定；协商不成的，依照《合伙企业法》和其他有关法律、行政法规的规定处理。

合伙协议应当载明下列事项：① 合伙企业的名称和主要经营场所的地点；② 合伙目的和合伙经营范围；③ 合伙人的姓名或者名称、住所；④ 合伙人的出资方式、数额和缴付期限；⑤ 利润分配、亏损分担方式；⑥ 合伙事务的执行；⑦ 入伙与退伙；⑧ 争议解决办法；⑨ 合伙企业的解散与清算；⑩ 违约责任。

（3）有合伙人认缴或者实际缴付的出资。

合伙人的出资方式可以是货币、实物、知识产权、土地使用权或者其他财产权利。此外，经全体合伙人协商一致，合伙人也可以用劳务出资。合伙人以实物、知识产权、土地使用权或者其他财产权利出资，需要评估作价的，可以由全体合伙人协商确定，也可以由全体合伙人委托法定评估机构评估。合伙人以劳务出资的，其评估办法由全体合伙人协商确定，并在合伙协议中载明。合伙人应当按照合伙协议约定的出资方式、数额和缴付期限，履行出资义务。以非货币财产出资的，依照法律、行政法规的规定，需要办理财产权转移手续的，应当依法办理。

（4）有合伙企业的名称和生产经营场所。

普通合伙企业名称中应当标明“普通合伙”字样。

（5）法律、行政法规规定的其他条件。

（二）合伙企业的财产

合伙人的出资、以合伙企业名义取得的收益和依法取得的其他财产，均为合伙企业的财产。除合伙协议另有约定外，合伙人向合伙人以外的人转让其在合伙企业中的全部或者部分财产份额时，须经其他合伙人一致同意。合伙人之间转让在合伙企业中的全部或者部分财产份额时，应当通知其他合伙人。合伙人向合伙人以外的人转让其在合伙企业中的财产份额的，在同等条件下，其他合伙人有优先购买权，但合伙协议另有约定的除外。合伙人以外的人依法受让合伙人在合伙企业中的财产份额的，经修改合伙协议即成为合伙企业的合伙人，依法和依据修改后的合伙协议享有权利，履行义务。

合伙人在合伙企业清算前，不得请求分割合伙企业的财产。

（三）合伙事务的执行

合伙人对执行合伙事务享有同等的权利。按照合伙协议的约定或者经全体合伙人决定，可以委托一个或者数个合伙人对外代表合伙企业，执行合伙事务；委托一个或者数个合伙人执行合伙事务的，其他合伙人不再执行合伙事务，不执行合伙事务的合伙人有权监督执行事务合伙人执行合伙事务的情况。

合伙人对合伙企业有关事项作出决议，按照合伙协议约定的表决办法办理。合伙协议未约定或者约定不明确的，实行合伙人一人一票并经全体合伙人过半数通过的表决办法。

除合伙协议另有约定外，合伙企业的下列事项应当经全体合伙人一致同意：① 改变合伙企业的名称；② 改变合伙企业的经营范围、主要经营场所的地点；③ 处分合伙企业的不动产；④ 转让或者处分合伙企业的知识产权和其他财产权利；⑤ 以合伙企业名义为他人提供担保；⑥ 聘任合伙人以外的人担任合伙企业的经营管理人员。

合伙企业的利润分配、亏损分担，按照合伙协议的约定办理；合伙协议未约定或者约定不明确的，由合伙人协商决定；协商不成的，由合伙人按照实缴出资比例分配、分担；无法确定出资比例的，由合伙人平均分配、分担。

（四）合伙企业与第三人的关系

合伙企业对合伙人执行合伙事务及对外代表合伙企业权利的限制，不得对抗善意第三人。

合伙企业对其债务，应先以其全部财产进行清偿。合伙企业不能清偿到期债务的，合伙人承担无限连带责任。合伙人由于承担无限连带责任，清偿数额超过规定比例的，有权向其他合伙人追偿。

合伙人发生与合伙企业无关的债务，相关债权人不得以其债权抵销其对合伙企业的债务，也不得代位行使合伙人在合伙企业中的权利。

合伙人的自有财产不足清偿其与合伙企业无关的债务的，该合伙人可以以其从合伙企业中分取的收益用于清偿；债权人也可以依法请求人民法院强制执行该合伙人在合伙企业中的财产份额用于清偿。人民法院强制执行合伙人的财产份额时，应当通知全体合伙人，其他合伙人有优先购买权；其他合伙人未购买，又不同意将该财产份额转让给他人的，依法为该合伙人办理退伙结算，或者办理削减该合伙人相应财产份额的结算。

（五）入伙与退伙

1. 入伙

入伙，是指在合伙企业存续期间，合伙人以外的第三人加入合伙，从而取得合伙人资格。

1）入伙的条件

新合伙人入伙时，应当经全体合伙人一致同意，并依法订立书面入伙协议。订立入伙协议时，原合伙人应当向新合伙人如实告知原合伙企业的经营状况和财务状况。

2）新合伙人的权利与责任

入伙的新合伙人与原合伙人享有同等权利，承担同等责任，但如果入伙协议另有约定的，从其约定。

新合伙人对入伙前合伙企业的债务承担无限连带责任。

2. 退伙

退伙是指合伙人退出合伙企业，从而丧失合伙人资格。合伙人退伙，一般有三种原因：一是自愿退伙，二是法定退伙，三是除名退伙。合伙人退伙的，其他合伙人应当与该退伙人按照退伙时的合伙企业的财产状况进行结算，退还退伙人的财产份额。退伙人对其退伙前已发生的合伙企业债务承担无限连带责任。

1）自愿退伙

自愿退伙也称声明退伙，是指基于合伙人的意愿而退伙。《合伙企业法》第45条规定，合伙协议约定合伙期限的，在合伙企业存续期间，有下列情形之一的，合伙人可以退伙：① 合伙协议约定的退伙事由出现；② 经全体合伙人一致同意；③ 发生合伙人难以继续参加合伙的事由；④ 其他合伙人严重违反合伙协议约定的义务。《合伙企业法》第46条规定，合伙协议未约定合伙期限的，合伙人在不给合伙企业事务执行造成不利影响的情况下，可以退伙，但应当提前三十日通知其他合伙人。

2）法定退伙

法定退伙，也称当然退伙，是指直接基于法定事由而退伙。退伙事由实际发生之日为退伙生效日。根据《合伙企业法》的规定，合伙人有下列情形之一的，当然退伙：① 作为合伙人的自然人死亡或者被依法宣告死亡；② 个人丧失偿债能力；③ 作为合伙人的法人或者其他组织依法被吊销营业执照、责令关闭、撤销，或者被宣告破产；④ 法律规定或者合伙协议约定合伙人必须具有相关资格而丧失该资格；⑤ 合伙人在合伙企业中的全部财产份额被人民法院强制执行。

合伙人被依法认定为无民事行为能力人或者限制民事行为能力人的，经其他合伙人一致同意，可以依法转为有限合伙人，普通合伙企业依法转为有限合伙企业。其他合伙人未能一致同意的，该无民事行为能力或者限制民事行为能力的合伙人退伙。

合伙人死亡或者被依法宣告死亡的，对该合伙人在合伙企业中的财产份额享有合法继承权的继承人，依照合伙协议的约定或者经全体合伙人一致同意，从继承开始之日起，即取得该合伙企业的合伙人资格。合法继承人不愿意成为该合伙企业的合伙人的，合伙企业应退还其依法继承的财产份额。合伙人的继承人为无民事行为能力人或者限制民事行为能力人的，经全体合伙人一致同意，可以依法成为有限合伙人，普通合伙企业依法转为有限合伙企业。全体合伙人未能一致同意的，合伙企业应当将被继承合伙人的财产份额退还该继承人。

3）除名退伙

合伙人有下列情形之一的，经其他合伙人一致同意，可以决议将其除名：① 未履行出资义务；② 因故意或者重大过失给合伙企业造成损失；③ 执行合伙事务时有不正当行为；④ 发生合伙协议约定的事由。

对合伙人的除名决议应当书面通知被除名人。被除名人接到除名通知之日，除名生效，被除名人退伙。

↘ **典型案例 2-6：** 甲、乙、丙、丁四人决定投资设立一普通合伙企业，并签订了书面合伙协议。合伙协议的部分内容如下：（1）甲、乙、丙以货币出资；（2）丁以劳务折价出资，但丁不得过问企业事务，也不承担企业亏损的民事责任；（3）由甲执行合伙企业事务，对外代表合伙企业，但签订标的 1 万元以上的合同应经其他合伙人同意。合伙企业在存续期间，发生下列事实：（1）甲擅自以合伙企业的名义与善意第三人 A 公司签订标的 2 万元合同，乙合伙人获知后，认为该合同不符合合伙企业利益，经与丙、丁商议后，即向 A 公司表示对该合同不予承认；（2）合伙人丁提出退伙，合伙企业又接纳戊新入伙。后合伙企业的债权人 A 公司就合伙人丁退伙前发生的债务 24 万元要求合伙企业的现合伙人甲、乙、丙、戊及退伙人丁共同承担连带清偿责任。丁以自己已经退伙为由，拒绝承担清偿责任。戊以自己新入伙为由，拒绝对其入伙前的债务承担清偿责任。

根据上述案情，请回答：

（1）合伙协议中是否有不合法之处？说明理由。

（2）甲以合伙企业名义与 A 公司所签的合同是否有效？说明理由。

（3）丁和戊拒绝承担清偿责任的主张是否成立？说明理由。

四、有限合伙企业

有限合伙企业是由普通合伙人和有限合伙人组成的，普通合伙人对合伙企业债务承担无限连带责任，有限合伙人以其认缴的出资额为限对合伙企业债务承担责任。

有限合伙企业不同于普通合伙企业，由普通合伙人与有限合伙人组成，前者负责合伙企业的经营管理，并对合伙债务承担无限连带责任，后者不执行合伙事务，仅以其出资额为限对合伙债务承担有限责任。有限合伙企业允许投资者以承担有限责任的方式参加合伙成为有限合伙人，有利于刺激投资者的积极性。有限合伙企业实现了企业管理权和出资权的分离，可以结合企业管理方和资金方的优势，修订后的《合伙企业法》引入了有限合伙制度，有利于调动各方的投资热情，实现投资者与创业者的最佳结合。

《合伙企业法》对有限合伙企业和有限合伙人作了如下的专门性规定。

（1）有限合伙企业由两个以上五十个以下合伙人设立，合伙人中至少应当有一个普通合伙人。

（2）合伙协议除符合普通合伙企业协议的规定外，还应当载明下列事项：① 普通合伙人和有限合伙人的姓名或者名称、住所；② 执行事务合伙人应具备的条件和选择程序；③ 执行事务合伙人权限与违约处理办法；④ 执行事务合伙人的除名条件和更换程序；⑤ 有限合伙人入伙、退伙的条件、程序及相关责任；⑥ 有限合伙人和普通合伙人相互转变程序。

（3）有限合伙人可以用货币、实物、知识产权、土地使用权或者其他财产权利作价出资。

（4）有限合伙人不得以劳务出资。有限合伙企业名称中应当标明“有限合伙”字样。

（5）有限合伙企业由普通合伙人执行合伙事务。有限合伙人不执行合伙事务，不得对外代表有限合伙企业。

五、合伙企业的解散和清算

（一）合伙企业的解散

《合伙企业法》规定，有下列情形之一的，合伙企业应当解散：① 合伙期限届满，合伙人决定不再经营；② 合伙协议约定的解散事由出现；③ 全体合伙人决定解散；④ 合伙人已不具备法定人数满三十天；⑤ 合伙协议约定的合伙目的已经实现或者无法实现；⑥ 依法被吊销营业执照、责令关闭或者被撤销；⑦ 法律、行政法规规定的其他原因。

（二）合伙企业的清算

1. 确定清算人

清算人由全体合伙人担任；经全体合伙人过半数同意，可以自合伙企业解散事由出现后十五日内指定一个或者数个合伙人，或者委托第三人，担任清算人。自合伙企业解散事由出现之日起十五日内未确定清算人的，合伙人或者其他利害关系人可以申请人民法院指定清算人。

2. 执行清算事务

清算人在清算期间执行下列事务：

（1）清理合伙企业财产，分别编制资产负债表和财产清单。

（2）处理与清算有关的合伙企业未了结事务。

（3）清缴所欠税款。

（4）清理债权、债务。

（5）处理合伙企业清偿债务后的剩余财产。

（6）代表合伙企业参加诉讼或者仲裁活动。

3. 通知和公告

清算人自被确定之日起十日内将合伙企业解散事项通知债权人，并于六十日内在报纸上公告。债权人应当自接到通知书之日起三十日内，未接到通知书的自公告之日起四十五日内，向清算人申报债权。债权人申报债权，应当说明债权的有关事项，并提供证明材料。清算人应当对债权进行登记。清算期间，合伙企业存续，但不得开展与清算无关的经营活动。

4. 债务清偿和财产分配

合伙企业财产在支付清算费用、职工工资、社会保险费用、法定补偿金及缴纳所欠税款、清偿债务后的剩余财产，依法向合伙人进行分配，即：合伙企业的利润分配、亏损分担，按照合伙协议的约定办理；合伙协议未约定或者约定不明确的，由合伙人协商决定；协商不成的，由合伙人按照实缴出资比例分配、分担；无法确定出资比例的，由合伙人平均分配、分担。

5. 注销登记

清算结束，清算人应当编制清算报告，经全体合伙人签名、盖章后，在15日内向企业登记机关报送清算报告，申请办理合伙企业注销登记。

合伙企业注销后，原普通合伙人对合伙企业存续期间的债务仍应承担无限连带责任。

第三节　个人独资企业法

案例导读

刘某是高校的在职研究生，经济上独立于其家庭。2000 年 8 月在工商行政管理机关注册成立了一家主营信息咨询的个人独资企业，取名为“远大信息咨询有限公司”，注册资本为人民币一元。营业形势看好，收益甚丰。于是后来黄某与刘某协议参加该个人独资企业的投资经营，并注入资金 5 万元人民币。经营过程中先后共聘用工作人员 10 名，对此刘某认为自己开办的是私人企业，并不需要为职工办理社会保险，因此没有给职工缴纳社会保险费，也没有与职工签订劳动合同。后来该独资企业经营不善导致负债 10 万元。刘某决定于 2001 年 10 月自行解散企业，但因为企业财产不足清偿而被债权人、企业职工诉至人民法院。

请思考：该企业的设立和行为是否合法？

一、个人独资企业法概述

（一）个人独资企业的概念和特征

个人独资企业是指依照《中华人民共和国个人独资企业法》(以下简称《个人独资企业法》)在中国境内设立，由一个自然人投资，财产为投资人个人所有，投资人以其个人财产对企业债务承担无限责任的经营实体。个人独资企业具有以下特征。

1. 由一个自然人投资

根据《个人独资企业法》的规定，设立个人独资企业只能是一个自然人，国家机关、国家授权投资的机构或者国家授权的部门、企业、事业单位等都不能作为个人独资企业的设立人。自然人的含义，既包括中国公民，也应包括外国公民和无国籍人，但《个人独资企业法》规定，外商独资企业不适用本法，因此，《个人独资企业法》所指的自然人只指中国公民。

2. 投资人对企业的债务承担无限责任

由于个人独资企业的投资人是一个自然人，对企业的出资多少、是否追加资金或减少资金、采取什么样的经营方式等事项均由投资人决定。从权利和义务上看，出资人与企业是不可分割的。投资人对企业的债务承担无限责任，即当企业的资产不足以清偿到期债务时，投资人应以自己个人的全部财产用于清偿企业债务。

3. 内部机构设置简单，经营管理方式灵活

个人独资企业的投资人既是企业的所有者，又可以是企业的经营者，因此，其内部机构的设置较为简单，决策程序也较为灵活。

4. 个人独资企业为非法人企业

个人独资企业由一个自然人出资，投资人对企业的债务承担无限责任，企业的责任即是投资人个人的责任，企业的财产即是投资人个人的财产。因此，个人独资企业不具有法人资格，也无独立承担民事责任的能力。但个人独资企业是独立的民事主体，可以自己的名义从事民事活动。

（二）个人独资企业法的概念

个人独资企业法有广义和狭义之分，广义的个人独资企业法，是指国家关于个人独资企业的各种法律规范的总称；狭义的个人独资企业法是指 1999 年 8 月 30 日第九届全国人民代表大会常务委员会第十一次会议通过的《中华人民共和国个人独资企业法》，该法共六章四十八条，自 2000 年 1 月 1 日起施行。

二、个人独资企业的设立

（一）设立条件

根据《个人独资企业法》第 8 条的规定，设立个人独资企业应当具备下列条件。

（1）投资人为一个自然人。自然人应当是中国公民，且具有完全民事行为能力。

（2）有合法的企业名称。个人独资企业的名称应当符合国家关于企业名称登记管理的有关规定，企业名称应与其责任形式及从事的业务相符合，个人独资企业的名称中不得使用“有限”“有限责任”或者“公司”字样，个人独资企业的名称可以叫厂、店、部、中心、工作室等。

（3）有投资人申报的出资。《个人独资企业法》对设立个人独资企业的出资数额未作限制。根据国家工商行政管理局《关于贯彻实施〈个人独资企业登记管理办法〉有关问题的通知》的规定，设立个人独资企业可以用货币出资，也可以用实物、土地使用权、知识产权或者其他财产权利出资，采取实物、土地使用权、知识产权或者其他财产权利出资的，应将其折算成货币数额。投资人申报的出资额应当与企业的生产经营规模相适应。投资人可以个人财产出资，也可以家庭共有财产作为个人出资。以家庭共有财产作为个人出资的，投资人应当在设立（变更）登记申请书上予以注明。

（4）有固定的生产经营场所和必要的生产经营条件。生产经营场所是企业的主要办事机构所在地，是企业的法定地址。

（5）有必要的从业人员。即要有与其生产经营范围、规模相适应的从业人员。

（二）设立程序

1. 提出申请

申请设立个人独资企业，应当由投资人或者其委托的代理人向个人独资企业所在地的登记机关提交个人独资企业设立申请书、投资人身份证明、生产经营场所使用证明等文件。申请书应当载明下列事项：① 企业的名称和住所；② 投资人的姓名和居所；③ 投资人的出资额和出资方式；④ 经营范围。

委托代理人申请设立登记的，应当提交投资人的委托书和代理人的身份证明或者资格证明。

2. 工商登记

登记机关应当在收到设立申请文件之日起十五日内，对符合《个人独资企业法》规定条件的予以登记，发给营业执照；对不符合《个人独资企业法》规定条件的，不予登记，并应当给予书面答复，说明理由。个人独资企业的营业执照的签发日期为个人独资企业成立日期。在领取个人独资企业营业执照前，投资人不得以个人独资企业名义从事经营活动。

三、个人独资企业的事务管理

个人独资企业投资人可以自行管理企业事务，也可以委托或者聘用其他具有民事行为能力的人负责企业的事务管理。投资人委托或者聘用他人管理个人独资企业事务，应当与受托人或者被聘用的人签订书面合同，明确委托的具体内容、授予的权利范围等。受托人或者被聘用的人员应当履行诚信、勤勉义务，以诚实有信的态度按照与投资人签订的合同负责个人独资企业的事务管理。

投资人对受托人或者被聘用的人员职权的限制，不得对抗善意第三人。所谓第三人是指除受托人或被聘用的人员外与企业发生经济业务关系的人。善意第三人是指第三人在就有关经济业务事项交往中，没有与受托人或者被聘用的人员串通，故意损害投资人的利益的人。受托人或者被聘用的人员超出投资人的限制与善意第三人的有关业务交往应当有效。

我国《个人独资企业法》规定，投资人委托或者聘用的管理个人独资企业事务的人员不得从事下列行为：① 利用职务上的便利，索取或者收受贿赂；② 利用职务或者工作上的便利侵占企业财产；③ 挪用企业的资金归个人使用或者借贷给他人；④ 擅自将企业资金以个人名义或者以他人名义开立账户储存；⑤ 擅自以企业财产提供担保；⑥ 未经投资人同意，从事与本企业相竞争的业务；⑦ 未经投资人同意，同本企业订立合同或者进行交易；⑧ 未经投资人同意，擅自将企业商标或者其他知识产权转让给他人使用；⑨ 泄露本企业的商业秘密；⑩ 法律、行政法规禁止的其他行为。

想一想 个人独资企业投资人甲聘用乙管理企业事务，同时对乙的职权予以限制。凡是乙对外签订标的额超过一万元的合同，必须经甲同意。某日，乙未经甲同意，与善意第三人丙签订了一份标的额为三万元的买卖合同。请问该买卖合同有效吗？

四、个人独资企业的解散和清算

（一）个人独资企业的解散

个人独资企业的解散是指个人独资企业终止活动，使其民事主体资格消灭的行为。

根据《个人独资企业法》第 26 条的规定，个人独资企业有下列情形之一时，应当解散：

（1）投资人决定解散；

（2）投资人死亡或者被宣告死亡，无继承人或者继承人决定放弃继承；

（3）被依法吊销营业执照；

（4）法律、行政法规规定的其他情形。

（二）个人独资企业的清算

个人独资企业解散时，应当进行清算。《个人独资企业法》对个人独资企业清算作了如下规定。

1. 通知和公告债权人

个人独资企业解散，由投资人自行清算或者由债权人申请人民法院指定清算人进行清算。投资人自行清算的，应当在清算前十五日内书面通知债权人，无法通知的，应当予以公告。债权人应当在接到通知之日起三十日内，未接到通知的应当在公告之日起六十日内，向投资人申报其债权。

2. 财产清偿顺序

个人独资企业解散的，财产应当按照下列顺序清偿：

（1）支付所欠职工工资和社会保险费用；

（2）缴纳所欠税款；

（3）偿还其他债务。个人独资企业财产不足以清偿债务的，投资人应当以其个人的其他财产予以清偿。

3. 清算期间对投资人的要求

清算期间，个人独资企业不得开展与清算目的无关的经营活动。在按前述财产清偿顺序清偿债务前，投资人不得转移、隐匿财产。

4. 投资人的持续偿债责任

个人独资企业解散后，原投资人对个人独资企业存续期间的债务仍应承担偿还责任，但债权人在5年内未向债务人提出偿债请求的，该责任消灭。

5. 注销登记

个人独资企业清算结束后，投资人或者人民法院指定的清算人应当编制清算报告，并于清算结束之日起十五日内向原登记机关申请注销登记。登记机关应当在收到按规定提交的全部文件之日起十五日内，作出核准登记或者不予登记的决定。经登记机关注销登记，个人独资企业终止。

典型案例2-7：2010年5月，王某出资8万元设立A个人独资企业，同时聘请张某管理企业事务。2011年8月，A企业严重亏损，不能清偿到期的田某的债务。王某决定解散该企业。经清算，A企业和王某的个人资产及债权债务情况如下：（1）A企业欠缴税款3 000元，欠张某工资5 000元，欠社会保险费用2 000元，欠田某6万元；（2）A企业的银行存款2万元，实物折价4万元；（3）王某个人其他可执行的财产价值为1万元。

请问：王某应如何进行财产清偿？

复习思考题

1. 简述公司的概念和法律特征。
2. 简述我国《公司法》规定的公司种类。
3. 简述有限责任公司的概念及设立条件。
4. 简述股份有限公司的概念及设立条件。
5. 有限责任公司与股份有限公司的区别有哪些？
6. 依据《公司法》，公司的董事、高级管理人员在法律上有哪些禁止行为？
7. 简述合伙企业的概念和特征。
8. 什么是合伙企业？合伙企业的设立条件有哪些？
9. 简述个人独资企业的概念和特征。
10. 简述个人独资企业的设立条件。

案例分析

1. 张某、李某、赵某 3 人各出资 30 万元设立了天成制衣有限责任公司，张某、李某、赵某分别是公司的董事长、监事和经理，李某同时兼任总会计师。2008 年 8 月，公司修改章程，李某与赵某不同意，而张某认为自己是董事长，于是修改了公司章程。自此 3 位股东貌合神离，赵某在经理工作岗位上勤勤恳恳，但在 2009 年 1 月请病假 1 周，张某以此为由解除了赵某的经理职务，由自己兼任。2009 年 8 月，张某的儿子张某某因经济来往欠债 10 万元，张某用公司财产为其子个人债务进行担保。

请问：上述行为有哪些违反了《公司法》的规定？

2. 某股份有限公司因经营管理不善造成亏损，公司未弥补的亏损达股本的 1/4，公司董事长李某决定在 2009 年 4 月 6 日召开临时股东大会，讨论如何解决公司面临的困境。董事长李某在 2009 年 4 月 1 日发出召开 2009 年临时股东大会会议的通知，其内容如下：为讨论解决本公司面临的亏损问题，凡持有股份 10 万股（含 10 万股）以上的股东直接参加股东大会会议，小股东不必参加股东大会。股东大会如期召开，会议议程为两项：一是讨论解决公司经营所遇困难的措施；二是改选公司监事二人。出席会议的有 90 名股东。经大家讨论，认为目前公司效益太差，无扭亏希望，于是表决解散公司。表决结果显示，有 80 名股东，占出席大会股东表决权的 3/5，同意解散公司，董事会决议解散公司。会后某小股东认为公司的上述行为侵犯了其合法权益，向人民法院提起诉讼。

请问：

（1）本案中公司召开临时股东大会合法吗？程序有什么问题？

（2）临时股东大会的通知存在什么问题？

（3）临时股东大会的议程合法吗？作出解散公司的决议有效吗？

（4）该小股东的什么权益受到了侵害？

3. 经纬国际有限责任公司作为发起人之一，与其他三家公司开会，要求大家都作为拟设立的一家股份有限公司的发起人，四家公司一致同意。公司的注册资本定为 6 000 万元，经纬国际有限责任公司认购公司的股份额为 1 000 万元，其他三家公司认购公司的股份额共为 600 万元，拟再向社会公开募集的股份数额为 4 400 万元。公司如期募集股份成功然后设立，在准备进行公司登记前，由律师对公司的章程草案和其他文件进行整理。如果你是律师，对该股份公司的上述做法提出法律意见：

（1）四个发起人能否发起设立一家股份有限公司？

（2）《公司法》对发起人认购公司的股份有何限制？

4. 王海、李平、俞颖三人于 2008 年 9 月 15 日书面订立了一份合伙协议。协议约定，三人共同出资 10 万元开设一家综合商店，其中王海出资 4 万元，李平出资 3 万元，俞颖出资 3 万元；三人按出资比例分享收益或者分摊亏损。同年 10 月 10 日，三人缴清了全部出资，并经登记管理机关核准登记领取了营业执照。2009 年 2 月 18 日，为解决资金周转困难，三人向该市城市银行贷款 7 万元，期限为 1 年。2009 年 6 月 2 日，李平向王海和俞颖提出，准备将自己在综合商店的全部财产份额以 3 万元的价格转让给舒立欣后退出综合商店，王海、俞颖商量后表示同意。2009 年 7 月 1 日，李平办妥了退伙手续，舒立欣向李平交付了 3 万元。王海和俞颖向舒立欣介绍了有关综合商店的经营和财务状况，并修订了合伙协议，向原登记管理机关办理了变更登记手续。2009 年年终结算时，该综合商店发生严重亏损。

2010 年 1 月 22 日，王海、俞颖和舒立欣三人商定解散综合商店，并将综合商店现有财产 5 万元予以分配，但对银行贷款如何清偿未作处理。2010 年 2 月 18 日，银行贷款到期，银行要求李平偿还全部贷款，李平说自己已经退出综合商店，对合伙债务不负责，应由舒立欣承担。银行找到舒立欣要求其偿还全部贷款，舒立欣说这笔贷款是在其入伙前由王海、李平、俞颖三人借的，自己不负责。银行又找到王海、俞颖要求其偿还全部贷款，王海、俞颖均表示只按合伙协议约定的比例偿还应由其偿还的份额。

请问：根据《合伙企业法》相关规定，该如何处理？请说明理由。

5. 2000 年 1 月 1 日起，《中华人民共和国个人独资企业法》正式施行。这是我国在法律上确立个体经济、私营企业社会主义市场主体资格的重要表现。王某是一家国有企业的职工，近年来企业的效益连连滑坡，濒临破产。他很想自立门户创建一家独资企业，自己做老板。但是王某对《个人独资企业法》知之甚少，他根据自己的理解和一些非官方途径了解到的信息，勾勒出欲设企业的大致情况如下。

企业名称为“洁又惠”面点制作有限责任公司，自己为该企业董事长。听说独资企业的注册资本只要 1 元钱，即象征性地出一点就可以了，所以资本暂定为 400 元，外加一些碗筷、几把桌椅；而且注册资本越低，他承担的责任也就越少。王某准备借用一处即将拆迁的街面房作为经营场所，到几个月后面临拆迁时再想办法解决经营场地问题。

王某计划雇用 3 名左右的职工，但支付的工资中不包含社会养老金、失业保险金、医疗保险金等内容，这些项目由职工自己想办法解决。由于企业业务较少，没必要设置账簿、配备专门的财会人员。又由于王某不太懂经营管理，所以他准备聘用一名经理来管理企业，但是又需控制经理的权力，较重大的事项均由王某自己来决定。如果经理在外代表企业所进行的活动超越其职权对企业不利的，则由该经理自行对外负责。

最后，独资企业不取得法人资格故无须登记，过几天去做一块企业的招牌挂在经营场所即可开业了。

请问：王某的以上想法是否符合法律规定？请说明理由。

6. 王某，男，2012 年与孙某结婚，婚后与王某的母亲张某生活在一起。2013 年，王某开了一家小卖部，以其个人名义注册登记为个人独资企业。8 月 1 日开业后，王某以小卖部的名义向批发商刘某赊购 1 万元货物，9 月 2 日，小卖部在一场大火中全部烧毁，王某也在救火时不幸遇难，死亡时全家财产 1.6 万元。刘某向孙某要求还款，孙某说她一直不同意丈夫开店，开店的钱出自王某个人积蓄，因此只能用夫妻共同财产中属于王某的 7 000 元还债，王某的母亲张某说其中还有她的财产，应先留出。刘某向法院起诉，经查明，张某个人财产为 2 000 元，家庭共有财产 3 000 元，其余 1.1 万元为夫妻共同财产。

请问：刘某的债务应当如何清偿？

技能训练

1. 撰写一份有限责任公司章程。
2. 请以两人或两人以上小组为单位，签订一份合伙协议。

单元三

合同法律制度

学习目标

通过本单元的学习，学生应能正确理解合同的内涵、特征和分类；了解合同立法概况，理解并掌握合同法的基本原则；理解和掌握合同的订立、效力、履行、变更、转让、终止的全过程的基本制度，掌握违约责任制度；明确合同法作为市场交易基本法对完善社会主义市场经济法律体系的重要作用，并能在实践中有效运用合同法律。

第一节　合同法概述

案例导读

甲去外地某县城出差，迷路于一乡间小道，正愁无计可施，迎面开来一辆新桑塔纳轿车，车窗上贴着“新车新手磨合期，感谢关照”字样。甲拦住轿车，问司机乙能否将其带往某县城，乙说：“我是新手新车，你不怕出事就上来吧。”甲二话没说便上了车。在距离目的地3千米处，乙因打错方向盘，撞到了路边树上，导致甲右臂折断，花去医药费1万元，其他损失1万元。现甲向法院起诉称：我请求乙搭我，乙同意我乘车，我们二人之间便成立合同，今乙履行合同过程中使我受伤，乙应承担违约责任，赔偿我的损失2万元。乙辩称：我与甲之间并无合同关系，我的车窗上贴有“新车新手磨合期，感谢关照”字样，而且我已经告诉甲我是新车新手，不怕出事就上来，而甲用自己的行为表明他愿意承担出车祸的风险，从而构成风险自负。因此，我不应该承担违约损害赔偿责任。

请思考：本案中，甲、乙之间是否成立合同关系？

一、合同的概念和特征

（一）合同的概念

合同是平等主体的自然人、法人、其他组织之间设立、变更、终止民事权利义务关系的协议。广义的合同指所有法律部门中确定权利、义务关系的协议。狭义的合同指民事合同。

《中华人民共和国合同法》（以下简称《合同法》）第 2 条规定：“合同是平等主体的自然人、法人、其他组织之间设立、变更、终止民事权利义务关系的协议。婚姻、收养、监护等有关身份关系的协议，适用其他法律规定。”

（二）合同的法律特征

1. 合同主体具有平等的法律地位

合同是平等民事主体之间的协议，当事人之间不存在从属、强制等关系，非平等主体之间的协议排除在《合同法》的调整范围之外。比如政府机关作为管理主体与被管理对象之间签订了责任书协议等，是行政机关行使行政管理职能，这种协议就不属于《合同法》的调整范围。企业与内部员工之间形成的劳动合同关系，也不受《合同法》的调整。

2. 合同是当事人意思表示一致的民事法律行为

合同是一种双方或者多方民事法律行为，以当事人之间的意思表示为要素。当事人在平等自愿的基础上协商，在各方意思表示一致的条件下成立合同，在当事人之间产生权利和义务。如果因欺诈、胁迫、重大误解等当事人意思表示不真实而订立合同，在法律上属于无效或者可撤销的合同。

3. 合同以设立、变更、终止民事权利义务关系为目的

设立民事权利义务关系，是指当事人订立合同以形成某种民事法律关系。如当事人之间签订买卖合同，设定转移财产所有权的目的。变更民事权利义务关系，是指当事人通过订立新的合同使原有的合同发生修改。终止民事权利义务关系，是指当事人通过订立合同消灭原有的合同关系。同时，《合同法》所说的合同，是最狭义的合同，是民事合同中有关财产关系的债权合同。有关身份关系的协议，如婚姻、收养、监护等协议，不受《合同法》调整。

》》**想一想** 婚姻关系是合同吗？

二、合同法的概念和基本原则

（一）合同法的概念

合同是市场经济社会最常见的商品交换法律形式，合同法是市场经济条件下规范市场交易活动的基本法律。合同法在为经济交易关系提供准则，保护合同当事人的合法权益，维护正常的交易秩序方面具有重大意义。广义的合同法是指调整平等主体之间交易关系的法律规范的总称。狭义的合同法，是指由国家立法机关颁布的合同法典。

我国合同制度的立法，经历了长期的历史发展过程，大体上经历了以下几个发展阶段。

第一阶段是解放初期，国家为进行社会主义改造和商品交易的需要，国务院财政经济委员会颁布了《机关、国营企业、合作社签订合同契约暂行办法》（1950 年 9 月 27 日），至 1956 年我国合同法初具规模。

第二阶段是文化大革命结束以后，党的十一届三中全会后国家颁布了有关合同的配套法规，分别为《中华人民共和国经济合同法》（1982 年 7 月 1 日实施）、《中华人民共和国涉外经济合同法》（1985 年 7 月 1 日实施）、《中华人民共和国技术合同法》（1987 年 11 月 1 日实施）。此外，《中华人民共和国民法通则》（以下简称《民法通则》）也对合同制度作了大量规定，对促进经济发展发挥了重要作用。以上这些立法在我国经济体制改革中发挥了不可替代的作用。但随着改革开放的不断深入，三大合同法并存的冲突局面越来越不适应时代发展的

需要。

第三阶段是适应市场经济对法制的要求，1999 年 3 月 15 日第九届全国人大二次会议审议通过了《中华人民共和国合同法》。该法分为总则、分则、附则 3 部分，共计 428 条。《中华人民共和国合同法》于 1999 年 10 月 1 日起施行，《中华人民共和国经济合同法》《中华人民共和国涉外经济合同法》《中华人民共和国技术合同法》同时废止。

（二）合同法的基本原则

合同法的基本原则，是制定和执行合同法的总的指导思想，贯穿于整个合同法制度和规范之中的根本准则，是合同法的灵魂。合同法的基本原则，是合同法区别其他法律的标志，集中体现了合同法的基本特征。

1. 平等原则

平等原则是指合同当事人的民事法律地位平等。平等原则是民事法律的基本原则，是区别行政法律、刑事法律的重要特征，也是合同法其他原则赖以存在的基础。《合同法》第 3 条规定：“合同当事人的法律地位平等，一方不得将自己的意志强加给另一方。”这就意味着合同当事人享有民事权利和承担民事义务的资格是平等的，任何一方当事人在订立和履行合同的过程中都要普遍地受法律的约束，不得享有特权。

2. 自愿原则

自愿原则是指合同当事人一方不得将自己的意志强加给另一方。《合同法》第 4 条规定：“当事人依法享有自愿订立合同的权利，任何单位和个人不得非法干预。”自愿原则作为我国合同法的一项基本原则，强调了合同当事人有订立或不订立合同的自由，任何单位和个人不得非法干涉；当事人有选择合同相对人、合同内容和合同形式的自由。合同法的自愿原则，既表现为当事人之间，因一方欺诈、胁迫订立的合同无效或者可以撤销，也表现为合同当事人与其他人之间，任何单位和个人不得非法干预。当然，合同当事人的自愿是在法律规定范围内享有的订立合同的自由，而并非随心所欲的自愿，当事人必须遵守法律、行政法规，尊重社会公德，并不损害他人的合法权益。

3. 公平原则

《合同法》第 5 条规定：“当事人应当遵循公平原则确定各方的权利和义务。”公平既表现为订立合同时的公平，显失公平的合同可以撤销；也表现为发生合同纠纷时公平处理，既要切实保护守约方的合法利益，也不能使违约方因较小的过失承担过重的责任；还表现为极个别的情况下，因客观情势发生异常变化，履行合同使当事人之间的利益重大失衡，应公平地调整当事人之间的利益。也就是说，法律要求当事人在合同订立、合同履行、合同解释等过程中，要根据公平的观念确定各自的合同权利、合同义务、风险分担机制及违约责任。

4. 诚实信用原则

《合同法》第 6 条规定：“当事人行使权利、履行义务应当遵循诚实信用原则。”当事人在行使权利、履行义务时应该不欺诈、守信用，以实现当事人之间利益以及当事人与社会之间利益的平衡。诚实信用原则的要求表现在以下几方面：一是诚实，当事人在订立合同时，要真实地向对方当事人陈述与合同有关的情况，互相合作，努力促成合同的成立和生效，依法负担合同义务；二是守信，合同订立后，在履行过程中，当事人各方应按照在平等、自愿基础上作出的约定全面、正确地履行合同义务；三是积极履行法律义务，即附随义务，因为当事人从协商合同条款时起，就处于特殊的合作关系中，当事人应当恪守商业道德，履行相互协助、通知、保密等义务，在合同履行完毕以后，还应履行后合同义务等。

5. 合法原则及保护社会公共利益和遵守公序良俗原则

《合同法》第 7 条规定："当事人订立、履行合同，应当遵守法律、行政法规，尊重社会公德，不得扰乱社会经济秩序，损害社会公共利益。"《合同法》这一规定，要求合同当事人在订立合同、履行合同、变更合同、转让合同、终止合同及解决合同纠纷的过程中都要遵守法律。遵守法律，主要指的是遵守法律的强制性规定。法律的强制性规定，基本上涉及的是社会公共利益，一般都纳入行政法律关系或者刑事法律关系。法律的强制性规定，是国家通过强制手段来保障实施的那些规定，譬如纳税、工商登记，不得破坏竞争秩序等规定。

公序，是指公共秩序；良俗，是指善良风俗。民事主体的行为除了遵守法律外，符合社会的公共道德标准，不危害社会公共利益，遵守公序良俗，也是合同法的基本原则的要求和体现。

三、合同的分类

合同的分类是指基于一定的标准，将合同划分为不同的类型。不同类型的合同有不同的规则，对合同进行分类是一种研究和学习方法，有助于人们从整体上加深对合同的认识。在学理上，对合同大体可作如下分类。

（一）有名合同与无名合同

根据法律是否明确规定了合同名称，可将合同分为有名合同与无名合同。

有名合同，又称典型合同，是指法律明确赋予名称并为其规定具体规范的合同。我国《合同法》分则中，规定了 15 类有名合同，即：买卖合同；供用电、水、气、热力合同；赠与合同；借款合同；租赁合同；融资租赁合同；承揽合同；建设工程合同；运输合同；技术合同；保管合同；仓储合同；委托合同；行纪合同；居间合同等。此外，《中华人民共和国担保法》（以下简称《担保法》）等立法中还规定了担保合同等。无名合同，又称非典型合同，是法律未规定名称，也未规定具体内容的合同，如生活中常见的借用合同。由于商品交易形式的多样性，无名合同在现实经济活动中广泛存在，现有法律的规定也不可能穷尽。无名合同适用《合同法》总则和《民法总则》的规定，并可以参照《合同法》分则或者其他法律最相类似的规定。

>> **想一想** 在大学生日常生活中及营销人员的实际工作中，哪些合同是必不可少的？

（二）有偿合同与无偿合同

根据当事人取得合同利益是否支付对价，可将合同分为有偿合同和无偿合同。

有偿合同是指一方当事人取得某种利益须向对方当事人支付相应对价的合同，如买卖合同、租赁合同等。有偿合同体现的是交易关系，是双方财产对价的交换。无偿合同是指一方当事人取得利益无须向对方偿付任何对价的合同。无偿合同不存在对价，不是财产的交换，是一方付出财产或者劳务，如赠与合同、借用合同是典型的无偿合同。

（三）双务合同与单务合同

根据合同当事人是否互相享有权利义务，可将合同分为双务合同与单务合同。

双务合同是指双方当事人互负义务的合同。单务合同是指一方当事人负担义务，另一方享有权利的合同。有偿合同都是双务合同，因为有偿合同存在对价。

有偿合同与双务合同，是对同一事物从不同角度的表达。无偿合同一般是单务合同，但无偿合同也可以是双务合同。如无偿委托合同，委托人有支付处理委托事务的必要费用的义务（参见《合同法》第 398 条），受托人有完成受委托事务的义务，因此是双务合同。

（四）诺成合同与实践合同

根据合同成立是否需要完成交付标的物为标准，可将合同分为诺成合同与实践合同。

诺成合同，又称不要物合同，是指只要当事人意思表示一致即可成立的合同。依我国《合同法》的规定，绝大多数合同均为诺成合同，如买卖合同、租赁合同等。实践合同，又称要物合同，是指除双方当事人意思表示一致外，还须交付标的物才能成立的合同，如保管合同、运输合同。 我国《担保法》规定定金合同从实际交付定金之日起生效，定金合同也是典型的实践合同。

（五）要式合同与不要式合同

根据合同的成立或生效是否需要特定的形式，可将合同分为要式合同与不要式合同。

所谓要式合同，是指法律规定合同具备特定的形式才能成立或者生效的合同。反之，法律不要求必须具备特定形式的合同，称为不要式合同。法律规定的特定形式，一般指书面形式。《合同法》第 10 条规定："法律、行政法规规定采用书面形式的，应当采用书面形式。当事人约定采用书面形式的，应当采用书面形式。"

想一想 哪些合同是要式合同？

（六）主合同与从合同

根据合同相互间的从属关系，可将合同分为主合同与从合同。

主合同是指不需要其他合同存在即可独立存在的合同。从合同是指以主合同存在为前提而存在的合同。例如，借款合同与保证合同、抵押合同等担保合同之间，前者为主合同，后者为从合同。这种分类方法与上述的分类方法不同之处在于，上述分类的合同均可以独立存在，如诺成合同与实践合同可以各自独立存在。而主合同与从合同不能各自独立存在，主合同的效力决定了从合同的效力。根据我国《担保法》的规定：主合同无效，从合同也无效，当事人另有约定的除外。也就是说，主合同与从合同具有效力上的从属关系。

第二节 合同的订立

案例导读

某公司向某大学发函表示："本公司生产的 W 型耳机，每副单价 35 元。如果贵校需要，请与我公司联系。"该大学回函："我校愿意以每副单价 30 元购买贵公司 W 型耳机，如同意此价格，订购数量为 1 000 副。"2 周后，大学收到公司发来的 W 型耳机 1 000 副。

请思考：本案中，某公司的发函和某大学的回函属于什么性质的行为？双方合同是否成立？

一、合同的形式与内容

（一）合同的形式

合同的形式是合同当事人意思表示一致的表现形式，是合同内容的外部表现。《合同法》第10条规定："当事人订立合同，有书面形式、口头形式和其他形式。"

1. 书面形式

书面形式，是指以文字的方式来表现合同内容的形式。我国《合同法》第11条规定："书面形式是指合同书、信件和数据电文（包括电报、电传、传真、电子数据交换和电子邮件）等可以有形地表现所载内容的形式。"书面形式的优点在于，能清楚地记载当事人之间的权利、义务，发生纠纷时有据可查，易于举证。因此，对于对当事人关系重大或内容较为复杂的合同，以书面形式为宜。

法律、行政法规规定采用书面形式的，应当采用书面形式。当事人约定采用书面形式的，应当采用书面形式。

2. 口头形式

口头形式，是指合同双方当事人以语言表达的方式订立合同，而不以书面文字表达合意的合同形式。凡是法律未规定、当事人未约定须用书面形式的，均可采用口头形式。口头合同简便易行，因而生活中被大量使用，其缺点是在发生纠纷时难以举证。

3. 其他形式

其他形式，是指采用除书面形式、口头形式以外的方式来表现合同内容的形式，如推定形式。推定形式，是指当事人不直接采用书面或者口头进行意思表示，而是通过实施某种行为来进行意思表示。如商场内的自动售货机，顾客将规定的货币投入机器内，则买卖合同成立。

（二）合同的内容

1. 一般条款

合同的内容由当事人约定，一般包括以下条款。

（1）当事人的名称或者姓名和住所。这是每一个合同必须具备的条款，当事人是合同的主体。合同中如果不写明当事人，就无法确定权利的享受者和义务的承担者，发生纠纷也难以解决。合同中要把各方当事人名称或者姓名和住所都约定准确、清楚。

（2）标的。标的是合同双方当事人权利义务指向的对象。没有标的，合同就会失去目的和意义。合同的种类很多，合同标的也多种多样。例如，买卖合同的标的是有形财产，也称标的物。标的也可能是行为，如运输合同中承运人的运输行为，保管与仓储合同中的保管行为等。

（3）数量。数量是以数字和计量单位来衡量标的的尺度，如个数、体积、面积、长度、容积、重量等。在大多数的合同中，数量是必备条款，是合同的重要条款。标的物的数量要确切，应选择双方共同接受的计量单位。

（4）质量。质量包括标准、技术要求、性能、效用、工艺等，一般以品种、型号、规格、等级等体现出来。质量条款的重要性是毋庸置疑的，许多合同纠纷都是由此引起的。合同中应当对质量问题尽可能地约定细致、准确和清楚。当事人可以约定质量检验的方法、质量责任的期限和条件、对质量提出异议的条件与期限等。但在一般情形下，欠缺质量条款，并不影响买卖合同的成立。当事人没有约定质量条款或者质量要求不明确按照国家标准、行业标准履行；没有国家标准、行业标准的，按照通常标准或者符合合同目的的特定标准履行。

（5）价款或者报酬。价款或者报酬是一方当事人向对方当事人所支付的代价。一般在以“物”为标的的合同中，这一代价叫价款，如买卖合同中的货款、租赁合同中的租金等。报酬一般是对提供劳务或者工作成果的当事人支付的货币，如运输合同中的运费、保管合同中的保管费。价款应当在合同中约定清楚或者明确约定计算价款或者报酬的方法。

（6）履行期限、地点和方式。履行期限是指合同中约定的当事人履行自己的义务的时间界限，如约定何时交付标的物、价款或者报酬，完成工作等。履行地点是指当事人履行合同义务和对方当事人接受履行的地点。不同的合同，履行地点有不同的特点。如买卖合同中，买方提货的，在提货地履行；卖方送货的，在买方收货地履行。履行方式是指当事人履行合同义务的具体做法。不同的合同，决定了履行方式的差异。例如，买卖合同当事人交付标的物，履行可以是一次性的，也可以是分期、分批的；又如运输合同按照运输方式的不同有公路运输、铁路运输、海上运输、航空运输等方式。

（7）违约责任。为了保证当事人严格按照约定履行合同，为了更加及时地解决合同纠纷，可以在合同中约定违约责任，如违约金、赔偿金及计算方法等。

（8）解决争议的方法。解决争议的方法指合同争议的解决途径，对合同条款发生争议时的解释及法律适用等。解决争议的方法的选择对于纠纷发生后当事人利益的保护是非常重要的。解决争议的途径主要有和解、调解、仲裁和诉讼。当事人可以在合同中约定解决争议的方法。

2. 格式条款

格式条款是当事人为了重复使用而预先拟定，并在订立合同时未与对方协商的条款（《合同法》第 39 条第 2 款）。格式合同是以格式条款为基础的合同。格式条款的运用，可以降低交易成本，提高交易效率。格式合同中也可能存在非格式条款。格式合同中经常有一些空白条款由当事人填写，当事人填写的条款就是非格式条款，如保险合同就是如此。非格式合同是当事人自由协商一致后订立的合同，非格式合同未采用事先拟定的固定条款。非格式条款优于格式条款。

采用格式条款订立合同的，应当注意以下几点。

（1）提供格式条款的一方应该遵循公平原则来确定当事人之间的权利义务。

（2）提供格式条款的一方有提示义务。所谓提示义务，就是提供格式条款一方当事人应当采取合理的方式提请对方注意免除或者限制其责任的条款，按照对方的要求，对该条款予以说明。

（3）格式条款的无效。《合同法》第 40 条规定：“格式条款具有本法第五十二条和第五十三条规定情形的，或者提供格式条款一方免除其责任、加重对方责任、排除对方主要权利的，该条款无效。”《合同法》第 52 条是关于合同无效事由的规定，当然适用于格式条款。《合同法》第 53 条是关于免责条款无效事由的规定，即合同中的下列免责条款无效：① 造成对方人身伤害的；② 因故意或者重大过失造成对方财产损失的。需要说明的是，《合同法》第 53 条既适用于以格式条款形式出现的免责条款，也适用于以非格式条款出现的免责条款。

想一想 如果商家贴出告示，商品出门一律不退。这种格式化的免责条款效力如何？

（4）格式条款的解释。对格式条款的理解如果发生争议，应当按照通常理解予以解释。对格式条款有两种以上解释的，应当作出不利于提供格式条款一方的解释。格式条款和非格式条款不一致的，应当采用非格式条款。

典型案例 3-1：无锡部分消费者购买了滨湖区某房地产公司的商品房，开发商要求必须在 2002 年 9 月 30 日前交清剩余房款，办理交付手续。但当消费者前往该公司办理交付手续时，发现该公司竟提供不出“商品房综合验收合格”的法律文书，因而拒绝交款。不料，开发商“反咬一口”称消费者未按期交款，并应该承担“违约责任”。其理由是：商品房买卖合同有约定：“由于政府部门的原因，不能如期组织验收的，出卖人可据实予以延期。”公司不能如期提供商品房验收合格证是政府部门的原因，与公司无关。双方为此各执一词。

请问：开发商的理由有无法律依据？

二、合同订立的一般程序

《合同法》第 13 条规定：“当事人订立合同，采取要约、承诺方式。”合同订立主要包括要约和承诺两个阶段，承诺生效时合同成立。

（一）要约

1. 要约的概念与构成要件

根据《合同法》第 14 条的规定，要约是希望同他人订立合同的意思表示。可见，要约是一方当事人以缔结合同为目的，向对方当事人提出合同条件，希望对方当事人接受的意思表示。发出要约的人为要约人，接受要约的人为受要约人。

构成要约须符合以下条件。① 要约必须是向相对人发出。要约必须是要约人向相对人发出的意思表示。相对人一般为特定人，特殊情况对不特定的人作出的意思亦可能构成要约。② 内容具体明确。要约的内容要具体明确、全面，受要约人通过要约不但能明白地了解要约人的真实意思，而且还要知道未来订立合同的主要条款。③ 要约必须具有缔结合同的目的。要约要表明经受要约人承诺，要约人即受该意思表示约束。

实践中要注意区分要约与要约邀请。要约邀请，是希望他人向自己发出要约的意思表示。要约邀请的特点是一般向不特定多数人发出，目的是邀请他人向自己发出要约，自己如果作出承诺才成立合同。商业活动中，向客户寄送的价目表、拍卖公告、招标公告、招股说明书、商业广告等为要约邀请，但“商业广告的内容符合要约规定的，视为要约”。（合同法第 15 条）

想一想 甲公司发布广告称：现有某型号的彩色液晶电视机 2 000 台，每台售价 2 500 元，欲购从速。该广告是否构成要约？

2. 要约生效的时间

要约生效的时间是指要约从何时开始对要约人和受要约人产生法律上的约束力。《合同法》第 16 条规定：“要约到达受要约人时生效。”也就是说，要约送达到受约人能够控制的地方时开始生效。要约送达的方式不同，其到达时间的确定也不同。

口头形式的要约，于受要约人知道时视为送达。但口头形式转化为录音，应当参照《合同法》第16条第2款的规定，进入对方系统时算送达。

书面要约自要约到达受要约人时发生法律效力。到达，是指到达受要约人所能控制的地方，比如，要约信件、电报送到受要约人的传达室。受要约人是否看到要约，不影响要约的生效。理由在于，如果等受要约人看到要约，要约才生效，要约的有效期会无限制地延长，受要约人事实上会控制要约的有效期，这样就会使要约人处于非常不利的地位。

数据电文是一种书面形式。《合同法》第16条第2款规定："采用数据电文形式订立合同，收件人指定特定系统接收数据电文的，该数据电文进入该特定系统的时间，视为到达时间；未指定特定系统的，该数据电文进入收件人的任何系统的首次时间，视为到达时间。"

典型案例3-2： 甲商场向乙企业发出采购100台电冰箱的要约，乙于5月1日寄出承诺信件，5月8日信件寄至甲商场，时逢其总经理外出，5月9日总经理知悉了该信内容，遂于5月10日电传告知乙收到承诺。

请问：该承诺何时生效？

3. 要约的撤回和撤销

1）要约的撤回

要约可以撤回。撤回要约的通知应当在要约到达受要约人之前或者与要约同时到达受要约人。

想一想 甲公司向乙公司发出要约，欲向其出售一批货物。要约发出后，甲公司因进货渠道发生困难而欲撤回要约。甲公司撤回要约的通知应当满足怎样的时间要求？

2）要约的撤销

撤销指要约人在要约生效以后，将该项要约取消，使要约的法律效力归于消灭的意思表示。被撤销的要约是一个已经生效的要约，被撤回的要约是尚未生效的要约。

要约可以撤销。撤销要约的通知应当在受要约人发出承诺通知之前到达受要约人。有下列情形之一的，要约不得撤销：① 要约人确定了承诺期限或者以其他形式表示要约不可撤销；② 受要约人有理由认为要约是不可撤销的，并已经为履行合同做了准备工作。

想一想 乙公司向甲公司发出要约，旋又发出一份"要约作废"的函件。甲公司的董事长助理收到乙公司"要约作废"的函件后，忘了交给董事长。第三天，甲公司董事长发函给乙公司，提出只要将交货日期推迟两个星期，其他条件都可接受，后甲、乙公司未能缔约。双方缔约没能成功的原因是什么？

4. 要约的失效

根据《合同法》第20条的规定，有下列情形之一的，要约失效：① 拒绝要约的通知到达要约人；② 要约人依法撤销要约；③ 承诺期限届满，受要约人未作出承诺；④ 受要约人对要约的内容作出实质性变更。

（二）承诺

1. 承诺的概念和构成要件

承诺是受要约人同意要约的意思表示。

承诺的构成要件有以下几个。

（1）承诺由受要约人作出。

（2）承诺应当以通知的方式作出，但根据交易习惯或者要约表明可以通过行为作出承诺的除外。

（3）承诺必须在要约的存续期间内作出。

（4）承诺的内容应当与要约的内容一致。受要约人对要约的内容作出实质性变更的，为新要约。有关合同标的、数量、质量、价款或者报酬、履行期限、履行地点和方式、违约责任和解决争议方法等的变更，是对要约内容的实质性变更。

2. 承诺的方式

《合同法》第 22 条规定："承诺应当以通知的方式作出，但根据交易习惯或者要约表明可以通过行为作出承诺的除外。"

（1）通知的方式。承诺的方式应当符合法律的规定或者要约的规定。要约没有规定承诺方式的，应依交易习惯、交易的性质确定承诺的方式。在一般情况下，受要约人接受要约应当向要约人发出承诺通知。承诺通知应为明示方式，沉默或者不作为本身一般不构成承诺。

（2）行为可以构成承诺，作出承诺的行为时生效。比如，某建筑公司急需水泥，向甲、乙两个水泥厂发出要约，要求购买 300 吨水泥，甲水泥厂回电报承诺，乙水泥厂为解建筑公司的燃眉之急，将水泥送至建筑公司。建筑公司以已经与甲水泥厂成立合同为由拒收。此案中，乙水泥厂的行为构成有效承诺，双方成立了合同，建筑公司无权拒收。

3. 承诺的生效

关于承诺生效的时间，大陆法系采到达主义，英美法系采"投邮规则"（或称投邮主义）。我国《合同法》采到达主义。承诺应当在要约确定的期限内到达要约人。要约没有确定承诺期限的，承诺应当依照下列规定到达：① 要约以对话方式作出的，应当即时作出承诺，但当事人另有约定的除外；② 要约以非对话方式作出的，承诺应当在合理期限内到达。要约以信件或者电报作出的，承诺期限自信件载明的日期或者电报交发之日开始计算。信件未载明日期的，自投寄该信件的邮戳日期开始计算。要约以电话、传真等快速通信方式作出的，承诺期限自要约到达受要约人时开始计算。

承诺生效时合同成立。承诺通知到达要约人时生效。承诺不需要通知的，根据交易习惯或者要约的要求作出承诺的行为时生效。

根据《合同法》第 26 条的规定，采用数据电文形式订立合同的，承诺到达的时间适用本法第十六条第二款的规定，即采用数据电文形式订立合同的，承诺到达的时间与确定要约到达时间的方式相同。

4. 承诺的撤回

承诺可以撤回。承诺一般情况下自承诺书到达要约人时生效，所以承诺在未生效之前当然可以撤回。撤回承诺的通知应当在承诺通知到达要约人之前或者与承诺通知同时到达。如果撤回的通知迟于承诺的通知到达要约人，承诺生效，合同即告成立，因此无法达到撤回的效果。

5. 承诺的迟延、迟到

受要约人超过承诺期限发出承诺的，除要约人及时通知受要约人该承诺有效的以外，为新要约。

要约人在承诺期限内发出承诺，按照通常情形能够及时到达要约人，但因其他原因承诺到达要约人时超过承诺期限的，除要约人及时通知受要约人因承诺超过期限不接受该承诺的以外，该承诺有效。

三、合同的成立

当事人采用合同书形式订立合同的，自双方当事人签字或者盖章时合同成立。

当事人采用信件、数据电文等形式订立合同的，可以在合同成立之前要求签订确认书。签订确认书时合同成立。

承诺生效的地点为合同成立的地点。采用数据电文形式订立合同的，收件人的主营业地为合同成立的地点；没有主营业地的，其经常居住地为合同成立的地点。当事人另有约定的，按照其约定。当事人采用合同书形式订立合同的，双方当事人签字或者盖章的地点为合同成立的地点。

法律、行政法规规定或者当事人约定采用书面形式订立合同，当事人未采用书面形式但一方已经履行主要义务，对方接受的，该合同成立。采用合同书形式订立合同，在签字或者盖章之前，当事人一方已经履行主要义务，对方接受的，该合同成立。

四、缔约过失责任

缔约过失责任，是指在合同订立的过程中，当事人违反其依诚实信用原则而产生的义务，给对方造成损失而应依法承担的民事责任。

缔约过失责任制度最早是由德国法学家耶林于 1861 年在其所主编的《耶林法学年报》中提出的，“当事人因自己过失致使契约不成立者，对信其契约为有效成立的相对人，应赔偿基于此项信赖而生的损害。”我国关于缔约过失责任的立法起步较晚，1999 年颁布的《合同法》正式确立了缔约过失责任制度。缔约过失责任是当事人在订立合同过程中，因过错违反依诚实信用原则负有的先合同义务，导致合同不成立，或者合同虽然成立，但不符合法定的生效条件而被确认无效、被变更或被撤销，给对方造成损失时所应承担的民事责任。所谓先合同义务，是指自缔约当事人因签订合同而相互接触磋商，至合同有效成立之前，双方当事人依诚实信用原则负有协助、通知、告知、保护、照管、保密、忠实等义务。根据我国《合同法》第 42 条的规定，当事人在订立合同过程中有下列情形之一，给对方造成损失的，应当承担损害赔偿责任：① 假借订立合同，恶意进行磋商；② 故意隐瞒与订立合同有关的重要事实或者提供虚假情况；③ 有其他违背诚实信用原则的行为。

此外，当事人在订立合同过程中知悉的商业秘密，无论合同是否成立，不得泄露或者不正当地使用。泄露或者不正当地使用该商业秘密给对方造成损失的，应当承担损害赔偿责任。

第三节 合同的效力

案例导读

张某是甲公司的销售人员，随身携带盖有甲公司公章的空白合同书，以便于随时对外签约。后张某因收取回扣被甲公司除名，但空白合同书未收回。张某以此合同书与乙公司签订购销协议。

请思考：该购销协议的效力应如何认定？

合同的效力又称合同的法律效力，是指已成立的合同在当事人之间具有的法律约束力。合同成立与否取决于当事人之间是否就合同内容达成一致，而合同具有怎样的效力取决于法律作出怎样的评价。合同成立后，既可能因符合法律规定而有效，也可能因违反法律规定或意思表示不真实而无效、可变更或可撤销。只有依法成立的合同，即具备合同有效要件的合同才是一个有效合同。如果已经成立的合同不具备法律规定的有效要件，就不能产生当事人预期的法律效果。因此，合同依据效力状态的不同，可分为有效合同、无效合同、可撤销可变更合同、效力待定合同四种类型。

一、合同的有效要件

有效合同必须具备相应的要件，具体包括以下三方面。

（一）行为人具有相应的民事权利能力和民事行为能力

所谓相应的民事行为能力，是要求合同的缔约人具有相应的缔约能力，主要包括三个方面的含义。一是缔约人要具有相应的民事行为能力，无民事行为能力人及限制民事行为能力人实施民事法律行为通常需要其法定代理人追认。但是限制民事行为能力人可以订立纯获利益的合同或者与其年龄、智力、精神状况相适应的合同。二是缔约人具有相应的缔约资格，如代理人代理他人订立合同，要有代理权。三是缔约人要对其所处分的财产具有相应的处分权，如买卖合同的出卖人对其出卖的标的物要有处分权。

↘ **典型案例 3-3：** 某中学生王某，16 周岁，身高 1.75 米，相貌成熟。王某为了购买一辆摩托车，私自将家中父亲的一块劳力士手表以 3 万元的价格出售给张某（35 岁）。双方签订了买卖合同。王某父亲发现此事后起诉到法院。

请问：王某和张某买卖手表的合同是否具备有效要件？为什么？

（二）意思表示真实

所谓意思表示真实，是指行为人表现于外部的意思与其内在意志相一致或相符合。在通常情况下，行为人的意思表示与其内心的真实意志和愿望是一致的，行为人应受其意思表示的约束并对其负责。但如果行为人的意思表示是在外界力量的影响或强制下进行的，如在欺诈、胁迫的情况下进行的，就不能反映行为人的真实意志，如果仅凭行为人外部的意思表示就确认其有效，则不仅违背了行为人的真实意志，而且也不符合行为人预期的法律后果，难以保护行为人的合法权益和维护社会的正常秩序。因此，当事人意思表示的真实性是合同有效的必要条件。

>> **想一想** 甲希望购买能够治疗糖尿病的药物，乙卖给甲一套保健品，说这种保健品有治疗糖尿病的功效。当事人意思表示一致吗？

（三）不违反法律和社会公共利益

所谓不违反法律，是指不得违反我国现行法律、行政法规中的强制性规定。所谓不违反社会公共利益，是指不得违反公序良俗原则，即指合同在目的或效果上不得有损社会的政治、经济秩序和道德风尚，不得有损国家主权和民族尊严，不得有损国家、集体和公民的合法财产利益和人身利益。

二、合同生效的时间

1. 成立生效

依法成立的合同，自成立时生效。法律、行政法规规定应当办理批准、登记等手续生效的依照其规定。

2. 附条件生效

当事人对合同的效力可以约定附条件。附生效条件的合同，自条件成就时生效。

↘ **典型案例 3-4**：甲、乙约定，当甲的弟弟考上外地大学，甲的房屋就让乙进来居住（租赁合同生效），这就是附生效条件的合同。

当事人为自己的利益不正当地阻止条件成就的，视为条件已成就；不正当地促成条件成就的，视为条件不成就。

↘ **典型案例 3-5**：王某与赵某约定，如果赵某考上研究生，王某负担赵某上学 3 年的生活费。赵某在考试之前，得到了考试试题，因而业务课考试成绩名列前茅。王某得知真相，遂拒绝支付赵某生活费。理由是：赵某不正当地促使赠与合同生效条件的成就。

3. 附期限生效

当事人对合同的效力可以约定附期限。附生效期限的合同，自期限届至时生效。生效期限，称为始期。如甲、乙双方 2 月 1 日签订合同，约定该合同自 10 月 1 日起生效，这是附始期的合同。

期限是一种特殊的事实。附条件和附期限合同的主要区别在于，期限为将来确定要发生的事实；而所附条件，将来可能发生，也可能不发生，是不确定的事实。

》**想一想** 甲与乙签订了一份租赁合同，合同约定，如果甲父死亡，则甲将房屋租给乙居住。这一合同的性质应如何认定？

三、无效合同

（一）合同无效概述

合同无效是指欠缺合同的有效条件，当然地、自始不发生法律效力。无效合同国家不予承认和保护。

（二）无效合同的情形

根据我国《合同法》第 52 条的规定，无效合同有以下几种。

1. 一方以欺诈、胁迫的手段订立合同，损害国家利益

欺诈是指一方在订立合同时，故意制造假象或者掩盖真相，致使对方陷入错误认识而订立合同。胁迫是指一方当事人直接施加损害或者以将来要发生的损害相威胁，使对方当事人产生恐惧并与之订立合同。一方以欺诈、胁迫手段订立合同，损害了国家利益的，应为无效合同。欺诈有民法上的效果和刑法上的效果之分。刑事欺诈，除侵害相对人的利益之外，应当认为同时损害了国家利益，合同应为无效。

2. 恶意串通，损害国家、集体或者第三人利益

恶意串通是指合同当事人或代理人在订立合同过程中，为谋取不法利益与对方当事人、代理人合谋实施的违法行为。行为人恶意串通是为了谋取非法利益，比如，卖方的代理人为

了获取回扣，将卖方的标的物价格压低，买方和代理人都得到了好处，而被代理人即卖方却受到了损失。再如在招标投标过程中，投标人之间恶意串通，以抬高或压低标价，或者投标人与招标人恶意串通以排挤其他投标人；等等。恶意串通成立的合同，行为人出于故意，而且合谋的行为人是共同的故意。行为人的故意，不一定都是当事人的故意，比如代理人与对方代理人串通，订立危害一方或双方被代理人的合同，就不是合同当事人的故意。

3. 以合法形式掩盖非法目的

当事人订立的合同在形式上、表面上是合法的，但缔约目的是非法的，称为以合法的形式掩盖非法目的的合同。例如，订立虚假的买卖合同，目的是隐匿财产、逃避债务或者逃避法院的强制执行；订立虚假的房屋租赁合同以逃避税收等。

4. 损害社会公共利益

当事人订立的为追求自己利益，其履行结果危害社会公共利益的合同或者为了损害社会公共利益订立合同都是损害社会利益的合同。比如，实施结果污染环境的合同，从事犯罪或者帮助犯罪的合同，损害公序良俗的合同等，是损害社会公共利益的合同。损害社会公共利益的合同，当事人主观上可能是故意，也可能是过失。

5. 违反法律、行政法规的强制性规定

强制性规定，又称为强行性规范，是任意性规范的对称。对强行性规范，当事人必须遵守，如果违反则导致合同无效；对任意性规范，当事人可以合意排除适用。全国人大和全国人大常委会颁布的法律中的强制性规范、国务院颁布的行政法规中的强制性规范，是确认合同效力的依据。

》》**想一想** 甲、乙约定，甲向乙提供一把“五四”式手枪，价格 5 000 元，乙于一周后到甲住处提货，货款当面付清。甲、乙的约定是否有效？

此外，《合同法》第 53 条还规定合同中的下列免责条款无效：

（1）造成对方人身伤害的；

（2）因故意或者重大过失造成对方财产损失的。

四、可撤销可变更合同

（一）可撤销可变更合同概述

可撤销可变更合同，是指合同虽然成立，但欠缺有效要件，一方当事人可以请求人民法院或者仲裁机构予以撤销或者变更的合同。当事人请求变更合同时，人民法院或仲裁机构不得撤销。

（二）可撤销可变更合同的类型

根据《合同法》第 54 条的规定，可撤销可变更合同有以下几种。

1. 因重大误解订立的合同

重大误解，是指当事人因对标的物等产生错误认识，致使该行为结果与自己的意思相悖，并造成较大损失的情形。因重大误解订立的合同，是已经成立的合同。不能将因重大误解而成立的合同与未成立的合同相混淆。如甲方要将标的物卖给乙方，而乙方以为是送给自己，甲、乙双方没有达成合意，因此只能认定合同未成立，不能以重大误解为由进行救济。

2. 在订立合同时显失公平的

显失公平，是指合同订立时，一方当事人利用优势或者利用对方没有经验，致使双方的权利义务明显不对等。这种合同违反了公平原则的要求。

3. 一方以欺诈、胁迫的手段或者乘人之危，使对方在违背真实意思的情况下订立的合同

↘ **典型案例 3-6**：某手表厂为纪念千禧年特制纪念手表两千只，每只售价 2 万元。其广告宣传主要内容为：① 纪念表为金表；② 纪念表镶有进口钻石。后经证实，该纪念表为镀金表；进口钻石为进口人造钻石，每粒价格为 1 元。手表成本约 1 000 元。为此，购买者与该手表厂发生纠纷。该纠纷应如何处理？

（三）撤销权的消灭

有下列情形之一的，撤销权消灭：① 具有撤销权的当事人自知道或者应当知道撤销事由之日起 1 年内没有行使撤销权；② 具有撤销权的当事人知道撤销事由后明确表示或以行为放弃撤销权。

五、效力待定合同

（一）效力待定合同概述

效力待定合同是指合同欠缺有效要件，能否发生当事人预期的法律效力尚未确定，只有经过有权人的追认，才能化欠缺有效要件为符合有效要件，发生当事人预期的法律效力；有权人在一定期间内不予追认的，合同归于无效。

（二）效力待定合同类型

1. 限制民事行为能力人订立的合同

限制民事行为能力人订立的合同，经法定代理人追认后，该合同有效，但纯获利益的合同或者与其年龄、智力、精神健康状况相适应而订立的合同，不必经法定代理人追认（《合同法》第 47 条）。

限制民事行为能力人通常是指 8 周岁以上的未成年人。年满 16 周岁的未成年人以自己的劳动收入为主要生活来源的，视为完全行为能力人。限制民事行为能力人还包括不能完全辨认自己行为的成年人，如不能完全辨认自己行为的精神病人等。限制民事行为能力人订立的合同有两类：一类是纯获利益的合同及与其年龄、智力、精神健康状况相适应而订立的合同，不必经其法定代理人的追认就有效；另一类是限制民事行为能力人订立的与其年龄、智力、精神状况不相适应的合同，须经法定代理人的追认才可发生法律效力。

相对人可以催告法定代理人在 1 个月内予以追认。法定代理人未作表示的，视为拒绝追认。合同被追认之前，善意相对人有撤销的权利。撤销应当以通知的方式作出。

↘ **典型案例 3-7**：15 岁的女学生王某，属龙。一日王某到某美容店纹身，美容店工作人员应王某的请求，在其右前臂上刺画了一条龙（面积约 20 平方厘米）。第二天，王某又到该美容院，要求在其左前臂刺画一个“忍”字。正在刺字时，王某的父亲赶来制止并要求美容院进行赔偿。

请问：王某父亲的请求能否得到支持？

2. 无代理权人以他人名义订立的合同

无代理权人以他人名义订立的合同，即无代理权的人代理他人与相对人订立的合同。行为人没有代理权、超越代理权或者代理权终止后以被代理人名义订立的合同，未经被代理人

追认，对被代理人不发生效力，由行为人承担责任（《合同法》第48条）。

相对人可以催告被代理人在1个月内予以追认。被代理人未作表示的，视为拒绝追认。合同被追认之前，善意相对人有撤销的权利。撤销应当以通知的方式作出。

3. 无处分权人处分他人财产的合同

无处分权人处分他人财产的合同，经权利人追认或者无处分权人订立合同后取得处分权的，该合同有效（《合同法》第51条）。

（三）不属于效力待定合同的两种特殊情形

1. 表见代理

表见代理是指被代理人的行为足以使善意第三人相信行为人有代理权，第三人基于此信赖而与行为人签订合同由此产生的后果，依法由被代理人承担。《合同法》第49条规定，行为人没有代理权、超越代理权或者代理权终止后以被代理人名义订立合同，相对人有理由相信行为人有代理权的，该代理行为有效。表见代理合同是有效合同。

2. 表见代表

表见代表是指法人或者其他组织的法定代表人、负责人超越权限订立的合同。《合同法》第50条规定，法人或者其他组织的法定代表人、负责人超越权限订立的合同，除相对人知道或者应当知道其超越权限的以外，该代表行为有效。

六、合同无效或者被撤销的法律后果

无效合同或者被撤销的合同自始没有法律约束力。合同部分无效，不影响其他部分效力的，其他部分仍然有效。合同无效、被撤销或者终止的，不影响合同中独立存在的有关解决争议方法的条款的效力。

合同无效或者被撤销后产生的法律后果有以下几种情况。

（1）返还财产。合同被确认无效或者被撤销后，因该合同取得的财产，应当予以返还。

（2）折价补偿。不能返还或者没有必要返还的，应当折价补偿。

（3）赔偿损失。有过错的一方应当赔偿对方因此所受到的损失，双方都有过错的，应当各自承担相应的责任。也就是说，赔偿损失以过错为条件。

（4）收归国家所有、返还集体或第三人。当事人恶意串通，损害国家、集体利益或者第三人利益的，因此取得的财产收归国家所有或者返还给集体、第三人。收归国家所有又称为追缴。追缴的财产包括已经取得的财产和约定取得的财产。如果不追缴约定取得的财产，当事人仍会因无效合同获得非法利益。

第四节　合同的履行

案例导读

2012年4月，甲、乙双方签订了一份房屋买卖合同，约定甲向乙购买房屋2套，价款为200万元。合同约定，甲于签订合同后分三期付款，第一次80万元，第二次60万元，剩余的60万元于6月1日，乙交房并办理产权登记手续时甲再支付。合同签订后，甲按期支付了第一期、第二期款项。6月1日，乙将房屋的钥匙交给甲，但并未立即办理房屋产权转移登记手续。因此甲表示剩余房款等登记手续办理完毕后再支付。6月7日，乙催促甲付款，甲拒绝，乙以甲违约为由诉至人民法院，要求甲承担违约责任。

请思考：人民法院是否会支持乙的主张？

合同的履行，是指合同当事人按照合同的约定或者法律的规定，全面、适当地完成各自承担的合同义务，使债权人的权利得以实现的过程。

一、合同履行的原则

合同履行的原则，是当事人在履行合同的全过程中所必须遵循的一般准则。

1. 全面履行原则

全面履行原则又称正确履行原则、适当履行原则，是指债务人应当按照合同规定的标的、数量、质量、履行期限、地点、方式等要求，全面完成合同中的义务。我国《合同法》第60条第1款规定："当事人应当按照约定全面履行自己的义务。"这项原则包括三个方面的具体内容：一是履行主体适当，即当事人一般应亲自履行合同，不能由第三人代为履行，但当事人另有约定的除外；二是标的适当，即当事人交付的标的物、提供的工作成果、提供的劳动应符合合同约定或交易惯例；三是履行期限、方式和地点适当，即当事人应按合同约定的数量、质量、品种等按期全面履行，不得部分履行而部分不履行。

2. 诚实信用原则

《合同法》第60条第2款规定："当事人应当遵循诚实信用原则，根据合同的性质、目的和交易习惯履行通知、协助、保密等义务。"此规定是当事人应当履行的合同约定之外的附随义务。附随义务是基于诚实信用原则而产生的义务，虽然当事人在合同中可能没有约定此义务，但任何合同的当事人在履行时都必须遵守。法律在合同履行问题上将诚实信用作为基本原则来确认。从字面上看，诚实信用原则要求人们在交易活动中讲究信用，恪守诺言，诚实不欺，在不损害他人利益和社会利益的前提下追求自己的利益。从内容上看，诚实信用原则并没有确定的内涵，因而有无限的适用范围，即它实际上是一个抽象的法律概念，内容极富弹性和不确定性，有待于就特定案件予以具体化，并随着社会的变迁而不断修正自己的价值观和道德标准。

↘ **典型案例 3-8：**甲、乙双方订立了买卖1 000万吨水泥的合同，合同规定甲（卖方）在1年内分4次发货，但对发货的季度、月份和具体日期都没有规定。甲发货1次以后，水泥的价格上涨，甲就停止了发货。经乙催告后，甲表示将在最后一个季度内分3次发货，并声称：如乙拒绝接受，将追究其违约责任。双方发生争议。

请问：甲的行为是否符合合同履行的原则？

二、合同条款约定不明时的履行规则

根据我国《合同法》第61条和62条的规定，合同生效后，当事人就质量、价款或报酬、履行地点等内容没有约定或约定不明确的，可以协议补充；不能达成补充协议的，按照合同有关条款或交易习惯确定。

当事人就有关合同内容约定不明确，若按上述方法仍然不能确定的，则直接适用《合同法》的下列规定。

（1）质量要求不明确的，按照国家标准、行业标准履行；没有国家标准、行业标准的，按照通常标准或者符合合同目的的特定标准履行。

（2）价款或者报酬不明确的，按照订立合同时履行地的市场价格履行；依法应当执行政府定价或者政府指导价的，按照规定履行。

执行政府定价或者政府指导价的，在合同约定的交付期限内政府价格调整时，按照交付时的价格计价。逾期交付标的物的，遇价格上涨时，按照原价格执行；价格下降时，按照新价格执行。逾期提取标的物或者逾期付款的，遇价格上涨时，按照新价格执行；价格下降时，按照原价格执行。

（3）履行地点不明确，给付货币的，在接受货币一方所在地履行；交付不动产的，在不动产所在地履行；其他标的，在履行义务一方所在地履行。

（4）履行期限不明确的，债务人可以随时履行，债权人也可以随时要求履行，但应当给对方必要的准备时间。

（5）履行方式不明确的，按照有利于实现合同目的的方式履行。

（6）履行费用的负担不明确的，由履行义务一方负担。

>> **想一想**　甲方与乙方是长期贸易伙伴，从甲、乙双方从前的几十份合同来看，都是甲方送货。现双方新订立的一份买卖合同没有约定买方提货还是卖方送货，应当如何履行？

三、双务合同履行中的抗辩权

双务合同履行中的抗辩权，是指在符合法定条件时，当事人一方对抗对方当事人的履行请求权，暂时拒绝履行其债务的权利。根据我国《合同法》的规定，双务合同履行中的抗辩权主要有：同时履行抗辩权、后履行抗辩权和不安抗辩权。

（一）同时履行抗辩权

我国《合同法》第66条规定："当事人互负债务，没有先后履行顺序的，应当同时履行。一方在对方履行之前有权拒绝其履行要求。一方在对方履行债务不符合约定时，有权拒绝其相应的履行要求。"这一规定在合同法理论上被称作同时履行抗辩权。

（二）后履行抗辩权

我国《合同法》第67条规定："当事人互负债务，有先后履行顺序，先履行一方未履行的，后履行一方有权拒绝其履行要求。先履行一方履行债务不符合约定的，后履行一方有权拒绝其相应的履行要求。"这一规定在合同法理论上被称作后履行抗辩权。

（三）不安抗辩权

不安抗辩权，是指在双务合同中应当先履行债务的当事人有确切的证据证明后履行债务的当事人出现足以影响其对待给付的情形下，可以中止履行合同并可有条件地解除合同的权利。

根据我国《合同法》第68条的规定，应当先履行债务的当事人，有确切证据证明对方有下列情形之一的，可以中止履行：① 经营状况严重恶化；② 转移财产、抽逃资金，以逃避债务；③ 丧失商业信誉；④ 有丧失或者可能丧失履行债务能力的其他情形。

先履行一方行使不安抗辩权中止履行的，应及时通知后履行方。先履行一方中止履行后，后履行方提供适当担保或在合理期限内恢复履行能力的，先履行方应当恢复履行；后履行方在合理期限内未恢复履行能力并且未提供适当担保的，中止履行的一方可以解除合同。

↘ **典型案例 3-9**：甲、乙双方签订合同，约定甲向乙购买钢材，价款为 500 万元。合同约定，甲预先支付价款 200 万元，乙交货后甲再支付剩余的货款。甲在支付预付款之前，发现乙的经营状况不妙，会严重影响交货能力，甲便中止履行合同，请求乙解除合同，遭到乙的拒绝，双方发生纠纷并诉至人民法院。

请问：人民法院是否会支持甲的主张？

四、合同履行的保全

合同履行的保全，又称债的保全，是指法律为了防止债务人的财产不当减少而给债权人债权的实现带来危险，允许债权人代债务人之位向第三人行使权利，或者请求法院撤销债务人与第三人的行为的法律制度。合同保全制度的目的在于防止债务人实施各种不当的行为逃避债务，确保债权人的债权得以实现。

（一）代位权

代位权，是指当债务人怠于行使其对第三人享有的权利而危及债权人的债权时，债权人为保全自己的债权，有权以自己的名义行使属于债务人的债权。我国《合同法》第 73 条规定："因债务人怠于行使其到期债权，对债权人造成损害的，债权人可以向人民法院请求以自己的名义代位行使债务人债权，但该债权专属于债务人自身的除外。代位权的行使范围以债权人的债权为限。债权人行使代位权的必要费用，由债务人负担。"代位权的行使要通过诉讼程序。

↘ **典型案例 3-10**：甲公司向乙商业银行借款 10 万元，借款期限为一年。借款合同期满后，由于甲公司经营不善，无力偿还借款本息。但是丙公司欠甲公司到期货款 20 万元，甲公司不积极向丙公司主张支付货款。为此，乙商业银行以自己的名义请求人民法院判定以丙公司的财产来偿还甲公司借款。

请问：人民法院是否应支持乙商业银行的请求？为什么？若乙商业银行行使该权利花费 4 000 元的必要费用，应由谁负担？

（二）撤销权

撤销权，是指债权人对于债务人实施的危害其债权的行为，可请求人民法院予以撤销的权利。撤销权源于罗马法上的"废罢诉权"，因该权系由罗马五大法学家之一的保罗所创，故又称为"保罗诉权"。现代各国法律均规定了债权人的撤销权。我国《合同法》第 74 条规定："因债务人放弃其到期债权或者无偿转让财产，对债权人造成损害的，债权人可以请求人民法院撤销债务人的行为。债务人以明显不合理的低价转让财产，对债权人造成损害，并且受让人知道该情形的，债权人也可以请求人民法院撤销债务人的行为。撤销权的行使范围以债权人的债权为限。债权人行使撤销权的必要费用，由债务人负担。"撤销权可因一定除斥期间届满而消灭。《合同法》第 75 条规定："撤销权自债权人知道或者应当知道撤销事由之日起一年内行使。自债务人的行为发生之日起五年内没有行使撤销权的，该撤销权消灭。”

↘ **典型案例 3-11**：甲欠乙 5 000 元，乙多次催促，甲拖延不还。后乙告知甲必须在半个月内还钱，否则将予以起诉。甲立即将家中仅有的值钱物品——九成新电冰箱和彩电各一台以 150 元的价格卖给知情的丙，被乙发现。

请问：对甲的这一行为，乙可以采取哪些措施？

第五节　合同的担保

案例导读

甲、乙双方签订一份货物买卖合同，货物价值为 200 万元。甲向乙交货后，乙尚未立即支付货款，乙以自己价值 100 万元的设备为该合同提供了抵押担保。同时，丙公司为该笔债务提供了保证。

请思考：到期乙不能履行债务时，甲如何实现其债权？

合同担保是确保合同得以履行的一种法律制度，是指当事人根据法律的规定或合同的约定，在合同之外为确保债务履行和债权实现而采取的法律保障方法。根据《中华人民共和国物权法》（以下简称《物权法》）和《中华人民共和国担保法》（以下简称《担保法》）的规定，在借贷、买卖等民事活动中，当事人可以依法设立担保，订立担保合同。担保合同是主债权债务合同的从合同，担保范围包括主债权及其利息、违约金、损害赔偿金、实现债权的费用，等等。根据《担保法》的规定，担保的方式有保证、抵押、质押、留置和定金五种。

一、保证

保证是指保证人和债权人约定，当债务人不履行债务时，保证人按照约定履行债务或者承担责任的行为。而后，保证人获得向债务人追偿的权利。因此保证行为涉及三方当事人和三种法律关系。

（一）保证人

凡具有代为清偿债务能力的法人、其他组织或者公民，都可以做保证人。但依据《担保法》的规定，以下情况下不得为保证人。

（1）国家机关不得为保证人，但经国务院批准为使用外国政府或者国际经济组织贷款进行转贷的除外。

（2）学校、幼儿园、医院等以公益为目的的事业单位、社会团体不得为保证人。

（3）企业法人的分支机构、职能部门不得为保证人。企业法人的分支机构有法人书面授权的，可以在授权范围内提供保证。

（二）保证合同

保证人与债权人应当以书面形式订立保证合同。

双方可以就单个主合同分别订立保证合同，也可以协议在最高债权额限度内就一定期间连续发生的借款合同或者某项商品交易合同订立一个保证合同，即连续担保。

保证合同的内容包括：① 被保证的主债权种类、数额；② 债务人履行债务的期限；③ 保证的方式；④ 保证担保的范围；⑤ 保证的期限；⑥ 双方认为需要约定的其他事项。

（三）保证方式

1. 一般保证

一般保证是指债务人不能履行债务时，由保证人承担保证责任。《担保法》规定：“当事人在保证合同中约定，债务人不能履行债务时，由保证人承担保证责任的，为一般保证。一般保证的保证人在主合同纠纷未经审判或者仲裁，并就债务人财产依法强制执行仍不能履行债务前，对债权人可以拒绝承担保证责任。”也就是说，一般保证中的保证人享有先诉抗辩权，但下列情况例外：① 债务人住所变更，致使债权人要求其履行债务发生重大困难的；② 人民法院受理债务人破产案件，中止执行程序的；③ 保证人以书面形式放弃抗辩权的。

2. 连带责任保证

连带责任保证是指当事人在保证合同中约定保证人与债务人对债务承担连带责任的保证。如果保证人在保证合同中没有约定保证方式，或约定不明确，按照连带责任保证承担保证责任。

连带责任保证的债务人在主合同规定的债务履行期届满没有履行债务的，债权人可以要求债务人履行债务，也可以要求保证人在其保证范围内承担保证责任。连带责任保证中的保证人不享有先诉抗辩权。

抗辩权是指债权人行使债权时，债务人根据法定事由，对抗债权人行使请求权的权利。一般保证和连带责任保证的保证人享有债务人的抗辩权。债务人放弃对债务的抗辩权的，保证人仍有权抗辩。

（四）保证责任

保证责任指当债务人届期不履行债务时，保证人依合同约定或法律规定所承担的代为履行或代为赔偿损失的义务。

1. 保证担保的范围

保证担保的范围包括主债权及利息、违约金、损害赔偿金和实现债权的费用。保证合同对于保证担保的范围另有约定的，从其约定，否则承担全部债务责任。

2. 保证期间

保证人承担保证责任的期间，可以由当事人双方自由约定，未约定保证期间的，《担保法》规定一般保证的保证期间为主债务履行期届满之日起六个月。在合同约定的保证期间和上述规定的六个月保证期间，债权人未对债务人提起诉讼或者申请仲裁的，保证人免除保证责任；债权人已提起诉讼或者申请仲裁的，保证期间适用诉讼时效中断的规定。

连带责任保证的保证人与债权人未约定保证期间的，债权人有权自主债务履行期届满之日起六个月内要求保证人承担保证责任。在合同约定的保证期间和上述规定的保证期间，债权人未要求保证人承担保证责任的，保证人免除保证责任。

同一债权既有保证又有物的担保的，保证人对物的担保以外的债权承担保证责任。债权人放弃物的担保的，保证人在债权人放弃权利的范围内免除保证责任。

3. 保证责任的消灭

保证责任是一种从债，它随主合同债务的产生而产生，随主合同债务的消灭而消灭。

有下列情形之一的，保证人不承担民事责任：

（1）主合同当事人双方串通，骗取保证人提供保证的；

（2）主合同债权人采取欺诈、胁迫等手段，使保证人在违背真实意思的情况下提供保证的。

二、抵押

（一）抵押的概念

抵押是指债务人或第三人不转移对法定财产的占有，将该财产作为债权的担保，债务人不履行债务时，债权人有权依照法律规定以该财产折价或者以拍卖、变卖该财产的价款优先受偿。其中，债务人或者第三人为抵押人，债权人为抵押权人，提供担保的财产为抵押物，因抵押法律关系所产生的权利为抵押权。

抵押主要具有以下特征：

（1）抵押是一种债权担保方式。设定抵押的目的在于担保债权人债权的实现。

（2）抵押是一种物的担保。抵押是以债务人或第三人的特定财产的价值担保债权的实现。在债务人不履行到期债务或者发生当事人约定的实现抵押权的情形时，债权人得对担保物进行折价，以替代债务的履行，或对担保物进行变价，而以变价的价款优先满足自己的债权。

（3）抵押物的权利和占有不发生转移。在抵押担保中，担保物的所有权和占有均不发生转移，而仅赋予债权人在债务人不履行债务时可以以抵押物折价清偿或对担保物进行变价而优先清偿被担保债权的权利。

（二）抵押合同

1. 抵押合同的内容

抵押人和抵押权人应当以书面形式订立抵押合同。抵押权依抵押行为而设立，抵押行为具体表现为抵押合同。抵押合同应采取书面形式，并包括以下内容：① 被担保的主债权的种类和数额；② 债务人履行债务的期限；③ 抵押物的名称、数量、质量、状况、所在地、所有权权属或使用权权属；④ 抵押担保的范围；⑤ 当事人认为需要约定的其他事项。抵押权人在债务履行期届满前，不得与抵押人约定债务人不履行到期债务时抵押财产归债权人所有。

2. 抵押合同的标的物——抵押财产

根据《物权法》第 180 条第 1 款的规定，债务人或者第三人有权处分的下列财产可以抵押：① 建筑物和其他土地附着物；② 建设用地使用权；③ 以招标、拍卖、公开协商等方式取得的荒地等土地承包经营权；④ 生产设备、原材料、半成品、产品；⑤ 正在建造的建筑物、船舶、航空器；⑥ 交通运输工具；⑦ 法律、行政法规未禁止抵押的其他财产。

为了保护社会公共利益，《物权法》第 184 条规定以下财产不得抵押：① 土地所有权；② 耕地、宅基地、自留地、自留山等集体所有的土地使用权，但法律规定可以抵押的除外；③ 学校、幼儿园、医院等以公益为目的的事业单位、社会团体的教育设施、医疗卫生设施和其他社会公益设施；④ 所有权、使用权不明或者有争议的财产；⑤ 依法被查封、扣押、监管的财产；⑥ 法律行政法规规定不能抵押的其他财产。

（三）抵押登记

抵押登记，是指由主管机关依法在登记簿上就抵押物上的抵押权状态予以记载。根据《物权法》的规定，抵押登记的效力如下。

（1）以建筑物和其他土地附着物、建设用地使用权、以招标拍卖、公开协商等方式取得的荒地等土地承包经营权抵押的，采取登记成立（生效）主义，抵押权自登记时设立。（《物权法》第 187 条）

（2）对于以交通运输工具、正在建造的船舶或航空器及生产设备、原材料、半成品、成品抵押的，采取登记对抗主义，抵押权自抵押合同生效时设立，未经登记的，不得对抗善意第三人。（《物权法》第 188 条）

（3）企业、个体工商户、农业生产经营者以现有的以及将有的生产设备、原材料、半成品、产品抵押的，采取登记对抗主义，抵押权自抵押合同生效时设立，未经登记的，不得对抗善意第三人。当然，即使登记，也不得对抗正常经营活动中已支付合理价款并取得抵押财产的买受人。（《物权法》第 189 条）

（四）抵押权的实现

抵押权的实现是在债权已届清偿期而债务人没有清偿时，抵押权人就抵押物受偿的行为。抵押权的作用就在于担保债权受偿，因此，抵押权的实现是发挥抵押权作用的方式和途径。抵押权实现的方法有拍卖、折价及变卖三种。根据《物权法》的规定，债务人不履行到期债务或者发生当事人约定的实现抵押权的情形时，抵押权人可以与抵押人协议以抵押财产折价或者以拍卖、变卖该抵押财产所得的价款优先受偿。抵押权人与抵押人未就抵押权实现方式达成协议的，抵押权人可以请求人民法院拍卖、变卖抵押财产。抵押财产折价或者变卖的，应当参照市场价格。根据《物权法》第 202 条的规定，抵押权人应当在主债权诉讼时效期间行使抵押权；未行使的，人民法院不予保护。

三、质押

质押，是指债务人或者第三人移转占有提供担保的动产或财产权利，债权人于债务人不清偿其债务时，依法折价或者以拍卖、变卖的价款优先受偿。债务人或者第三人用于质押担保的动产或财产权利为质权标的，称为质物；占有质权标的的债权人为质权人，提供动产或财产权利的债务人或第三人为出质人，又称质押人。

依据《物权法》第 210 条和《担保法》第 64 条第 1 款的规定，设立质权，出质人和质权人应当以书面形式订立质押合同。依此规定，质押合同为要式合同，应采用书面形式。质押的标的物为动产或财产权利，因此质押又分为动产质押与权利质押。

（一）动产质押

动产质押是指债务人或者第三人将其动产移交债权人占有，将该动产作为债权的担保，债务人不履行债务时，债权人有权依照法律规定以该动产折价或者以拍卖、变卖该动产的价款优先受偿。其中，债务人或者第三人为出质人，债权人为质权人，移交的动产为质物，因动产质押法律关系所产生的权利为动产质权。

动产质权虽是由质押合同设定的，但是质押合同的生效并不等于质权的成立。动产质权由债权人占有质物，因此，只有出质人将质物交付给债权人占有时，动产质权才能成立，《物权法》第 212 条规定："质权自出质人交付质押财产时设立。"即动产质权的成立以出质人交付质物给债权人占有为要件。《物权法》第 211 条规定："质权人在债务履行期届满前，不得与出质人约定债务人不履行到期债务时质押财产归债权人所有。"

（二）权利质押

权利质押是指为了担保债权清偿，就债务人或第三人有权处分的权利设定的担保。权利质押的标的须为所有权以外的可转让的财产权，根据《物权法》第 223 条的规定，债务人或者第三人有权处分的下列权利可以出质：① 汇票、支票、本票；② 债券、存款单；③ 仓单、提单；④ 可以转让的基金份额、股权；⑤ 可以转让的注册商标专用权、专利权、著作权等知识产权中的财产权；⑥ 应收账款；⑦ 法律、行政法规规定可以出质的其他财产权利。

四、留置

留置是指债权人按照合同约定占有债务人的动产，债务人不按照合同约定的期限履行债务的，债权人有权依照法律规定留置该财产，以该财产折价或者拍卖、变卖该财产，从所得价款中优先得到清偿。在留置法律关系中，债权人所享有的权利为留置权，债权人因对留置权的享有而成为留置权人，留置权人留置的财产为留置物。留置权作为担保物权的一种，是依法律的直接规定而发生，因此是一种法定担保物权。留置权的客体限于债权人已合法占有的债务人的动产，债权已届清偿期而债务人未按规定的期限履行其债务。依我国法律规定，可能发生留置权的合同主要包括保管合同、加工承揽合同、运输合同等。

此外，债权人与债务人应在合同中约定，债权人留置财产后债务人的履行期限。债权人与债务人在合同中未约定的，债权人留置债务人财产后，应当给债务人两个月以上的期限履行债务。债务人逾期仍不履行的，债权人可以与债务人协议以留置物折价，也可以依法拍卖、变卖留置物。留置物折价或者拍卖、变卖后，其价款超过债权数额的部分归债务人所有，不足部分由债务人清偿。同一动产上已设立抵押权或者质权，该动产又被留置的，留置权人优先受偿。留置权人对留置财产丧失占有或者留置权人接受债务人另行提供担保的，留置权消灭。

>> **想一想** 甲因电视机出现故障，送至乙处修理。因甲没有支付修理费，乙将电视机留置，通知甲在一个月内支付相应的修理费用。乙行使留置权合法吗？

五、定金

定金是当事人在合同订立时或者债务履行之前，为担保合同的履行，由一方向对方支付的一定数额的货币。定金的功能一方面是证明合同成立，另一方面是担保合同的履行，属于债的担保。

根据我国法律规定，定金合同应当以书面形式约定，定金合同从实际交付定金之日起生效，因此定金合同为要式合同、实践合同。定金的数额由当事人约定，但不得超过主合同标的额的 20%。

给付定金的一方不履行合同义务的，无权要求返还定金；收受定金的一方不履行合同义务的，应当双倍返还定金。给付定金的一方履行合同义务后，定金应当返还或抵作价款。

>> **想一想** 甲向乙订购15万元货物，双方约定："乙收到甲的5万元定金后，即应交付全部货物。"合同订立后，乙在约定时间内只收到甲的2万元定金。该定金有效吗？

第六节 合同的变更、转让和终止

案例导读

2013年4月，某百货商场与某服装厂（甲厂）订立一份商品供应合同，约定于当年10月底前，由甲厂一次性向百货商场供应羽绒服1 000件，总价款为20万元，交货时付款。6月，甲厂接到一项外贸服装订单，此项订单与原应向百货商场交付羽绒服的计划发生冲突，甲厂即与外地一服装厂（乙厂）联系，由乙厂为百货商场制作1 000件羽绒服，双方签订了合同。而后甲厂向百货商场讲明情况，但百货商场表示因对乙厂不了解而拒绝认可。10月底，乙厂将加工好的与原合同约定的质量、规格、花色相同的1 000件羽绒服送至百货商场，百货商场拒收，并要求甲厂承担违约责任。

请思考：甲厂与乙厂签订合同，约定由乙厂为百货商场生产1 000件羽绒服的行为是否合法？百货商场的拒收行为合理吗？为什么？

一、合同的变更

合同的变更有广义和狭义之分，广义的变更包括合同主体的变更和内容的变更，狭义的变更仅指内容的变更，即指合同成立后，尚未履行或尚未完全履行前，不改变合同当事人，仅对合同的内容所作的变更。我国《合同法》所称的合同变更是狭义的合同变更，至于合同主体的变更则称之为合同转让。

我国《合同法》第77条规定："当事人协商一致，可以变更合同。法律、行政法规规定变更合同应当办理批准、登记等手续的，依照其规定。"第78条规定："当事人对合同变更的内容约定不明确的，推定为未变更。"

二、合同的转让

合同的转让，也称合同主体的变更，是指当事人一方将合同权利、合同义务或合同的权利和义务全部或部分转让给第三人的行为。因此，合同转让包括合同权利的转让（即债权转让）、合同义务的转让（即债务转让）及合同权利义务的一并转让（即债权债务的概括转让）三种情形。

（一）债权转让

债权转让即合同权利的转让，是指合同债权人通过协议将其债权全部或者部分转让给第三人的行为。债权转让可分为两种情形：一是合同权利的全部转让，即原债权人将享有的债权全部转让给第三人，原债权人脱离合同关系，第三人成为合同的一方当事人；二是合同权利的部分转让，此时受让人作为第三人加入到原合同关系中，与原债权人共同享有债权。

根据《合同法》的规定，债权转让的有效条件有以下几个。

1. 债权的转让人与受让人须就债权让与达成合意

债权转让是转让人与受让人之间意思表示一致的结果，是一种双方民事法律行为，因而其有效是必须具备民事法律行为的有效要件。转让人须有完全的民事行为能力，限制民事行为能力人转让合同权利，须由其法定代理人代理或者认可。

2. 债权须具有可转让性

根据我国《合同法》第 79 条的规定，下列债权不得转让：① 根据合同性质不得转让的债权；② 按照当事人约定不得转让的债权；③ 依照法律规定不得转让的债权。

3. 债权的转让须通知债务人

债权转让是合同债权人与第三人之间的合同，但又与债务人有密切关系，债权转让后，由债务人向第三人履行合同义务。所以，合同转让涉及三方当事人，如何协调三方当事人的利益是立法的关键。我国《合同法》第 80 规定："债权人转让权利的，应当通知债务人。未经通知，该转让对债务人不发生效力。"债权人转让权利的通知不得撤销，但经受让人同意的除外。

（二）债务转让

债务转让，即合同义务的转让，是指债务人将其合同义务全部或部分地转移给第三人。由于合同义务转让后由第三人负担，可能会给债权人造成损害，因此《合同法》规定，债务人转让债务应当经债权人同意。债务人转让债务后，新债务人可以主张原债务人对债权人的抗辩。

（三）债权债务的概括转让

债权债务的概括转让，是指原合同当事人一方将其合同中的权利义务一并移转给第三人，由第三人概括地继受这些债权债务。我国《合同法》第 88 条规定："当事人一方经对方同意，可以将自己在合同中的权利与义务一并转让给第三人。"此为当事人约定的权利义务概括转让。第三人取得转让方所享有的一切权利和负担的一切义务，转让方脱离合同关系。《合同法》第 90 条规定："当事人订立合同后合并的，由合并后的法人或者其他组织行使合同权利，履行合同义务。当事人订立合同后分立的，除债权人和债务人另有约定的以外，由分立的法人或者其他组织对合同的权利和义务享有连带债权，承担连带债务。"此为法定的权利义务概括转让。

法律、行政法规规定转让权利或者义务应当办理批准、登记手续的，应当依照规定办理相关手续。

三、合同权利义务的终止

合同权利义务的终止，又称合同的消灭，是指基于一定的法律事实，合同所设定的债权债务关系在客观上已不再存在。根据我国《合同法》第 91 条的规定，合同权利义务终止的原因主要有：① 债务已经按照约定履行；② 合同解除；③ 债务相互抵销；④ 债务人依法将标的物提存；⑤ 债权人免除债务；⑥ 债权债务同归于一人；⑦ 法律规定或者当事人约定终止的其他情形。

（一）债务已经按照约定履行

债务已经按照约定履行，简称清偿，是指债务人向债权人履行了合同义务。债权人依据合同的约定实现了债权目的。各国法律一致认为，清偿是合同消灭的主要原因。合同债务在法律规定或合同有约定时，可由第三人代为清偿，即可由第三人给付，或执行第三人提供的担保物而清偿。第三人代为清偿后，债权人与债务人的合同关系归于消灭，第三人则因此取得代位求偿权，在其代为清偿的范围内，向债务人追偿。

（二）合同解除

合同解除，是指合同有效成立后，当具备解除条件时，因当事人一方或双方的意思表示，使合同关系消灭的行为。根据我国《合同法》的规定，合同解除是导致合同关系终止的原因之一。合同解除具有如下特点：① 合同解除以有效成立的合同为前提。无效合同、可撤销合同及效力待定的合同都不发生合同解除问题。② 合同解除必须具备解除的条件。合同一经有效成立，就具有法律效力，当事人双方都必须严格遵守，全面、适当地履行，不得擅自解除。只有在法定的或约定的解除条件下，才允许解除，否则便构成违约。③ 合同解除原则上必须有解除行为。当解除的条件具备时，合同并不必然解除，欲使它解除，一般还需要解除行为。解除行为有两种类型：一是当事人双方协商同意；二是解除权人一方发出解除的意思表示。④ 解除的效果是使合同关系消灭。

合同的解除分为协议解除和法定解除。

协议解除，是指当事人双方通过协商将合同解除的行为。我国《合同法》第 93 条规定："当事人协商一致，可以解除合同。"

法定解除，是指合同成立后履行完毕之前，合同一方当事人行使法定解除权，使合同关系归于消灭的行为。根据《合同法》第 94 条的规定，有下列情形之一的，当事人可以解除合同：① 因不可抗力致使不能实现合同目的；② 在履行期限届满之前，当事人一方明确表示或者以自己的行为表明不履行主要债务；③ 当事人一方迟延履行主要债务，经催告后在合理期限内仍未履行；④ 当事人一方迟延履行债务或者有其他违约行为致使不能实现合同目的；⑤ 法律规定的其他情形。

当事人一方依法主张解除合同的，应当通知对方。合同自通知到达对方时解除。对方有异议的，可以请求人民法院或者仲裁机构确认解除合同的效力。法律、行政法规规定解除合同应当办理批准、登记等手续的，依照其规定。合同解除后，尚未履行的，终止履行；已经履行的，根据履行情况和合同性质，当事人可以要求恢复原状、采取其他补救措施，并有权要求赔偿损失。

（三）抵销

抵销，是指当事人双方互负债务时，在等额范围内相互冲抵从而使债务归于消灭的行为。抵销可分为法定抵销和约定抵销两种。

1. 法定抵销

《合同法》第 99 条规定："当事人互负到期债务，该债务的标的物种类、品质相同的，任何一方可以将自己的债务与对方的债务抵销，但依照法律规定或者按照合同性质不得抵销的除外。"

2. 约定抵销

《合同法》第 100 条规定："当事人互负债务，标的物种类、品质不相同的，经双方协商一致，也可以抵销。"当事人双方互负的债务即使没有到期，或者抵销标的物的种类、品质不同，只要双方协商一致就可以抵销。

↘ **典型案例 3-12**：甲、乙双方签订了一份货物买卖合同，乙交货后由于甲一直拖延向乙支付 100 万元的货款，于是乙对甲进行了殴打。甲的身体受到伤害，花费治疗费、药费 15 万元。

请问：此种情况下，乙能否主张以 15 万元医疗费抵销一部分货款？

（四）提存

提存，是指由于债权人的原因而无法向其交付合同标的物时，债务人将标的物交付给提存机关，从而消灭合同关系的一项制度。将标的物交付提存的债务人称为提存人；债权人为提存受领人；由国家设立并保管提存物的机关为提存机关；交付保管的标的物为提存物。提存制度设立的目的在于保护债务人的利益，使得债务人不致因债权人的原因而沉陷于债务约束之中。

根据我国《合同法》第 101 条的规定，有下列情形之一，难以履行债务的，债务人可以将标的物提存：① 债权人无正当理由拒绝受领。债权人受领迟延，经债务人催告仍不受领的，债务人可将标的物提存。② 债权人下落不明。如债权人地址不详等情形。③ 债权人死亡未确定继承人或者丧失民事行为能力尚未确定监护人。④ 法律规定的其他情形。如《合同法》规定，债权人分立、合并或者变更住所没有通知债务人，致使履行债务发生困难的，债务人可以中止履行或者将标的物提存。但是，标的物不适宜提存或者提存费用过高的，债务人依法可以拍卖或者变卖标的物，提存所得的价款。

标的物提存后，除债权人下落不明以外，债务人应当及时通知债权人或者债权人的继承人、监护人。标的物提存后，毁损、灭失的风险由债权人承担。提存期间，标的物的孳息归债权人所有。提存费用由债权人负担。债权人可以随时领取提存物，但债权人对债务人负有到期债务的，在债权人未履行债务或者提供担保之前，提存部门根据债务人的要求应当拒绝其领取提存物。债权人领取提存物的权利，自提存之日起五年内不行使而消灭，提存物扣除提存费用后归国家所有。

（五）债务免除

债务免除，是指由债权人免除债务人的部分或者全部债务，从而部分或全部终止合同权利义务关系的行为。我国《合同法》第 105 条规定了债务免除，自债权人向债务人或其代理人作出免除的意思表示后，即产生免除的效力，债权人不得撤回该意思表示。免除发生债务绝对消灭的效力。全部免除债务的，合同关系全部终止；部分免除债务的，合同关系仅在该免除的部分终止。主债务免除的，从债务也归于消灭，但从债务免除的效力并不能及于主债务。

（六）混同

混同，即债权和债务同归于一人。混同是一种法律事实而非法律行为，故而只要债权和债务同归于一人的事实发生，无须当事人作出任何意思表示，债权债务关系即归于消灭。混同的效力在于使合同关系及其他债的关系归于消灭，但若合同当事人的债权涉及第三方利益，如以债权为第三人设立质权的，为维护第三人的正当权益，各国法律均规定此时债权仍应有效，第三人可以依约就此债权主张权利。

（七）法律规定或者当事人约定终止的其他情形

合同的权利义务终止后，当事人应当遵循诚实信用原则，根据交易习惯履行通知、协助、保密等义务。合同的权利义务终止，不影响合同中结算和清理条款的效力。

第七节 违 约 责 任

案例导读

甲与乙签订了服装加工合同，合同约定甲于9月1日交货，如甲未能如期交货，则应支付违约金5 000元。为完成该合同任务，甲向丙公司租用缝纫机一台，丙公司保证缝纫机一切运作正常，但如果出现故障，甲不能随意拆修。后来缝纫机在使用过程中出现故障，致使甲未能按期向乙交货，为此支付了5 000元违约金。甲私自拆卸缝纫机进行修理，致使价值1 000元的缝纫机因内部零件损坏而报废。甲诉至人民法院要求丙公司赔偿其经济损失5 000元，而丙公司要求甲赔偿缝纫机价款1 000元。

请思考：甲和丙的请求是否都能得到支持？

一、违约责任概述

（一）违约责任的概念

违约责任，又称违反合同的民事责任，是指合同当事人因违反合同义务而应当承担的民事法律责任。我国《合同法》第107条规定："当事人一方不履行合同义务或者履行合同义务不符合约定的，应当承担继续履行、采取补救措施或者赔偿损失等违约责任。"

违约责任作为民事责任的一种，具有以下法律特征。

1. 违约责任的产生以合同当事人不履行合同义务或者履行合同义务不符合约定为前提

没有违反合同义务的行为，便没有违约责任。

2. 违约责任具有相对性

合同关系的相对性，决定了违约责任的相对性，即违约责任只能在特定的当事人之间即合同关系的当事人之间发生。合同关系以外的人，不负违约责任，合同当事人也不对其承担违约责任。当事人一方因第三人的原因造成违约的，应当向对方承担违约责任。

3. 违约责任是财产责任

违约责任具有补偿性，旨在弥补或补偿因违约行为所造成的损害后果。因此，违约责任主要适用补偿合同债权人所受的财产损失、支付违约金等财产性民事责任的形式，而不适用赔礼道歉等非财产性民事责任形式。

（二）违约责任的归责原则

归责即对法律责任的归属，是确定行为人责任的根据和标准。各国立法在违约责任的归责原则方面，主要采纳了严格责任原则和过错责任原则。严格责任原则是指不论违约方主观是否有过错，只要不履行合同义务或者履行合同义务不符合约定，就必须承担违约责任。过错责任原则是指当事人一方不履行合同义务或履行合同义务不符合约定时，应当以过错作为确定责任的要件和确定责任范围的依据。

根据我国《合同法》第107条的规定，只要当事人一方不履行合同义务或者履行合同义务不符合约定，就应当承担违约责任，而不论当事人主观上是否有过错。严格责任原则是我国《合同法》规定的违约责任的归责原则。同时，《合同法》并不否认过错责任原则，《合同法》分则中第189条规定："因赠与人故意或者重大过失致使赠与的财产毁损、灭失的，赠与人应当承担损害赔偿责任。"第191条第2款规定："赠与人故意不告知瑕疵或者保证无瑕疵，造成受赠人损失的，应当承担损害赔偿责任。"第303条规定："在运输过程中旅客自带物品毁损、灭失，承运人有过错的，应当承担损害赔偿责任。"第320条规定："因托运人托运货物时的过错造成多式联运经营人损失的，即使托运人已经转让多式联运单据，托运人仍然应当承担损害赔偿责任。"第374条规定："保管期间，因保管人保管不善造成保管物毁损、灭失的，保管人应当承担损害赔偿责任，但保管是无偿的，保管人证明自己没有重大过失的，不承担损害赔偿责任。"在上述规定中，都体现了过错责任原则。可见，我国《合同法》在违约责任的归责原则上，实行的是严格责任原则为主导、过错责任原则为补充的归责原则。

二、违约行为

根据《合同法》的规定，违约可分为预期违约与实际违约两种。

预期违约，又称先期违约或提前毁约，是指当事人一方在合同规定的履行期限到来之前，明示或默示其将不履行合同。根据《合同法》第108条的规定，当事人一方明确表示或者以自己的行为表明不履行合同义务的，对方可以在履行期限届满之前要求其承担违约责任。

实际违约包括不履行合同义务和履行合同义务不符合约定，具体表现如下。

1. 不履行

不履行又称完全不履行，是指债务人因一定事由不能履行或者债务人无正当理由拒绝履行债务的行为。前者称为履行不能，后者称为拒绝履行，是能够履行而不履行的行为，是故意毁约的行为。

2. 不完全履行

不完全履行包括迟延履行、不适当履行、部分履行等。① 迟延履行包括迟延给付和迟延受领，前者是指债务人在履行期限届满时，能够履行而没有按期履行债务；后者是指债权人对债务人已提供的给付未及时接受。② 不适当履行，是指债务人履行了债务，但其履行有瑕疵或给债权人造成损害。不适当履行又可分为瑕疵给付与加害给付两种。瑕疵给付，是指债务人虽然履行了债务，但履行有瑕疵。加害给付，是指因债务人的不当履行造成债权人履行利益以外的其他损失，如债务人交付的标的物致使债权人发生人身伤害。③ 部分履行是指履行数量上的不完全履行行为。此外，不完全履行还表现为履行地点不当、履行方式不符合约定等其他行为。

三、承担违约责任方式

（一）继续履行

当事人一方未支付价款或者报酬的，对方可以要求其支付价款或者报酬。当事人一方不履行非金钱债务或者履行非金钱债务不符合约定的，对方可以要求履行，但有下列情形之一的除外：① 法律上或者事实上不能履行；② 债务的标的不适于强制履行或者履行费用过高；③ 债权人在合理期限内未要求履行。

（二）采取补救措施

质量不符合约定，应当按照当事人的约定承担违约责任。对违约责任没有约定或者约定不明确，受损害方根据标的的性质及损失的大小，可以合理选择要求对方承担修理、更换、重作、退货、减少价款或者报酬等违约责任。

（三）赔偿损失

赔偿损失是为了弥补债权人因对方的违约行为而遭受的损失。债务人不履行合同或者履行合同不符合约定，给对方造成损失的，损失赔偿额应当相当于因违约所造成的损失，包括合同履行后可以获得的利益。赔偿损失以完全赔偿为原则，既包括直接损失，也包括间接损失；既包括实际损失，也包括预期利益的损失。当事人可以在合同中约定因违约产生的损失赔偿额的计算方法。《合同法》第 113 条规定："当事人一方不履行合同义务或者履行合同义务不符合约定，给对方造成损失的，损失赔偿额应当相当于因违约所造成的损失，包括合同履行后可以获得的利益，但不得超过违反合同一方订立合同时预见到或者应当预见到的因违反合同可能造成的损失。"

（四）违约金

违约金是指因当事人违反合同，依照约定或者法律规定向对方支付的一定数额的货币。《合同法》第 114 条规定："当事人可以约定一方违约时应当根据违约情况向对方支付一定数额的违约金，也可以约定因违约产生的损失赔偿额的计算方法。约定的违约金低于造成的损失的，当事人可以请求人民法院或者仲裁机构予以增加；约定的违约金过分高于造成的损失的，当事人可以请求人民法院或者仲裁机构予以适当减少。"

（五）定金

当事人可以依照《担保法》约定一方向对方给付定金作为债权的担保。债务人履行债务后，定金应当抵作价款或者收回。给付定金的一方不履行约定的债务的，无权要求返还定金；收受定金的一方不履行约定的债务的，应当双倍返还定金。当事人既约定违约金，又约定定金的，一方违约时，对方可以选择适用违约金或者定金条款。

>> **想一想** 甲与乙订立了一份苹果购销合同，约定：甲向乙交付 20 万公斤苹果，货款为 40 万元，乙向甲支付定金 4 万元；如任何一方不履行合同应支付违约金 6 万元。甲因将苹果卖与丙而无法向乙交付苹果，乙应当怎样最大限度保护自己的利益？

四、违约责任的免除

所谓违约责任的免除，是指在合同履行过程中，因出现法定的或约定的不可归责于债务人的免责事由而导致合同不能履行、迟延履行，债务人免予承担违约责任。免责事由也称免责条件，大致可分为两大类，即法定免责事由和约定免责事由。法定免责事由是指由法律直接规定、不需要当事人约定即可援用的免责事由，主要是指不可抗力；约定免责事由是指当事人之间约定的免责条款。

（一）法定免责事由

1. 不可抗力

不可抗力，是指当事人不能预见、不能避免且不能克服的客观情况。不可抗力事件一般包括两大类：一类是自然灾害，如火灾、水灾、地震、瘟疫等；另一类是社会事件，如战争、动乱、暴乱、武装冲突、罢工等社会异常事件，以及政府行为等。现代各国立法普遍将不可抗力作为违约责任的免责事由，我国民事立法亦不例外。如《民法通则》第 107 条规定：“因不可抗力不能履行合同或者造成他人损害的，不承担民事责任，法律另有规定的除外。”我国《合同法》第 117 条明确规定：“因不可抗力不能履行合同的，根据不可抗力的影响，部分或者全部免除责任，但法律另有规定的除外。当事人迟延履行后发生不可抗力的，不能免除责任。”但《合同法》同时还规定当事人一方因不可抗力不能履行合同的，应当及时通知对方，以减轻可能给对方造成的损失，并应当在合理期限内提供证明（《合同法》第 118 条）。

2. 法律的特殊规定

在法律有特殊规定时，可以免除违约方的违约责任。如根据我国《合同法》分则第 311 条的规定，货物运输合同的承运人对运输过程中货物的毁损、灭失承担赔偿责任，但承运人能够证明货物的毁损、灭失是因货物本身的自然性质或者合理损耗以及托运人、收货人的过错造成的，不承担损害赔偿责任。

（二）约定免责事由

约定免责事由即免责条款所规定的免责事由。免责条款是指当事人在合同中约定免除将来可能发生的违约责任的条款。免责条款是在违约行为发生前当事人协商约定的，其目的是为了全部或部分免除违约责任，因此免责条款是否有效决定了当事人的约定是否具有免责功能。《合同法》第 53 条规定了合同中的下列免责条款无效：一是造成对方人身伤害的；二是因故意或者重大过失造成对方财产损失的。如果免责条款属于上述规定就绝对无效。同时还应注意《合同法》关于格式条款的规定，提供格式条款一方免除其责任、加重对方责任、排除对方主要权利的，该条款无效。

↘ **典型案例 3-13：** 建筑工人甲受雇佣于 A 市某建筑公司，在签订劳务合同时，双方约定施工过程中的伤害建筑公司概不负责，甲表示同意。后来甲在工地施工时，不小心被楼顶掉落的横木砸伤，造成轻微脑震荡，共花去医药费 5 000 元，请求建筑公司赔偿。建筑公司认为自己不应当承担医疗费用，因为合同中早就预先规定施工过程中的伤害建筑公司概不负责，如今出了事情，甲又无正当理由反悔，但建筑公司表示愿意在甲康复后继续留用甲。

请问：甲是否有权向建筑公司索要医疗费用？为什么？

复习思考题

1. 合同可以进行哪些分类？
2. 简述合同订立应当遵循的原则和合同应具备的主要条款。
3. 哪些合同为无效合同？如何确认和处理无效合同？
4. 简述合同履行中的抗辩权的类型及适用条件。
5. 简述合同的担保方式。

6. 简述合同变更与转让的条件。

7. 简述合同解除的条件。

8. 简述承担违约责任的前提和方式。

案例分析

1. 甲公司向乙公司发出订货传真，传真中列明了货物的种类、数量、质量、供货时间、交货方式，并要求乙公司在15日内报价，双方以书面形式订立买卖合同。乙公司接受传真中的条件，按期向甲公司报价，并要求其在15日内回复。甲公司按期复电乙公司同意其报价。乙公司在未签订书面买卖合同的情况下按甲公司提出的条件发货，甲公司收货后未提出异议，亦未付货款。后因市场发生变化，该货物价格下降。甲公司遂向乙公司提出，由于双方未签订书面买卖合同，故乙公司应尽快取回货物。乙公司不同意甲公司的意见，要求其偿付货款。

请问：甲、乙之间的买卖合同关系是否成立？为什么？

2. 甲企业与乙企业达成口头协议，由乙企业在半年之内供应给甲企业50吨钢材。三个月后，乙企业以原定钢材价格过低为由要求加价，并提出，如果甲企业表示同意，双方立即签订书面合同，否则，乙企业将不能按期供货。甲企业表示反对，并声称，如乙企业到期不履行协议，将向人民法院起诉。

试分析：此案中双方当事人达成的口头协议有无法律效力？为什么？

3. 服装公司与织布厂签订棉布购销合同，约定织布厂备齐货后先发货，服装公司收到货物3日内付款。织布厂备好货后，获知服装公司经营状况严重恶化，且有多次的违约事实，故要求服装公司提供担保才能发货。服装公司不同意提供担保，向织布厂主张希望按照合同的约定先行发货。织布厂拒不发货。双方发生争议，诉至法院。

请问：此时织布厂是否有拒绝发货的权利？为什么？

4. A公司为适应拓展业务需要，决定向甲银行贷款150万元。甲银行经审查认为A公司符合贷款条件，遂要求A公司提供担保。A公司找到B、C两公司请求为其贷款担保，B、C两公司遂在借款合同中写明：A公司在贷款期满不能履行债务时，由B、C两公司承担保证责任。借款合同写明借款期为6个月，自2014年5月10日至2014年11月10日。到2014年11月10日，A公司因经营不善，只偿还贷款30万元。甲银行遂于2014年12月10日诉至人民法院，要求A公司偿还所欠贷款本息及滞期罚金，B、C公司承担保证责任。B公司认为，C公司资产雄厚，应由C公司承担大部分保证责任，C公司认为应平均承担保证责任。

请回答下列问题：

（1）该担保关系是一般保证还是连带责任保证？

（2）B、C两公司应如何承担保证责任?

5. 某年5月9日，A市的甲方与B市的乙方订立了一份购销碳钢盘圆产品1 000吨的合同，合同约定：“该批货物每吨价格为1 300元，总价款为130万元，交货日期为6月30日，交货地点为B市的火车站。合同签订后的10日内，甲方向乙方预付10万元。”5月15日，甲方通过银行汇票向乙方支付10万元。至6月30日，乙方没有向甲方交货。经甲方多次催促，乙方一直拖延到8月1日才提出交货，而此时该货物的市场价格已经下降至每吨1 000元。甲方遂表示拒绝收货，并诉至人民法院，要求解除合同并要求乙方双倍返还定金。

请问：人民法院在本案中应否支持甲方的主张？为什么？

6. 甲和A工厂订立了一份买卖汽车的合同，约定由A工厂在6月底将一部行驶3万公里的卡车交付给甲，价款为3万元，甲交付定金5 000元，交车后15日内余款付清。如一方有违约情形，应向对方支付违约金6 000元。合同订立后，该卡车因外出运货耽误，未能在6月底以前返回。7月1日，卡车在途经山路时，因遇雨，被一块落下的石头砸中，车头受损，A工厂对卡车进行了修理，于7月10日交付给甲。10天后，甲在运货中发现卡车发动机有毛病，经检查，该发动机经过大修理，遂请求退还卡车，并要求A工厂双倍返还定金，支付6 000元违约金。

请问：甲能否要求A工厂退车并请求支付违约金且双倍返还定金？

7. 甲公司与乙公司于2015年6月5日签订了一份空调购销合同，约定甲公司从乙公司购进100台空调，每台空调单价为1 500元，货到付款。乙公司于6月18日通过A汽车运输公司发出该100台空调。甲公司由于发生资金周转困难，于6月19日传真告知乙公司自己将不能履行合同。乙公司收到传真后，努力寻找新的买家，于6月21日与丙公司签订了该100台空调的购销合同。合同约定由丙公司买下100台托运中的空调，每台单价为1 550元，丙公司于订立合同时向乙公司支付10 000元定金，在收到货物后15天内付清全部货款；在丙公司付清全部货款前，乙公司保留对空调的所有权；如有违约，违约方应承担合同总价款20%的违约金。乙公司同时于当日传真通知甲公司解除与甲公司签订的合同。A汽车运输公司在运输过程中于6月23日遇上泥石流，导致托运的一部分空调毁损。丙公司于6月24日收到70台完好无损的空调后，以其未能如约收到100台空调为由拒绝向乙公司付款。

根据以上案件，请回答：

（1）乙公司通知甲公司解除合同合法吗？理由是什么？

（2）因遭遇泥石流而毁损的空调的损失应由谁承担？为什么？

（3）乙公司将与甲公司的合同解除后，还能否要求甲公司进行损害赔偿？如果能，可以要求赔偿多少？如果不能，依据是什么？

（4）乙公司认为丙公司拒绝付款构成违约，决定不返还其定金，还要求其支付违约金，其主张能否得到支持？为什么？

技能训练

请以2人小组为单位，签订一份买卖合同（如产品购销合同）、租赁合同或者借款合同等双务合同。

买卖合同范文（买卖合同因标的物或产品的不同，格式和内容也不尽相同）：

产品购销合同

甲方（买方）：　　　　　　　　　　　　　　　　　　　　合同编号：

　　　　　　　　　　　　　　　　　　　　　　　　　　　签约时间：

乙方（卖方）：　　　　　　　　　　　　　　　　　　　　签约地点：

根据《中华人民共和国合同法》等法律、法规的规定，甲、乙双方在平等自愿、协商一致的基础上，就甲方购买乙方产品事宜达成以下条款。

第一条　合同标的（产品名称、规格型号、单位、数量、单价、金额）。

序号	产品名称	规格型号	单位	数量	单价/元	金额/元
合计		小写： 元	大写：		元整	
备注						

第二条 付款方式：合同签订后，甲方支付给乙方合同价格的_____%作为合同预付款。货到验收合格且乙方开具正规发票后，甲方支付剩余款项。

第三条 交货期：自收到甲方预付款之日起______日内到达甲方指定地点。

第四条 交货地点、费用承担及所有权转移：乙方通过物流发运到甲方指定地点，运费由乙方承担；货物所有权自甲方签收之日起转移，运输途中产品的损毁等风险由乙方自行承担。

第五条 乙方应做好适合物流运输的产品包装，并随货附《货物清单》（加盖合同章），详细注明产品规格及数量，甲方根据货物清单内容验收货物。

第六条 甲方自收到货物起 7 日内可对产品的规格、数量等产品信息提出异议，乙方必须在 3 日内答复并提出解决方案，否则甲方有权退货并要求乙方承担所有的费用。

第七条 质量保证：

1. 乙方承诺甲方所购买的产品质量和乙方提供的样品一致。

2. 乙方提供的所有产品必须符合国家有关部门的质量要求，如出现质量问题假一赔十，给甲方造成危害和损失的承担赔偿责任。

第八条 违约责任：在合同履行期间，乙方延期交货（除双方协商同意免除外），每延期 1 日按合同总金额的 2%承担违约责任。

第九条 争议的解决方式：合同履行过程中出现的一切争端，双方应友好协商解决，协商不成的，任意一方可向有管辖权的人民法院提起诉讼解决。

第十条 合同生效及其他：

1. 本合同未尽事宜，经双方协商后作出书面补充协议，补充协议与本合同具有同等法律效力。

2. 本合同一式两份，双方各执一份，具有同等法律效力。

3. 本合同自双方授权代表签字、单位盖章之日起生效。

甲方：（盖章）	乙方：（盖章）
法定代表人（签字）：	法定代表人（签字）：
电话：	电话：
开户银行：	开户银行：
账号：	账号：
签订日期：	签订日期：

单元四

市场秩序规范法律制度

学习目标

通过本单元的学习，学生应了解反不正当竞争法的一般理论和具体规定，熟悉反不正当竞争法的概念和基本原则，掌握不正当竞争行为的法律特征和种类，了解不正当竞争行为的监督检查部门及其职权；了解产品质量法的一般理论和立法现状，熟悉产品质量法的基本规定，掌握产品质量的概念，了解产品质量监督管理体制，掌握产品质量出厂检验制度、质量认证制度、监督检查制度，掌握产品质量责任的归责原则及生产者、销售者的产品质量责任和义务；了解消费者权益保护法的一般理论和基本法律规定，并具备一定的实际运用能力，掌握消费者、消费者权益、消费者权益保护法的概念，掌握消费者的权利和经营者的义务，熟悉国家与社会对消费者合法权益的保护措施，掌握消费者权益争议的解决途径及法律责任的确定；了解广告法的一般理论和基本法律规定，掌握违反广告法的行为特征和种类、应承担的法律责任。

第一节　反不正当竞争法

案例导读

2010 年 10 月 29 日，一款名为“360 扣扣保镖”（下称扣扣保镖）的“安全工具”在互联网上发布。360 方面称，扣扣保镖具有“给 QQ 体检”“帮 QQ 加速”“清 QQ 垃圾”“去 QQ 广告”“杀 QQ 木马”“保 QQ 安全”和“隐私保护”等功能。360 公司通过其运营的 www.360.cn 网站向用户提供该软件的下载，并通过各种途径进行推广宣传。

当年 11 月 1 日，360 方面宣布，刚刚推出 72 小时的扣扣保镖软件下载量突破 1 000 万，平均每秒钟就有 40 个独立下载安装量，创下了互联网新软件发布的下载纪录。

这一下载纪录招来了 QQ 软件的运营商腾讯公司的反击，腾讯发布《关于 360 公司推出非法外挂的严正声明》，谴责扣扣保镖是“通过外挂手段对腾讯 QQ 的多项功能进行破坏，严重影响 QQ 软件的安全和完整服务”，并称“将坚决采取一切必要措施”，来阻止网民使用扣扣保镖。

之后的11月3日，腾讯公司再次发出了《致广大QQ用户的一封信》，称360公司“破坏腾讯公司的正常运营”，要求QQ用户在360软件与QQ软件之间“二选一”，引发了著名的“3Q大战”。

请思考：360公司的行为是否构成不正当竞争？

一、反不正当竞争法概述

（一）不正当竞争的概念与特征

自从人类社会有了市场竞争，就出现了不正当竞争。不正当竞争的概念最早出现于1883年的《保护工业产权巴黎公约》中。该公约第10条之二的第2项规定：“凡是在工商业活动中违反诚实经营的竞争行为即构成不正当竞争的行为。”此后，许多西方国家也从不同的角度概括了不正当竞争的内涵，但很少有国家在法律中明确地对此下定义，往往只对不正当竞争行为作列举式的规定。在我国，最早采用“不正当竞争”概念的是1982年颁布的《广告管理暂行条例》。目前，我国采用的不正当竞争的概念是由《中华人民共和国反不正当竞争法》（以下简称《反不正当竞争法》）第2条界定的，该条第2款规定“本法所称的不正当竞争，是指经营者违反本法规定，损害其他经营者的合法权益，扰乱社会主义经济秩序的行为”。也就是说，我国立法中关于不正当竞争的概念，是采用列举式的规定，即必须通过了解我国《反不正当竞争法》所列举的全部不正当竞争的行为，才能了解不正当竞争的概念，它具有以下特征。

（1）不正当竞争行为的主体是经营者。我国《反不正当竞争法》第2条第3款规定“本法所称的经营者，是指从事商品经营或者营利性服务（以下所称商品包括服务）的法人、其他经济组织和个人”。

（2）不正当竞争行为是违法行为。它不仅违反了《反不正当竞争法》第二章关于禁止不正当竞争行为的各种具体规定，也违反了该法的自愿、平等、公平、诚实信用等原则的规定。

（3）不正当竞争行为侵害的客体是其他经营者的合法权益和正常的社会经济秩序。

（4）不正当竞争行为的实施者主观上有违反诚信、公平、自愿、平等的法律原则和公认的商业道德的故意或过失。

（二）反不正当竞争法的概念

反不正当竞争法是指调整在维护公平竞争、制止不正当竞争过程中发生的社会关系的法律规范的总称。从世界范围看，反不正当竞争法产生于19世纪末的西方国家。而我国由于长期实行计划经济，社会的生产、交换、分配和消费实行国家统一调拨、安排和分配，因此有关调整竞争的法律法规于1978年才出台。此后，我国开始制定推动竞争、促进社会主义商品经济发展的法律法规。除了在经济合同法、专利法、商标法、著作权法、广告法等法律中规定了反不正当竞争行为的内容外，一些省、市也制定了相关的法律法规，如武汉市制定的《制止不正当竞争行为的试行办法》等。1993年9月2日，第八届全国人民代表大会常务委员会第三次会议通过了《中华人民共和国反不正当竞争法》，规定了立法宗旨、市场竞争原则、管理机构、监督检查权限和程序、不正当竞争行为及其违法责任等内容。从此，我国进入了以法律制度保护正当竞争、反不正当竞争的新时期。

二、不正当竞争行为的表现形式

根据我国《反不正当竞争法》第二章的规定，我国目前存在的不正当竞争行为有以下几种表现形式。

（一）假冒行为

假冒行为是假借和冒充其他经营者或者商品的名称、商标、质量和产地标志等，以使人混淆产生误解的行为。它包括以下行为：第一，假冒他人的注册商标；第二，擅自使用知名商品特有的名称、包装、装潢，或者使用与知名商标近似的名称、包装、装潢，造成和他人的知名商品相混淆，使购买者误认为是该知名商品；第三，擅自使用他人的企业名称或者姓名，引人误认为是他人的商品；第四，在商品上伪造或者冒用认证标志、名优标志等质量标志，伪造产地，对商品质量作引人误解的虚假表示。其中，“假冒他人的注册商标”的行为既违反了《反不正当竞争法》，又违反了《商标法》。而后三种行为也可以被称为假冒行为，因为它们具有一个共同的特征，就是“盗窃”其他经营者的“经济优势”，引起消费者的误购，以假乱真，以次充好，牟取非法利益，扰乱正常的市场竞争秩序。

（二）限购排挤行为

限购排挤行为是指公用企业或者其他依法具有独占地位的经营者，为了排挤其他经营者而限定他人购买其指定经营者的商品的行为。“公用企业“是指为适应公众的生活需要而经营的具有公共利益性质的企业组织，如供电、供水、供热、供气、邮政、电信、城市公共交通运输等行业企业，这些企业通常具有的特征就是垄断。

（三）商业贿赂行为

商业贿赂行为是指经营者采用财物或者其他手段进行贿赂以销售或者购买商品的行为。我国《反不正当竞争法》规定，经营者购买或者销售商品，可以以明示方式给对方折扣，也可以给中间人佣金，但必须如实入账；接受折扣、佣金的经营者也必须如实入账。凡在账外暗中给予对方单位或者个人回扣的，以行贿论处；对方单位或者个人在账外暗中收受回扣的，以受贿论处。通常被认定为商业贿赂的行为有回扣、非明示的折扣、不入账的佣金，其共同特征是“暗中”和“账外”。

（四）虚假广告行为

虚假广告行为是指经营者利用广告或者其他方法，对商品的质量、制作成分、性能、用途、生产者、有效期限、产地等作引人误解的虚假宣传的行为。此外，我国《反不正当竞争法》还规定，广告的经营者不得在明知或者应知的情况下，代理、设计、制作、发布虚假广告。

（五）侵犯商业秘密行为

侵犯商业秘密行为是指经营者通过不正当手段，违法获取、披露、使用或者允许他人使用权利人的商业秘密的行为。所谓商业秘密，是指不为公众所知悉，能为权利人带来经济利益，具有实用性，并经权利人采取保护措施的技术信息和经营信息。侵犯商业秘密所采取的不正当手段包括：第一，以盗窃、利诱、胁迫或者其他不正当手段获取权利人的商业秘密；

第二，披露、使用或者允许他人使用以前项手段获取的权利人的商业秘密；第三，违反约定或者违反权利人有关保护商业秘密的要求，披露、使用或者允许他人使用其所掌握的商业秘密。此外，第三人明知或者应知存在上述违法行为，而获取、使用或者披露他人的商业秘密的，视为侵犯商业秘密。

（六）降价排挤行为

降价排挤行为是指经营者为了排挤竞争对手而以低于成本的价格销售商品的行为。这种行为的特点是实施者的主观恶意性（故意的，非过失的）、行为目的的明确性（将竞争对手淘汰出局）和表现形式的典型性（亏本经营以吸引消费者）。其短期后果是损害中小企业及行业的利益，而最终的受害者必将是消费者和整个社会。

但值得注意的是，并不是所有的低于成本价销售商品的行为都是违法行为，依据《反不正当竞争法》第 11 条的规定，有下列情形之一的，不属于不正当竞争行为：① 销售鲜活商品；② 处理有效期限即将到期的商品或者其他积压的商品；③ 季节性降价；④ 因清偿债务、转产、歇业降价销售商品。上述情形，经营者无排挤竞争对手的用意，其降价行为符合商品本身的特性，符合政策和法律规定的要求，因而为《反不正当竞争法》所允许。

（七）搭售行为

搭售行为是指经营者在销售商品时，违背购买者的意愿搭售商品或者附加其他不合理的条件的行为。其表现形式通常是用具有市场优势的商品搭售市场地位较低、销路较差、不受消费者欢迎的商品。

搭售行为有两种情况：一是违背购买者的意愿搭售商品，通常是在购买者购买其必需品时搭售购买者不愿意或不需要的商品；二是向购买者提出附加的不合理条件，主要是增加购买者的附加义务。

↘ **典型案例 4-1**：2003 年 5 月 6 日，某市工商局公平交易局接到群众举报，称一不法商贩利用当地群众对“非典”的恐慌心理形成“抢购”风潮并导致食盐紧俏，强迫凡到其批发部购买食盐的消费者“购买两包普通装碘盐（价值 1.8 元）必须购买价值 2.2 元的营养盐一瓶”。仅 4 月 29 日一天就销售食盐 1 000 千克，搭售营养盐 100 千克，非法销售货值达 2 000 余元，其行为严重损害了消费者的合法权益。

请问：该商贩的做法是否违反了《反不正当竞争法》的规定？应该如何处理？

（八）不正当奖售行为

不正当奖售行为是指经营者违反法律规定而进行的不正当的有奖销售行为。有奖销售是经营者的一种促销手段，正当的有奖销售，法律是允许的。而不正当的有奖销售，往往会利用消费者的投机和盲目心理，损害同业竞争者的利益和消费者的利益，危害公共秩序。因此，我国《反不正当竞争法》规定对不正当的有奖销售行为加以禁止。该法第 13 条规定，经营者不得从事下列有奖销售：① 采用谎称有奖或者故意让内定人员中奖的欺骗方式进行有奖销售；② 利用有奖销售的手段推销质次价高的商品；③ 抽奖式的有奖销售，最高奖的金额超过 5 000 元。可见，不正当奖售行为主要有三种类型，即欺诈式的奖售、不当推销式的奖售和高额抽奖式的奖售。

↘ **典型案例 4-2**：某商厦开展有奖销售活动，其公告中称：本次活动分两次抽奖，第一次一等奖 8 名，各奖彩电一台（价值 4 500 元）；第二次一等奖三名，各奖 DVD 机一台（价值 600 元）；第一次获奖者还可参加第二次抽奖。

请问：该商厦的行为是否构成不正当奖售？

（九）诋毁商誉行为

商业信誉是诚信的经营者以公平、公开、公正的方法，遵守法律、法规和商业道德，通过诚实劳动所取得的"精神成果"。商业信誉是企业的生命，需要经过长时间的艰苦努力才能得以建立。

诋毁商誉行为是指经营者捏造、散布虚假的事实，损害竞争对手的商业信誉和商品声誉的行为。诋毁他人商誉将会削弱竞争对手对顾客的吸引力，从而争夺和扩大自己的市场。这种不惜任何手段败坏他人信誉的行为，性质极为恶劣，违反了公认的商业道德和市场竞争规则，因而是不正当的、违法的。

>> **想一想** 以下行为，哪些构成不正当竞争？

A. 甲厂产品发生质量事故，舆论误指为乙厂产品，乙厂公开说明事实真相

B. 甲汽车厂不满乙钢铁厂起诉其拖欠货款，散布乙厂产品质量低劣的虚假事实

C. 甲冰箱厂散布乙冰箱厂售后服务差的虚假事实，虽未指名但一般人可以推知

D. 甲灯具厂捏造乙灯具厂偷工减料的事实，但只告诉了乙厂的几家客户

（十）通谋投标行为

通谋投标行为是指投标者之间串通投标，抬高或压低标价，以及投标者为排挤竞争对手而与招标者相互勾结的行为。通谋投标行为包括两类。一类是投标者之间串通投标行为，其目的在于采取联合行动以限制竞争。在投标者之间协议或共谋的基础上，无论是抬高标价或压低标价，都会损害招标者的利益。另一类是投标者与招标者相互勾结行为，其目的是排挤作为竞争对手的其他招标者。由于投标者与招标者勾结在一起，会使其他投标者在投标竞争中处于不利地位，因而该行为具有明显的反竞争性质。

（十一）行政垄断行为

行政垄断行为是指各级地方人民政府及其经济主管部门运用行政权力，排除、限制或干涉本部门、本地区企业之间及它们与其他部门、其他地区企业之间的合法竞争。它产生于高度集中的经济体制之中，是行政权力恶性膨胀的结果，在我国表现尤为突出。其特点是强制性、广泛性与狭隘性。其表现方式主要有：① 地区封锁，即某一行政区划的人民政府为保护本地区企业的经济利益而实施的排斥、限制和阻碍外地产品流入或者本地产品流出的行为，这是一种横向性质的行政垄断；② 部门封锁，即经济主管部门根据隶属关系强制限制、排斥和阻碍本部门企业的产品流出或者其他部门企业的产品流入的行为，这是一种纵向性质的行政垄断；③ 强制联合以进行垄断经营；④ 地方政府动用地方财力，不顾法律规定减税让利，扶植本地企业，扩大其市场占有份额；⑤ 对本地企业和外地企业实行歧视待遇，在经济、税收奖励和行政管理上一方面优惠本地企业，另一方面加重外地企业经济负担，在行政管理上排斥、刁难外地企业。行政垄断是我国《反不正当竞争法》中明确规定的不正当竞争行为。

↘ **典型案例 4-3**：甲市某厂酿造的"蓝星"系列白酒深受当地人喜爱。甲市政府办公室

发文指定该酒为“接待用酒”，要求各机关、企事业单位、社会团体在业务用餐时，饮酒应以“蓝星”系列为主。同时，酒厂公开承诺：用餐者凭借市内各酒楼出具的证明，可以获得消费100元返还10元的奖励。

请问：甲市政府是否涉嫌不正当竞争？

三、对不正当竞争行为的监督和制裁

（一）对不正当竞争行为的监督检查

1. 监督检查部门

从国外、海外的有关情况看，由立法者直接创设反不正当竞争法行政主管机关的方式较为普遍，如美国的联邦贸易委员会、日本的公正交易委员会等。针对我国的实际情况，我国《反不正当竞争法》并没有照搬国外的模式，而是在第3条规定：县级以上人民政府工商行政管理部门对不正当竞争行为进行监督检查；法律、行政法规规定由其他部门监督检查的，依照其规定。可见，我国对不正当竞争行为进行监督检查的部门主要是县级以上人民政府工商行政管理部门，即我国反不正当竞争体系采取的是政府负责、工商行政管理部门主管、其他行政管理部门分管的制度。

2. 监督检查部门的职权

（1）询问权。监督检查部门有权按照规定程序询问被检查的经营者、利害关系人、证明人，并要求其提供证明材料或者与不正当竞争行为有关的其他材料，被询问人必须如实提供。

（2）查询复制权。监督检查部门在监督不正当竞争行为时，有权查询、复制与不正当竞争行为有关的协议、帐册、单据、文件、记录、业务函电和其他资料。

（3）检查权。监督检查部门可以对与假冒名牌行为有关的财物进行检查，必要时可以责令被检查的经营者说明该商品的来源与数量，也可责令其暂停销售，听候检查，禁止其转移、隐匿和销毁该财物。

（4）处罚权。监督检查部门有权对不正当竞争行为进行处罚，处罚的具体形式包括责令停止违法行为、消除影响、没收违法所得、吊销营业执照、处以罚款等。

此外，《反不正当竞争法》还规定监督检查部门工作人员进行监督检查时，应当出示检查证件。

（二）违反《反不正当竞争法》的法律责任

1. 经营者的法律责任

经营者违反《反不正当竞争法》的规定，给被侵害的经营者造成损害的，应当承担损害赔偿责任，这是经营者应承担的民事责任。若被侵害者的损失难以计算，则侵权人应支付的赔偿额等于其在侵权期间因侵权所获得的利润。此外，侵权人还应承担被侵害者因调查该不正当竞争行为所支付的合理费用。

经营者除因致人损害应承担损害赔偿的民事责任外，根据其所从事的不正当竞争行为的类型不同，还应承担以下几方面的法律责任。

（1）假冒名牌的法律责任。经营者假冒他人的注册商标，擅自使用他人的企业名称或者姓名，伪造或者冒用认证标志，伪造产地，依照《中华人民共和国商标法》《中华人民共和国产品质量法》的规定处罚。经营者擅自使用知名商品特有的名称、包装、装潢，或者使用与知名商品近似的名称、包装、装潢，造成与他人的知名商品相混淆，使购买者误认为是该知名商品的，监督检查部门应当责令其停止违法行为，没收违法所得，并可以根据情节轻重处以违法所得 1 倍以上 3 倍以下的罚款；情节严重的，可以吊销营业执照，销售伪劣商品，构成犯罪的，依法追究刑事责任。

（2）贿购贿销的法律责任。经营者采用财物或者其他手段进行贿赂以销售商品，构成犯罪的，依法追究刑事责任；不构成犯罪的，监督检查部门可以根据情节轻重处以 1 万元以上 20 万元以下的罚款，有违法所得的，予以没收。

（3）限购排挤的法律责任。公用企业或者其他依法具有独占地位的经营者，为排挤其他经营者的公平竞争而限定他人购买其指定经营者的商品的，省级或者设区的市级监督检查部门应当责令其停止违法行为，并可以根据情节轻重处以 5 万元以上 20 万元以下的罚款。若被指定的经营者借此销售质次价高的商品，则监督检查部门应当没收违法所得，可以根据情节以违法所得 1 倍以上 3 倍以下的罚款。

（4）虚假广告的法律责任。经营者利用广告或者其他方法，对商品作引人误解的虚假宣传的，监督检查部门应当责令其停止违法行为，消除影响，并可以根据情节轻重处以 1 万元以上 20 万元以下的罚款。

（5）侵犯商业秘密的法律责任。经营者侵犯他人商业秘密的，监督检查部门应当责令其停止违法行为，并可以根据情节轻重处以 1 万元以上 20 万元以下的罚款。

（6）不当奖售的法律责任。经营者违法进行有奖销售的，监督检查部门应当责令其停止违法行为，并可以根据情节轻重处以 1 万元以上 20 万元以下的罚款。

（7）串通投标的法律责任。投标者串通投标、抬高标价或者压低标价，以及投标者和招标者相互勾结，以排挤竞争对手的公平竞争的，其中标无效。监督检查部门可以根据情节轻重处以 1 万元以上 20 万元以下的罚款。

（8）抗拒检查的法律责任。经营者有违反被责令暂停销售，不得转移、隐匿、销毁与不正当竞争行为有关的财物的行为的，监督检查部门可以根据情节轻重处以被销售、转移、隐匿、销毁财物价款的 1 倍以上 3 倍以下的罚款。

当事人对上述八种情况中监督检查部门所作出的处罚决定不服的，可以自收到处罚决定之日起十五日内向上一级主管机关申请复议；对复议决定不服的，可以自收到复议决定书之日起十五日内向人民法院提起诉讼；也可以直接向人民法院提起诉讼。

2. 政府及其所属部门的法律责任

我国《反不正当竞争法》规定，政府及其所属部门违反该法规定，限定他人购买其指定的经营者的商品、限制其他经营者正当的经营活动，或者限制商品在地区之间正常流通的，由上级机关责令其改正；情节严重的，由同级或者上级机关对直接责任人员给予行政处分。被指定的经营者借此销售质次价高的商品或者滥收费用的，监督检查部门应当没收其非法所得，并可以根据情节轻重处以违法所得 1 倍以上 3 倍以下的罚款。

3. 监督检查部门工作人员的法律责任

我国《反不正当竞争法》规定，监督检查不正当竞争行为的国家机关工作人员滥用职权、玩忽职守，构成犯罪的，依法追究刑事责任；不构成犯罪的，给予行政处分。监督检查不正当竞争行为的国家机关工作人员徇私舞弊，对明知有违反该法规定构成犯罪的经营者故意包庇，不使他受追诉的，依法追究刑事责任。

第二节 产品质量法

案例导读

2008 年中国奶制品污染事件（或称 2008 年中国奶粉污染事件、2008 年中国毒奶制品事件、2008 年中国毒奶粉事件）是中国的一起食品安全事件。事件起因是很多食用三鹿集团生产的奶粉的婴儿被发现患有肾结石，随后在其奶粉中被发现化工原料三聚氰胺。公布的数字显示，截至 2008 年 9 月 21 日，因食用婴幼儿奶粉而接受门诊治疗咨询且已康复的婴幼儿累计 39 965 人，正在住院的有 12 892 人，此前已治愈出院 1 579 人，死亡 4 人，另外截至 9 月 25 日，香港有 5 人、澳门有 1 人确诊患病。事件引起各国的高度关注和对乳制品安全的担忧。国家质检总局公布对国内的乳制品厂家生产的婴幼儿奶粉的三聚氰胺检验报告后，事件迅速恶化，包括伊利、蒙牛、光明、圣元及雅士利在内的多个厂家的奶粉都检出三聚氰胺。该事件亦重创了中国制造商品信誉，多个国家禁止了中国乳制品进口。9 月 24 日，国家质检总局表示，牛奶事件已得到控制，9 月 14 日以后新生产的酸乳、巴氏杀菌乳、灭菌乳等主要品种的液态奶样本的三聚氰胺抽样检测中均未检出三聚氰胺。2010 年 9 月，中国多地政府下达最后通牒：若在 2010 年 9 月 30 日前上缴 2008 年的问题奶粉，不处罚。2011 年中国中央电视台《每周质量报告》调查发现，仍有 7 成中国民众不敢买国产奶。

请思考：从这一事件来看，在产品质量的监管中我们应该吸取哪些教训？

一、产品与产品质量

（一）产品的含义

“产品”一词可以从自然属性和法律属性两个不同的范畴进行定义。

从自然属性来讲，“产品”是指经过人类劳动获得的具有一定使用价值的劳动成果。它既可以是商品，也可以是非商品；既可以指直接从自然界获取的各种农产品、矿产品或经过加工的手工业品、加工工业品，甚至建筑工程等物质性物品，也可以指文学、艺术、体育、哲学和科学技术等精神物品。从法律属性来讲，“产品”是指经过某种程度或方式加工用于消费和使用的物品，是指生产者、销售者能够对其质量加以控制的产品，而不包括内在质量主要取决于自然因素的产品。我国的法律同样对产品进行了较为宽泛的解释，我国 1993 年通过的《中华人民共和国产品质量法》（以下简称《产品质量法》）规定：“本法所称产品是指经过加工、制作，用于销售的产品。”但不包括建设工程产品和军工产品。2000 年修改后的《产品质量法》，增加的规定为“建设工程使用的建筑材料、建筑构配件和设备，属于前款规定的产品范围的，适用本法规定”。我国的《产品质量法》中的产品，不包括初级农产品和不动产，这也符合国际上的通行做法。

从立法技术上讲，我国法律同时使用了概括法和排除法来界定产品。根据我国《产品质量法》的规定，产品应当具备两个条件。第一，经过加工、制作。未经加工、制作的天然物品不是本法意义上的产品，如矿产品、农产品。加工、制作包括工业上的和手工业上的。电力、煤气等虽然是无体物，但也是工业产品，应包括在内。第二，用于销售。只是为了自己使用的加工、制作品也不属于产品责任法意义上的产品。其实，“用于销售”不等于经过销售，只要产品是以销售为目的而生产、制作的，不论它是经过销售渠道到达消费者或用户手上，还是经过其他渠道，都属于《产品质量法》所规定的产品，因此，无必要用“流通”代替“销售”。赠送的产品、试用的产品也属于产品责任法意义上的产品。比如厂家将自己生产的新产品或某些产品以赠与、试用、买一送一、买大送小等无偿赠送的方式送与用户，这些产品虽然可能“未投入流通”，但是是以销售为目的而生产并以营销目的交付消费者的，这类产品存在缺陷造成他人损害的，应当允许受害人提起产品责任诉讼。

（二）产品质量

产品质量，是指产品在既定的条件下，能够满足消费者的愿望和符合规定用途所具备的特征和特性的总和。它既包括产品的结构性能、纯度、物理性能及化学成分等内在特性，又包括外观、形状、颜色、气味、包装等外在特征。根据国际标准化组织颁布的2005版ISO 9000族标准，质量被定义为“一组固有特性满足要求的程度”。一般来说，以下三方面是任何产品必不可少的特征。

1. 适用性

由于产品的生产、交换的目的是为了满足人们的要求，这就要求每一件合格的产品能够满足人们的这种愿望。所以，产品的适用性是评价产品质量的一项重要指标。

2. 安全性

产品实现其适用性，必然是通过产品的使用这一途径来体现的，这就要求产品在使用环节上安全可靠，不会给使用者和其他人带来人身、财产上的危险。

3. 经济性

在市场经济条件下，产品的使用价值主要是通过市场交换来实现的，在市场交换中，要求产品价格公道，正确反映供求关系和价值规律，不要造成不应有的资源浪费。

我国《产品质量法》第26条对产品质量作了细化，规定产品质量应当符合下列要求：“不存在危及人身、财产安全的不合理的危险，有保障人体健康和人身、财产安全的国家标准、行业标准的，应当符合该标准；具备产品应当具备的使用性能，但是，对产品存在使用性能的瑕疵作出说明的除外；符合在产品或者其包装上注明采用的产品标准，符合以产品说明、实物样品等方式表明的质量状况。”

二、产品质量的监督管理制度

质量监督管理制度是指由产品质量法确认的互相联系、互相依存、自成体系的管理规定，具有严格的秩序性和规律性。管理产品质量是国家组织经济的职能之一，为实现这一职能，国家需要通过立法的形式建立和完善有关产品质量法律制度，采用各种不同的法律形式对产品质量形成过程进行监督控制。

（一）企业质量体系认证制度

企业质量体系认证是指法定的认证机构对企业的产品质量保证能力和质量管理水平进行综合性检查和评定后，确认和证明该企业质量管理水平达到国际通用标准的一种制度。该制度通过对产品质量构成的各种因素，如产品设计、工艺准备、制造过程、质量检验、组织机构和人员素质等质量保证能力进行严格评定，使企业形成稳定生产符合标准的产品的能力。

目前国际上通用的质量管理体系是ISO 9000族国际标准，我国对企业实行质量体系认证的依据是ISO 9001：2008质量管理体系要求。企业根据自愿原则可以向国务院产品质量监督部门认可的或者国务院产品质量监督部门授权的部门认可的认证机构申请企业质量体系的认证。经认证合格的，由认证机构颁发企业质量体系认证证书。

（二）产品质量认证制度

产品质量认证是依据产品标准和相应技术要求，经认证机构确认并通过颁发认证证书和认证标志来证明某一产品符合相应标准和相应技术要求的活动。《产品质量法》第14条第2款规定："国家参照国际先进的产品标准和技术要求，推行产品质量认证制度。企业根据自愿原则可以向国务院产品质量监督部门认可的或者国务院产品质量监督部门授权的部门认可的认证机构申请产品质量认证。经认证合格的，由认证机构颁发产品质量认证证书，准许企业在产品或者其包装上使用产品质量认证标志。"

企业质量体系认证与产品质量认证有显著区别：前者认证的对象是企业的质量体系，后者认证的对象是企业的产品；前者认证的依据是质量管理标准，后者认证的依据是产品标准。从认证结论上看，前者是要证明企业质量体系是否符合质量管理标准，后者是要证明产品是否符合产品标准。

产品质量认证可分为安全认证和合格认证。安全认证是以安全标准为依据进行的认证或只对产品中有关安全的项目进行认证。合格认证是对产品的全部性能、要求，依据标准或相应技术要求进行的认证。我国的产品质量认证工作由专门的认证委员会承担，每类开展质量认证的产品都有相应的认证委员会。自1982年我国加入国际电工委员会以来，至今已先后成立了电子器件、电工产品、水泥等10多个认证委员会，已经对一大批企业颁发了有关的认证证书。

（三）产品质量监督检查制度

《产品质量法》规定，国家对产品质量实行以抽查为主要方式的监督检查制度（简称监督抽查制度）。监督抽查制度的目的在于加强对生产、流通领域的产品质量监督，以督促企业提高产品质量，从而保护国家和广大消费者的利益，维护社会经济秩序。

监督检查的重点产品有三类：第一类是可能危及人体健康和人身财产安全的产品，如药物、食品等；第二类是重要工农业原材料和影响国计民生的重要工业产品，如钢铁、石油制品等；第三类是消费者、有关组织反映有质量问题的产品。

对依法进行的产品质量监督检查，生产者、销售者不得拒绝。若抽查的产品质量不合格，由实施监督抽查的产品质量监督部门责令其生产者、销售者限期改正。逾期不改正的，由省级以上人民政府产品质量监督部门予以公告，公告后经复查仍不合格的，责令停业，限期整顿；整顿期满后经复查产品质量仍不合格的企业，将被吊销营业执照。

三、产品质量责任法律制度

我国《产品质量法》规定了生产者、销售者的产品质量责任和产品质量义务。所谓的产品质量义务是指法律规定的生产者、销售者为保证产品质量必须作出的一定行为或不得作出的一定行为，分为积极义务与消极义务两种。产品质量义务不同于产品质量责任。当生产者、销售者不履行产品质量义务，将产生不履行产品质量义务的法律后果，即承担产品质量责任。因此产品质量义务是产品质量责任的前提。

（一）产品质量责任与产品责任

产品质量责任是指产品生产者、销售者及其他相关的第三人对产品责任所应当承担的义务及违反此种义务时应当承担的法律责任。产品质量责任制度既包括因产品缺陷而给消费者、使用者造成人身、财产损失时，由生产者和销售者根据法律规定应承担的责任，还包括违反标准化法、计量法及规范产品质量的其他法规应当承担的责任。

产品责任即产品侵权民事责任，是指产品的生产者、销售者因其产品给消费者、使用者造成人身、财产损害而应承担的一种补偿责任。

产品质量责任不同于产品责任，两者的区别有三个方面。① 判定责任的依据不同。判定产品责任的依据是产品存在缺陷，而判定产品质量责任的依据包括默示担保、明示担保和产品缺陷，较产品责任更为广泛。② 承担责任的条件不同。承担产品责任的充分必要条件是产品存在缺陷，并且造成了他人人身伤害、财产损失，两者缺一不可。只有因产品缺陷发生了损害后果，方可追究缺陷产品的生产者和销售者的民事侵权赔偿责任。而承担产品质量责任的条件是只要产品质量不符合默示担保条件或者明示担保条件之一的，无论是否造成损害后果，都应当承担相应的责任。③ 责任性质不同。产品责任是一种特殊的民事责任，仅指产品侵权损害赔偿责任，而产品质量责任是一种综合责任，包括民事责任、行政责任和刑事责任。

（二）产品质量责任制度的发展

产品质量责任制度产生于 19 世纪中叶，在 20 世纪得到广泛发展。在它产生和发展的过程中，有两个重要的关键问题：一是产品质量责任产生的依据，即是违约还是侵权；二是产品质量责任的归责原则，是过错责任原则还是无过错责任原则。产品质量责任法律制度围绕着这两个问题，经历了以下几个阶段。

1. 合同责任制度

在产品质量责任制度的早期，多数人认为产品质量责任是一种合同责任，当事人之间的合同关系是否成立是承担产品质量责任的前提。

2. 疏忽责任制度

疏忽责任是指由于生产者、销售者在产品制造或者销售时的疏忽致使消费者遭受人身或财产的损害，生产者、销售者应对其疏忽承担责任。从归责原则的角度讲，疏忽责任实际上是过错责任，即以是否存在过错作为判断是否承担责任的依据。疏忽责任制度突破了传统的以合同关系追究产品质量责任的前提。原告在要求被告承担因疏忽而引起的产品质量责任时，只要提出证据证明以下几点即可获得赔偿：① 被告没有尽到合理注意的义务；② 被告违反了该项义务，是为“疏忽”；③ 由于被告的疏忽，直接造成了对原告的损害。由此可见，疏忽责任制度比合同责任制度更有利于保护消费者的人身和财产安全。

3. 违反担保责任制度

违反担保责任制度是指生产者、销售者违反了对货物明示或者默示担保，致使消费者或者使用者因产品缺陷而遭受损害，应当负赔偿责任的制度。明示担保是基于当事人的意思表示而产生的，它是卖方对其产品符合规定标准的声明或者陈述，包括产品说明、广告或者标签；默示担保是依据法律规定产生的，卖方必须对产品说明应当具有的销售性或者特定产品的适用性进行无条件的担保，尽管不以书面的形式出现，但是自产品投入市场之时起，这种默示的担保就依法自动产生。默示担保是比较复杂的，《美国统一商法典》把它分为两种形式：① 保证产品适合于销售；② 保证产品适合于某一种通常用途。

违反担保责任制度无须证明被告有疏忽行为，只要原告证明产品有缺陷，并证明被告违反其对产品质量和性能的明示或者默示的担保即可。因此，违反担保责任制度实际上已经在过错责任的基础上严格化了，受害人只要证明担保存在，产品提供者违反担保，致使受害人遭受损害即可，而无须证明产品提供者存在过错。

4. 严格责任制度

严格责任是指产品只要存在缺陷，对消费者或者使用者具有不合理的危险，产生人身伤害或者财产损失，该产品产销中的各个环节的人都应负排除责任。美国学者称严格责任制度为“绝对责任原则”制度。根据这个原则，原告无须指出被告有疏忽，也无须证明存在明示或者默示的担保及被告有违反担保行为，消费者只要证明产品存在危险或处于不合理的状态、产品的缺陷在投入市场之前就已存在、该产品的缺陷导致了损害即可。被告在诉讼中提出的抗辩理由是有限的，他只能就产品制造时的工艺条件、产品出售后是否已经变动、产品是否已经过有效期等几点提出抗辩。一般来说，如果确是产品缺陷对消费者造成持久的、严重的人身伤害或者财产损失，生产者、销售者的责任几乎是无法避免的。显然，严格责任制度对消费者的保护是最为充分的。

↘ **典型案例 4-4**：李某今年初买了一台彩电，其父亲不同意，要他退货。李某嫌麻烦，便将彩电卖给了邻居王某。一个星期后，电视机爆炸，正巧李某在场，李某和王某都被炸伤。王某要求李某赔偿，理由是李某卖给自己的电视机有问题；李某要求王某赔偿，因为电视机的所有权已经转移给王某。双方各执己见，争论不休。

请问：此案的受害人应向谁索赔？

（三）我国的产品质量责任制度

我国的产品质量责任制度主要是规定生产者和销售者对产品质量所应当承担的义务，产品质量义务是国家对生产者和销售者为一定质量行为，或者不为一定质量行为的要求，属于法定义务当中的一种，在质量义务主体行为的范围限度内，义务人不履行自己的义务将承担相应的法律后果。我国《产品质量法》中有许多条款对生产者的产品质量义务作了明确的规定。

1. 生产者的产品质量义务

1）生产者应当保证产品质量，对所生产的产品负责

这是由生产者自身的社会地位和性质所决定的。根据《产品质量法》第 26 条的规定，生产者应当对其生产的产品质量负责。产品质量应当符合下列要求：

① 不存在危及人身、财产安全的不合理的危险，有保障人体健康和人身、财产安全的国家标准、行业标准的，应当符合该标准。

↘ **典型案例 4-5**：2000 年 5 月，原告项某到被告山东济南某汽车有限公司处购买了价款为 3 000 元的珠峰 ZF125—18 两轮摩托车一辆。2000 年 8 月 5 日 17 时 20 分，原告驾驶该摩托车在下班回家途中，与骑自行车的马某发生碰撞，造成马某及原告受重伤的交通事故。马某因抢救无效死亡。济南市公安局交通警察大队作出的交通事故认定书认为：原告驾驶的机动车不符合 GB 7258—1997 标准（指摩托车前大灯光线偏低，光度不够）是事故发生的原因

之一，原告对此事故应承担主要责任。2001 年 3 月 31 日，原告因犯交通肇事罪，被其所在地县级人民法院判处有期徒刑一年，宣告缓刑一年，并赔偿受害人家属 35 000 元。

请问：原告可否依据《产品质量法》要求厂家赔偿损失？为什么？

② 具备产品应当具备的使用性能，但是，对产品存在使用性能的瑕疵作出说明的除外。

③ 符合在产品或者其包装上注明采用的产品标准，符合以产品说明、实物样品等方式表明的质量状况。

2）生产者对产品有标识义务

根据《产品质量法》第 27 条的规定，产品或者其包装上的标识必须真实，并符合下列要求：

① 有产品质量检验合格证明；

② 有中文标明的产品名称、生产厂厂名和厂址；

③ 根据产品的特点和使用要求，需要标明产品规格、等级、所含主要成分的名称和含量的，用中文相应予以标明；需要事先让消费者知晓的，应当在外包装上标明，或者预先向消费者提供有关资料；

④ 限期使用的产品，应当在显著位置清晰地标明生产日期和安全使用期或者失效日期；

⑤ 使用不当，容易造成产品本身损坏或者可能危及人身、财产安全的产品，应当有警示标志或者中文警示说明。

裸装的食品和其他根据产品的特点难以附加标识的裸装产品，可以不附加产品标识。

易碎、易燃、易爆、有毒、有腐蚀性、有放射性等危险物品及储运中不能倒置和其他有特殊要求的产品，其包装质量必须符合相应要求，依照国家有关规定作出警示标志或者中文警示说明，标明储运注意事项。

3）生产者不得从事法律规定的禁止性行为

《产品质量法》明文规定：生产者不得生产国家明令淘汰的产品；不得伪造产地，不得伪造或者冒用他人的厂名、厂址；不得伪造或者冒用认证标志等质量标志；产品不得掺杂、掺假；不得以假充真、以次充好；不得以不合格产品冒充合格产品。不合格产品包括处理品与劣质品。处理品是指产品使用性能有瑕疵，或者未达到明示采用的产品标准、产品说明、实物样品等方式表明的质量状况，但不存在危及人体健康和人身、财产安全的危险，仍有使用价值的产品。劣质品是指产品质量不符合法律、法规的规定要求，并且存在危及人体健康和人身、财产安全的危险，或者失去原有使用性能的产品。生产者违反这些禁止性规定，将被追究民事责任、行政责任，乃至刑事责任。

2. 销售者的产品质量义务

法律规定销售者承担一定的产品质量义务，其作用是促使销售者增强对产品质量的责任感，加强企业内部质量管理，增加对保证产品质量的技术投入，加速产品流通，保证消费者所购产品的质量，最终保护消费者的合法权益。保持所售产品的质量是销售者履行义务的核心，《产品质量法》规定销售者负有以下四个方面的义务。

1）进货检查验收义务

销售者应当建立并执行进货检查验收制度，验明产品的出厂检验合格证明，验证中文标明的产品名称、厂名、厂址和其他标识，以防止假冒伪劣产品进入流通领域。严格执行进货检查验收制度是销售者依法履行法律规定的产品质量义务，也是其依法行使保护自身合法权益的权利。销售者的进货检查验收应当包括产品标识检查、产品观感检查和必要的产品内在质量的检验。

2）销售产品质量保持义务

销售者应当采取措施，保持所售产品的质量，销售者应当根据产品的不同特点，采取必要的防雨、防晒、防霉、隔离、分类等措施，加强对某些特殊产品的保管，还应采取控制温度、湿度等措施，保持进货时的产品质量状况。此外，销售者还要建立一整套完备的产品保管、维修等管理制度，配置必要的产品保护设备，培训保管人员等。

3）销售者应当对产品的标识负责

销售者销售的产品的标识应当符合《产品质量法》关于产品标识的规定要求。

4）销售者不得从事法律规定的禁止性行为

《产品质量法》规定了销售者有七个“不得”：不得销售国家明令淘汰并停止销售的产品和失效、变质的产品；不得伪造产地；不得伪造或者冒用他人的厂名、厂址；不得伪造或者冒用认证标志等质量标志；不得掺杂、掺假；不得以假充真、以次充好；不得以不合格产品冒充合格产品。销售者违反这些禁止性规定，将被追究民事责任，行政责任，乃至刑事责任。

↘ **典型案例 4-6**：因甲公司的真空食品袋产品质量不合格，造成乙公司 100 箱（共计 14 400 小袋）奶油派食品发霉变质，直接损失 7 000 元。该批食品是由丙、丁、戊三家商场销售的，已售出 630 小袋，二十几位购买者陆续向三家商场提出退货或者索赔要求，估计要求退货或者索赔的人还会增加。

请问：

1. 丙、丁、戊三家商场在此案中有无法律责任？为什么？
2. 乙公司是否应就变质食品向购买者承担责任？为什么？
3. 甲公司应承担什么法律责任?为什么?

（四）产品质量责任的类型

产品质量责任可分为民事责任、行政责任和刑事责任三种。民事责任的主要目的在于对受害人的补偿，而行政责任和刑事责任的主要目的在于对侵害人的惩戒。在产品质量事故中受害人最关心的就是获得补偿，挽回经济损失。由此可见，民事责任是产品质量责任的主要责任形式。

1. 产品质量的民事责任

产品质量责任的民事责任可分为产品瑕疵担保责任和产品缺陷责任。

1）产品瑕疵担保责任

产品瑕疵担保责任是指在产品买卖关系中，产品的生产者或销售者向对方作出保证和承诺，按照这种承诺，如果产品存在瑕疵，生产者或销售者应当承担由此引起的法律后果。“瑕疵”是合同法上的概念，是指产品质量不符合法律规定或当事人约定的质量标准，而“缺陷”是产品质量法上的概念，是指产品存在危及消费者人身和财产安全的危险。有瑕疵的产品不一定会对人身、财产造成危害，因而不一定属于产品质量法上的缺陷产品。产品瑕疵担保责任是一种法定责任，属于无过错责任的一种。根据我国《产品质量法》的规定，售出的产品有以下情形之一的，销售者应当承担修理、更换、退货、赔偿损失的责任：① 不具备产品应当具备的使用性能而事先未作说明的；② 不符合在产品或者其包装上注明采用的产品标准的；③ 不符合以产品说明、实物样品等方式表明的质量状况的。销售者履行责任后，属于生产者的责任或者属于向销售者提供产品的其他销售者（以下简称供货者）的责任的，销售者有权向生产者、供货者追偿。但是，生产者之间，销售者之间，生产者与销售者之间签订的买卖合同、承揽合同有不同约定的，合同当事人按照合同约定执行。

↘ **典型案例 4-7：** 王某在某百货公司买到一台冰箱，冰箱附有产品合格证。王某买回冰箱 6 天后，发现冰箱噪声太大，就去找百货公司交涉，百货公司说冰箱一开始使用时有些噪声是正常的，过一段时间就会好。没过多长时间，冰箱的制冷器又出了问题，到后来完全丧失了冷冻食品的功能，成了一个食品储藏柜。王某再去找百货公司，百货公司说冰箱不是他们生产的，冰箱不制冷属冰箱的技术问题，此事只有生产厂家才能解决，因此让王某去找生产厂家。王某觉得生产厂家离本市有上千公里，况且冰箱又不像小件物品，不方便搬运，只有先找百货公司，让百货公司找生产厂家。王某遭到百货公司拒绝，于是向人民法院起诉，要求百货公司对冰箱进行维修，如修理不好，应负责退货。

请问：该百货公司对出售给王某的冰箱是否应承担责任？

2）产品缺陷责任

产品缺陷责任即产品责任，是因产品存在缺陷造成人身、缺陷产品以外的其他财产（以下简称他人财产）损害而应当承担的法律责任。

因产品存在缺陷造成人身、他人财产损害的，生产者应当承担赔偿责任。由于销售者的过错使产品存在缺陷，造成人身、他人财产损害的，或者销售者既不能指明缺陷产品的生产者也不能指明缺陷产品的供货者，销售者应当承担赔偿责任。

产品缺陷责任的构成要件如下。第一，须有缺陷产品。构成产品缺陷责任的首要条件，是产品存在缺陷。我国《产品质量法》将产品缺陷定义为："产品存在危及人身、他人财产安全的不合理的危险；产品有保障人体健康和人身、财产安全的国家标准、行业标准的，是指不符合该标准。"第二，有损害事实存在，即产品因缺陷造成了人身及其他财产的损害。如果产品有缺陷，但并未造成人身或财产损害，或者仅造成缺陷产品本身的损害，均不构成产品责任。在这种情况下，生产者或销售者仅执行法律关于瑕疵担保责任的有关规定。第三，存在缺陷具有过错。此种过错既可以是故意，也可以是过失。第四，须有因果关系。因果关系是指产品的缺陷与受害人的损害事实之间存在的引起与被引起的关系，产品缺陷是原因，损害事实是结果。

↘ **典型案例 4-8：** 丁某于 2013 年 6 月从市场买回一个高压锅，一开始高压锅能正常使用，未有异常。2014 年 9 月 6 日，丁某做饭时，高压锅发生爆炸，锅盖飞起，煤气灶被损坏，天花板被冲裂，玻璃被震碎。发生事故后，丁某找高压锅的生产厂家某日用品厂要求赔偿。日用品厂提出，丁某是于 2013 年买的锅，已经过去一年多了，早已过了规定的保修期，因此对发生的损害不负责任。丁某与日用品厂进行多次交涉未果。

请问：该日用品厂的理由是否成立？

损害赔偿的范围包括下列方面：因产品存在缺陷造成受害人人身伤害的，侵害人应当赔偿医疗费、治疗期间的护理费、因误工减少的收入等费用；造成残疾的，还应当支付残疾者生活自助具费、生活补助费、残疾赔偿金以及由其扶养的人所必需的生活费等费用；造成受害人死亡的，并应当支付丧葬费、死亡赔偿金以及死者生前扶养的人所必需的生活费等费用。因产品存在缺陷造成受害人财产损失的，侵害人应当恢复原状或者折价赔偿，受害人因此遭受其他重大损失的，侵害人应当赔偿损失。

我国的《产品质量法》对以下三种情况下的产品缺陷免除责任：第一，产品未投入流通；第二，产品投入流通时，引起损害的缺陷尚不存在；第三，将产品投入流通时的科技水平尚不能发现缺陷的存在。前两种情况下世界大多数国家的产品责任法都规定为免责，而第三种情况下各国态度不一。

↘ **典型案例 4-9**：刘某与某机械厂的王某是好朋友，一日刘某到机械厂办事，顺便找王某聊天。刘某走时发现自行车没气了，就问王某有无气筒，王某顺手拿起一个气筒递给刘某说："这是我们厂新出的一批气筒的样品，你用吧。"当刘某拿起气筒打气时，气筒栓塞脱落，栓塞飞到刘某脸上造成伤害，刘某花去医疗费 1 600 元，要求机械厂予以赔偿。

请问：机械厂是否应当承担《产品质量法》的损害赔偿责任？刘某应如何保护自己的合法权益？

2. 产品质量的行政责任

产品质量行政责任是指生产者或销售者有一般违法行为所应当承担的行政责任，主要是行政处罚。

我国《产品质量法》规定，对生产、销售不符合保障人体健康和人身、财产安全的国家标准、行业标准的产品的；在产品中掺杂、掺假，以假充真，以次充好，或者以不合格产品冒充合格产品的；生产或销售国家明令淘汰的产品的；销售失效、变质产品的，行政处罚方式有责令停止生产、销售，没收违法所得并罚款。对伪造产品产地，伪造或者冒用他人厂名、厂址，伪造或冒用认证标志，产品标识不符合规定等行为，还要加以责令改正等措施。另外，对严重违反《产品质量法》的生产者和销售者，还可以吊销其营业执照。

3. 产品质量的刑事责任

我国的《产品质量法》对生产者、销售者违反该法，并触犯刑律的严重行为还规定了应当承担的刑事责任。

根据我国《产品质量法》的规定，生产者、销售者应承担刑事责任的行为有：生产、销售不符合保障人体健康和人身、财产安全的国家标准、行业标准的产品，在产品中掺杂、掺假，以假充真，以次充好，或者以不合格产品冒充合格产品，性质严重构成犯罪的；销售失效、变质的产品的销售者构成犯罪的；以暴力方法阻碍国家工作人员依法执行公务的；以行贿受贿或者其他非法手段推销、采购假冒、伪劣、不合格等产品构成犯罪的行为。

↘ **典型案例 4-10**：2013 年 11 月 28 日是吴大军的父亲吴老头的生日，吴大军一心想着今年父亲 80 大寿送件特别的礼物，本想给老父亲送一份孝心，让老人家温暖过冬，不成想，竟因一条电热毯使得父子二人天人永隔。吴大军的母亲早年因病离世，一直是吴老头含辛茹苦地拉扯吴大军长大。如今吴大军长大成人，一心想着要对父亲好，吴老头的生日当天，吴大军在某商场买了某品牌的电热毯送给父亲。由于亲朋好友聚在一起聊天到很晚，吴老头身体又不好，吴大军就把新买的电热毯给吴老头铺上让他早些休息。

深夜，正当大家都聚在一起的时候，从吴老头的卧室传出来一股烧焦的味道。吴大军带头冲进卧室，却发现卧室的床上冒着丝丝青烟，而吴老头正一动不动地躺在那里。看到这一幕，吴大军紧急拨打 120 并将吴老头送去医院，但是医生全力抢救后还是无效，宣布吴老头死亡。

后有关技术监督部门对电热毯进行了质量监督检验，检验发现电热毯有 2 项技术指标不符合国家有关标准的要求，属劣质品。吴大军悲愤之下将商场告上了法庭，诉讼请求该商场承担侵权赔偿责任。但商场却辩称电热毯的质量问题应该是厂家的责任，所以不应该由商场承担。

请问：商场的理由成立吗？本案中的责任该如何认定？

第三节　消费者权益保护法

案例导读

2015 年 10 月 4 日，有网友爆料称，在青岛市乐凌路“善德活海鲜烧烤家常菜”吃饭时遇到宰客事件，该网友称点菜时已向老板确认过“海捕大虾”是 38 元一份，结果结账时变成了 38 元一只，一盘虾要价 1 500 余元。

出现该情况后，当事人首先向警察反映问题，警察在现场进行了调解，将客人的餐费减免了将近 700 元，当事人并不满意。同日，当事人拨打了“12345”市政热线进行举报，市政热线根据部门职责将此事分到了市北区相关部门。当事人还拨打了“12315”消费者投诉举报专线电话，进行了录音留言，第二天早上，工商部门的接线员也和当事人进行了沟通。

青岛市善德烧烤店宰客事件发生后，相关部门对该店下达罚款 9 万元、责令停业整顿并吊销营业执照的行政处罚，市北区市场监管局主要负责人停职检查，对该区物价、旅游等部门主要负责人进行诫勉谈话，涉事的烧烤店也已经关停。

请思考：在此“天价大虾”事件中，消费者的权益是如何受到侵害的？消费者是如何寻求救济的？

一、消费者权益保护法概述

（一）消费者的概念

消费者是社会消费的主体，包括生产资料消费者和生活资料消费者两种。消费者权益保护法中所涉及的“消费者”，主要是指生活资料消费者，在特殊情况下也包括生产资料消费者，如农民的生产性消费活动等。1994 年 1 月 1 日正式施行、2009 年 8 月 27 日第一次修正、2013 年 10 月 25 日第二次修正的《中华人民共和国消费者权益保护法》（以下简称《消费者权益保护法》）第 2 条规定：“消费者为生活消费需要购买、使用商品或者接受服务，其权益受本法保护。”消费者这一概念是与经营者相对应的。消费者是指为生活需要购买、使用商品或者接受服务的个人，经营者是指为消费者提供其生产、销售的商品或者提供服务的单位和个人。

消费者问题的出现是商品经济发展到一定时期的特有现象。随着市场竞争的日益激化，普通消费者在市场上越来越处于软弱不利的地位。特别是到了 19 世纪末 20 世纪初，资本主义由高度发达的自由竞争阶段向垄断阶段过渡。这时一方面，先进的生产技术和细微的专业化分工使得消费者客观上越来越难判断自己的消费行为的合理性和产品的真实性；另一方面，垄断资本集团利用市场优势控制市场的行为频频发生，如抬高价格、作虚假广告、缩减生产以维持高额利润，以及直接以假冒伪劣产品进行出售等，对消费者利益形成了更大的威胁。因此消费者纷纷组织起来，维护自身的合法权益。

（二）消费者的特征

消费者是指非以营利为目的、购买商品或者接受服务的人，其特征有以下几个。

1. 消费者是指购买商品或者接受服务的人

消费者既可能是亲自购买商品的个人，也可能是使用和消费他人购买的商品的人；既可能是有关服务合同中接受服务的一方当事人，也可能是接受服务的非合同当事人。消费者不能完全等同于买受人。

2. 消费者购买商品或者接受服务时不得以营利为目的

消费者购买商品或接受服务，并不是为了将这些商品转让给他人从而盈利，消费者购买商品或接受服务的目的主要是用于个人与家庭的消费。这就是说，购买商品和接受服务的消费者是为了个人的消费，个人消费包括两部分，一部分是物质资料的消费，另一部分是劳务消费，即接受各种形式的服务。当然，消费者购买商品或接受服务的目的也不完全限于个人的直接消费，也可能是用于储存、欣赏，或作为赠品赠送给他人等。另一方面，消费者购买商品或接受服务，也可能是用于家庭的或单位的消费，这些直接使用商品或接受服务的个人虽然不是合同的当事人，但也是消费者。相反，如果不是用于个人消费，而是用于生产和经营，则不是法律上所说的消费者。

3. 消费者是指购买商品或者接受服务的个人

消费者作为一个特定的法律用语，它是指个人而不是指单位（包括企事业单位和其他组织），更不包括政府。所谓消费行为，不是指单位的消费，而是指个人的消费。消费者权益保护法始终是与对消费者个人权益的保护联系在一起的。

4. 单位不是消费者

单位作为商品的买受人、服务合同的订立者，与经营者相比，根本不是处于一种弱势的地位，它和经营者之间在谈判的地位、所掌握的交易的信息等各方面都是等同的，没有必要通过消费者权益保护法对其进行特别的保护。

（三）消费者权益保护的基本原则

1. 国家保护原则

在经济生活中，由于各种原因，个体消费者的合法权益极易受到不法侵害，却没有足够的力量充分保护自己，这种侵害不仅对于消费者自身，而且对国家经济民主的维持、对社会经济整体的有效运行、对社会秩序的稳定都有极大的危害。因为消费者消耗和利用商品或服务的活动，虽属于经济生活的微观层面，但垄断势力的扩大和不正当竞争行为的泛滥，使消费者在付出了极大的经济代价之后，仍无法得到满意的商品和服务，这样，社会经济生产的最终目标——为满足人们的需要而创造物质和非物质消费品——就遭到了扭曲。为了校正这种情况，以国家为核心的公权力主动介入到微观经济层面，站在消费者一边，通过保护消费者的合法权益，去规范和控制不法经营者的行为，达到经济协调、社会稳定的目标。

2. 全社会保护原则

全社会保护原则的实质，就是在国家保护的基础上将对消费者权益的保护扩大到全社会范围，动用一切社会力量，对经营者及其他可能或实际侵害消费者的行为进行预防、控制、规范和监督。国家和代表国家行使权力的行政司法部门是社会的组织者、管理者，对侵害消费者权益的行为客观上不可能全部进行查处和惩办。因此明确消费者权益的全社会保护是十分必要的，它有利于及时、迅速、深入、妥善地保护消费者的各项权益。

全社会保护原则的具体体现为社会力量的监督作用。所谓社会力量的监督，是指除拥有强制力的国家以外的在社会生活中实际存在的组织和个人的监督，它包括消费者的监督、消费者组织的监督、大众传媒机构的监督及一切与消费者权益有关的企业、事业单位、社会团体的监督。例如，我国《消费者权益保护法》规定，各级消费者协会和其他形式的消费者组织通过向消费者提供信息和咨询服务，与行政部门合作，提出建议，受理消费者投诉并调查、调解、支持受到侵害的消费者的起诉，保护消费者权益，缓解不法侵害行为的社会危害性。大众传媒则通过对不法行为的报道、披露，形成舆论监督的效应，一方面使不法经营者有所收敛；另一方面引导更多的组织和个人参与到消费者的社会保护行列中来。

3. 法律保护与经济发展水平相适应原则

各国在不同时期，由于物质经济条件的局限，对消费者权益进行国家保护和全社会保护的法律原则的贯彻并非是绝对的、无条件的，而是应与经济发展水平相协调。我国是一个发展中国家，法治建设、公民意识、商业道德、管理和技术水平都有待提高和发展。因此，对消费者权益的保护不能完全按照良好的愿望进行。过度的保护不仅不能促进经济的协调运行，反而会抑制、甚至侵害了与消费者相对应的经营者的合法权益。这就构成了消费者权益保护法的适度原则，即法律保护与经济发展水平相适应原则。

提出法律保护与经济发展水平相适应原则，就是要求国家和社会在具体的执法和司法实践中，分析消费者的权益是否真正受到侵害，受到侵害的是否是正当权益，致害的原因是否是经营者的恶意为之，以及是否存在消费者恶意造成权益受损的后果等，并加以区别对待。对于正当权益受损的消费者，坚决予以保护；对于因各种原因受损的消费者，适度保护；对于为了谋求不当利益而故意使自己遭受损害的消费者，不予保护或仅给予有限保护。适度保护主要体现在对经营者责任的认定和对消费者损害赔偿的额度规定两个方面。因此，我国《消费者权益保护法》对经营者的责任认定基本上采用以过错责任制度为主的归责原则；在消费者损害赔偿制度中，除了经营者欺诈行为造成消费者的损失应当加大赔偿额度以外，基本以赔偿物质损失为主，而对精神损失的赔偿则持慎重态度。

二、消费者的权利与经营者的义务

（一）消费者的权利

消费者权利是指消费者在消费生活中所享有的权利，是消费者利益在法律上的表现。从美国总统肯尼迪 1962 年向国会提出赋予消费者四项具体公民权（获得商品的安全保障权利、获得商品信息资料的权利、对商品有自由选择的权利和提出消费意见的权利）开始，消费者保护就成为全世界共同倡导推进的运动。国际社会和世界各国在保障公民权的同时，注重消费者在消费行为中公民权的实现，并相应制定了具有实际操作性和法律保障性的具体规定。《消费者权益保护法》规定了消费者的九大权利，即：安全权，知情权，自主选择权，公平交易权，求偿权，结社权，获得有关知识权，人格尊严、民族风俗习惯受尊重权，批评监督权。

1. 安全权

消费者在购买、使用商品和接受服务时享有人身、财产安全不受损害的权利，简称安全权。安全权是消费者最重要的权利，也是宪法赋予公民的人身权、财产权在消费领域的体现。

为了使这一权利真正得到体现，消费者有权要求经营者提供的商品和服务符合保障人身、财产安全的要求。有国家标准、行业标准的，如食品、药品、家用电器等，消费者有权要求商品和服务符合国家标准、行业标准；对于没有国家标准、行业标准的，如某些新开发的商品和服务项目，消费者有权要求经营者保证其购买、使用的商品或接受的服务，不具有危害人身、财产安全的缺陷。

2. 知情权

消费者享有知悉其购买、使用的商品或接受的服务的真实情况的权利，简称知情权。该项权利表明：消费者在购买、使用商品或接受服务时，有权询问、了解商品或服务的有关真实情况；提供商品或者服务的经营者有义务真实地向消费者说明有关情况。消费者此项权利的现实问题是：知情权的内容确定标准，是以国家相关法律规定的内容为依据，还是以消费者应知的内容为依据。

想一想 2003 年追讨“知情权”的上海消费者朱燕翎，曾成为媒体关注的人物。她是因为转基因问题向跨国公司追讨知情权的第一位中国消费者。朱燕翎曾担任上海一家合资金融机构的高级经理，在瑞士留学期间曾经参观过全球著名的雀巢公司总部。偶然的机会她看到自己经常给儿子购买的雀巢巧伴伴中含有转基因成分的报道，然而雀巢产品外包装上却没有相关的标识，在多次交涉无果后，她把上海雀巢公司告上了法庭。不过雀巢公司以在中国生产的 6 种产品不在农业部转基因食品的标识目录管理范围之内为由，认为无须申报和标注转基因食品标识，而且对其产品既不肯定也未否定含有转基因成分。朱燕翎本人在聘请的律师的陪同下，曾专门前往瑞士雀巢公司总部向其高层递交投诉信函，但此行并没有得到雀巢公司有关转基因标识的满意答复。转基因产品的提供方是否需要尊重消费者的知情权？

3. 自主选择权

消费者享有自主选择商品或者服务的权利，简称自主选择权，主要包括以下几个方面的内容：① 有权自主选择提供商品或者服务的经营者；② 有权自主选择商品品种或者服务方式；③ 有权自主决定购买或者不购买任何一种商品、接受或者不接受任何一项服务；④ 在自主选择商品或服务时，有权进行比较、鉴别和挑选。

4. 公平交易权

消费者享有公平交易的权利，简称公平交易权。市场交易的基本规则是：自由、公平、诚实信用、遵守法律规范、不得违反公认的商业道德。因此，消费者和经营者都享有公平交易的权利。但由于在市场交易中，消费者往往处于弱者的地位，更需要突出强调享有公平交易的权利以便从法律上获得保护。根据《消费者权益保护法》的规定，这项权利主要体现在以下两个方面：① 有权获得质量保障、价格合理、计量正确等公平交易条件；② 有权拒绝经营者的强制交易行为。

5. 求偿权

消费者因购买、使用商品或者接受服务受到人身、财产损害的，享有依法获得赔偿的权利，简称求偿权。享有求偿权的主体是因购买、使用商品或者接受服务而受到人身、财产损害的消费者，包括以下几种类型：① 商品的购买者；② 商品的使用者；③ 服务的接受者；④ 第三人，是指除商品的购买者、使用者或者服务的接受者之外的，因为偶然原因而在事故现场受到损害的其他人。

为了保障消费者求偿权的实现，《消费者权益保护法》对在不同情况下消费者应向谁要求赔偿作了如下具体规定。

（1）消费者在购买、使用商品时，其合法权益受到损害的，可以向销售者要求赔偿。销售者赔偿后，属于生产者的责任或者属于向销售者提供商品的其他销售者的责任，销售者有权向生产者或者其他销售者追偿。这里规定的是商业先行赔偿的原则。

（2）消费者或者其他受害人因商品缺陷造成人身、财产损害的，可以向销售者要求赔偿，也可以向生产者要求赔偿。属于生产者责任的，销售者赔偿后，有权向生产者追偿。属于销售者责任的，生产者赔偿后，有权向销售者追偿。

（3）消费者在接受服务时，其合法权益受到损害的，可以向服务者要求赔偿。

（4）消费者在购买、使用商品或者接受服务时，其合法权益受到损害，因原企业分立、合并的，可以向变更后承受其权利义务的企业要求赔偿。

（5）使用他人营业执照的违法经营者提供商品或者服务，损害消费者合法权益的，消费者可以向其要求赔偿，也可以向营业执照的持有人要求赔偿。

（6）消费者因经营者利用虚假广告提供的商品或者服务，其合法权益受到损害的，可以向经营者要求赔偿；广告的经营者发布虚假广告的，消费者可以请求行政主管部门对其予以惩处；广告的经营者不能提供经营者的真实姓名、地址和有效联系方式的，应当承担赔偿责任。

（7）消费者在展销会、租赁柜台购买商品或者接受服务，其合法权益受到损害的，可以向销售者或者服务者要求赔偿。展销会结束或者柜台租赁期满后，也可以向展销会的举办者、柜台的出租者要求赔偿。展销会的举办者、柜台的出租者赔偿后，有权向销售者或者服务者追偿。

6. 结社权

消费者享有依法成立维护自身合法权益的社会组织的权利，简称结社权。赋予消费者以结社权，使消费者通过有组织的活动，维护自身合法权益是非常必要的，也是国家鼓励全社会共同保护消费者合法权益的体现。

7. 获得有关知识权

消费者享有获得有关消费和消费者权益保护方面的知识的权利，简称获得有关知识权。这一权利包括两方面的内容：一是获得有关消费方面的知识，比如有关消费观的知识，有关商品和服务的基本知识，有关市场的基本知识；二是获得有关消费者权益保护方面的知识，比如消费者权益保护的法律、法规和政策，以及保护机构和争议解决途径等方面的知识。

8. 人格尊严、民族风俗习惯受尊重权

人格尊严是消费者的人身权的重要组成部分，包括姓名权、名誉权、荣誉权、肖像权等。消费者的人格尊严受到尊重是消费者最起码的权利之一。在实践中，侵犯消费者人格尊严权大量表现为侮辱消费者，即侵犯消费者名誉权的行为，此外还有搜查消费者的身体及其携带的物品，甚至限制消费者人身自由的行为。尊重民族风俗习惯，是党和国家民族政策的重要内容。我国是统一的多民族国家，各民族都有不同的风俗习惯，与消费密切相关，因此，尊重少数民族的风俗习惯，对于保护少数民族消费者的合法权益，贯彻党和国家的民族政策，都有极其重要的意义。

9. 批评监督权

消费者享有对商品和服务以及保护消费者权益工作进行批评监督的权利，简称批评监督权。这一权利可具体表现为：消费者有权检举、控告侵害消费者权益的行为和国家机关及其工作人员在保护消费者权益工作中的违法失职行为，有权对保护消费者权益工作提出批评和建议。

此外，2014 年新修订的《消费者权益保护法》规定了消费者的后悔权。根据《消费者权益保护法》第 25 条的规定，经营者采用网络、电视、电话、邮购等方式销售商品，消费者有权自收到商品之日起七日内退货，且无需说明理由，但下列商品除外：① 消费者定作的；② 鲜活易腐的；③ 在线下载或者消费者拆封的音像制品、计算机软件等数字化商品；④ 交付的报纸、期刊。

↘ **典型案例 4-11：** 母亲节前，张小姐在某网站购买了数盒保健品想送给母亲，隔天收到货品送往母亲家，没想到张小姐的姐姐也为母亲购买了同品牌的保健品数盒，这下张小姐发了愁，这么多保健品要吃到什么时候呢，于是想到了退货。她联系网店店主，而店主却拒绝了张小姐的请求，店主称："我们不是七日无条件退换货的店，在小店购物不退不换。"

请问：张小姐是否有权退货？

（二）经营者的义务

我国《消费者权益保护法》以专章的形式明确规定了经营者的义务。经营者的义务是与消费者的权利对立统一的，不规定经营者的义务，消费者的权利就难以实现；不规定消费者的权利，经营者的义务就失去了存在的意义。我国《消费者权益保护法》规定了经营者的 11 项义务。

（1）依法或者依合同约定履行义务的义务。这是对经营者的经营者义务的一般性、概括性规定。要求经营者向消费者提供商品或者服务，应当依照《产品质量法》和其他有关法律、法规的规定履行义务。经营者和消费者有约定的，应当按照约定履行义务，但双方的约定不得违背法律、法规的规定，特别是法律、法规的强制性规定。

（2）接受消费者批评监督的义务。这是与消费者享有的批评监督权相对应的经营者的义务。经营者应当听取消费者对其提供的商品或者服务的意见，接受消费者的监督。

（3）安全保障义务。经营者应当保证其提供的商品或者服务符合保障人身、财产安全的要求。对可能危及人身、财产安全的商品或服务，应当向消费者作出真实的说明和明确的警示，并说明和标明正确使用商品或者接受服务的方法及防止危害发生的方法。经营者发现其提供的商品或者服务存在缺陷，可能对人身、财产安全造成危害的，应当立即向有关行政部门报告和告知消费者，并及时采取停止生产、停止销售、警示、召回等消除危险的措施。采取召回措施的，经营者应当承担消费者因商品被召回支出的必要费用。

（4）经营者对其提供的有关商品或者服务负有真实说明、不得侵犯消费者获取相关知识的义务。经营者应当向消费者提供有关商品或者服务的真实信息，不得作引人误解的虚假宣传。经营者对消费者就其提供的商品或者服务的质量和使用方法等问题提出的询问，应当作出真实、明确的答复。商店提供商品应当明码标价。

（5）经营者应当标明其真实名称和标记。租赁他人柜台或者场地的经营者，也应当标明其真实名称和标记。

（6）经营者提供商品或者服务，应当按照国家有关规定或者商业惯例向消费者出具购货凭证或者服务单据；消费者索要购货凭证或者服务单据的，经营者必须出具。

（7）品质担保义务。经营者的质量义务以消费者正常使用商品或者接受服务为前提，保证其提供的商品或服务具有适用性，能够满足消费者的需求。经营者以广告、产品说明、实物样品或其他方式表明商品或服务的质量状况的，应当保证其提供的商品或服务的实际质量与表明的质量状况相符。

（8）售后服务义务。经营者提供商品或者服务不符合质量要求的，消费者可以依照国家规定和当事人约定退货，或者要求经营者履行更换、修理等义务；国家没有规定和当事人未约定的，消费者可以自收到商品之日起七日内退货，七日后符合《中华人民共和国合同法》规定的解除合同条件的，消费者可以及时退货，不符合解除合同条件的，可以要求经营者履行更换、修理等义务。对大件商品进行退货、更换、修理的，经营者应当承担运输等必要费用。

（9）经营者不当免责禁止的义务。经营者在经营活动中使用格式条款的，应当以显著方式提请消费者注意商品或者服务的数量和质量、价款或者费用、履行期限和方式、安全注意事项和风险警示、售后服务、民事责任等与消费者有重大利害关系的内容，并按照消费者的要求予以说明。经营者不得以格式条款、通知、声明、店堂告示等方式，作出排除或者限制消费者权利、减轻或者免除经营者责任、加重消费者责任等对消费者不公平、不合理的规定，不得利用格式条款并借助技术手段强制交易。凡属对消费者不公平、不合理或者片面减轻、免除应承担的民事责任的格式条款、店堂告示、通知、声明等，都是无效的，对消费者没有任何约束力。

≫ **想一想** 如何理解商场中“货物售出，概不退换”的标志？

（10）不得侵犯消费者的人格尊严权的义务。经营者必须对消费者的人格尊严和人身自由予以尊重，并且不得以任何借口、用任何形式对消费者的人身自由加以侵犯。经营者不得搜查消费者的身体及其携带的物品，且不能利用一般合同条款予以免责。

（11）保护消费者信息的义务。经营者收集、使用消费者个人信息，应当遵循合法、正当、必要的原则，明示收集、使用信息的目的、方式和范围，并经被收集者同意。经营者收集、使用消费者个人信息，应当公开其收集、使用规则，不得违反法律、法规的规定和双方的约定收集、使用信息。经营者及其工作人员对收集的消费者个人信息必须严格保密，不得泄露、出售或者非法向他人提供。经营者应当采取技术措施和其他必要措施，确保信息安全，防止消费者个人信息泄露、丢失。在发生或者可能发生信息泄露、丢失的情况时，经营者应当立即采取补救措施。经营者未经消费者同意或者请求，或者消费者明确表示拒绝的，不得向其发送商业性电子信息。

三、消费者协会的职能

消费者协会是依法成立的对商品和服务进行社会监督、保护消费者合法权益的社会组织。消费者协会履行下列公益性职责。

（1）向消费者提供消费信息和咨询服务，提高消费者维护自身合法权益的能力，引导文明、健康、节约资源和保护环境的消费方式。消费信息主要包括商品和服务在市场中存在的现状、发展趋势及商品和服务的提供者等一系列情况或资料。咨询服务是指消费者协会针对消费者询问的有关消费及消费者权益保护方面的问题，依据客观事实予以解答。为使消费者在购买、使用商品或接受服务时，更好地行使权利，保护自己的合法权益，及时获得有关消费信息和知识，消费者协会应客观、公正地向消费者提供消费信息和咨询服务，正确引导消费者的消费活动，以使其免受损害。应该强调的是，消费者协会提供消费信息与咨询服务不能以牟利为目的，并应当保证信息的真实和准确。

（2）参与制定有关消费者权益的法律、法规、规章和强制性标准。这是新《消费者权益保护法》赋予消费者协会的一项新的法定职能，从法律上为消费者协会参与立法建言提供了依据，同时也意味着各级立法机关、政府部门在制定与消费者权益有关的法律、法规、规章和强制标准时，有义务向消费者协会征求意见。在一些与消费者密切相关的法律、法规、强制性标准等的制定过程中，消费者协会可集合消费者力量、反映消费者呼声，积极参与法律、法规制定，积极建言献策。

（3）参与有关行政部门对商品和服务的监督、检查。对商品和服务进行行政监督、检查，是国家赋予有关行政机关的一项行政职权，换句话说，是由有关行政机关代表国家对商品和服务是否符合国家法律、法规的规定行使监督、检查职权。消费者协会除依照法律、法规和章程对商品和服务进行社会监督外，还可参与有关行政部门的监督、检查，主要表现为：行政部门在对与消费者权益密切相关的商品和服务履行监督、检查职权时，应吸收消费者协会参加，共同进行。消费者协会也可以依据《消费者权益保护法》主动要求参加有关行政部门的监督、检查。规定消费者协会参与有关行政部门对商品和服务的监督、检查，目的在于充分发挥消费者协会的社会监督职能，及时反馈消费者在使用商品和接受服务中存在的问题，促使经营者守法经营。

（4）就有关消费者合法权益问题，向有关行政部门反映、查询、提出建议。有关行政部门，是指具有保护消费者合法权益职能及责任的行政部门，既包括执法监督部门，也包括行业主管部门。这里所说的有关消费者合法权益问题，是指在消费领域中与消费者合法权益相关的所有问题。它们包括：商品和服务质量价格等情况；经营者的不法行为；行政部门及其工作人员的工作；具体事件的处理；消费者的意见和要求；等等。消费者协会向有关行政部门查询分两类情况：其一，针对有关消费者合法权益的问题，向有关行政部门调查询问相关的情况；其二，针对消费者协会反映的关于消费者权益的具体问题向有关行政部门调查询问处理情况。提出建议是指消费者协会就消费者合法权益问题，向有关行政部门提出建设性的意见以供其参考。赋予消费者协会向有关行政部门反映、查询、建议职能，有利于消费者协会对消费者合法权益进行保护，对沟通政府与消费者之间的联系能起到重要的桥梁作用。

（5）受理消费者的投诉，并对投诉事项进行调查、调解。消费者向消费者协会投诉，是指消费者在购买、使用商品或接受服务时，其合法权益受到损害，向消费者协会反映情况，要求给予解决的行为。消费者协会受理投诉包括三种情况：一是消费者直接向消费者协会进行的投诉；二是消费者向有关单位进行的投诉；三是经营者或其主管部门请求消费者协会协助处理的投诉。消费者在购买、使用商品或接受服务中，只要认为自己的合法权益受到损害，都可以进行投诉。消费者协会经审查，对符合投诉范围和消费者协会管辖范围的投诉，予以受理，进行调查、调解。对不符合受理条件的，不予受理。消费者协会受理消费者投诉，应站在公正的立场上，对投诉事项认真进行调查，查明事实，分清是非、责任，依法、公平处理纠纷。消费者协会在消费者和经营者自愿的基础上，进行调解，使双方达成解决问题的协议，从而解决争议。

（6）投诉事项涉及商品和服务质量问题的，可以委托具备资格的鉴定人鉴定，鉴定人应当告知消费者协会鉴定意见。鉴定是指运用仪器设备、专门知识或技能对某事物进行鉴别和判断的一种活动。鉴定意见，是指鉴定专家通过鉴定活动所作的专门性意见。鉴定意见是证据的一种，可以作为认定事实的依据。消费者协会在受理投诉中，涉及判断有关商品和服务质量问题时，不能简单地凭感官加以认定，可以委托鉴定人依法鉴定，作出专门性意见，避免判断的随意性，从而严肃、公正地解决消费者权益纠纷。鉴定人对消费者协会委托鉴定的事项，应及时予以鉴定，并有义务将鉴定意见如实告知消费者协会。

（7）就损害消费者合法权益的行为，支持受害的消费者提起诉讼或者依法提起诉讼。当消费者的合法权益受到损害时，消费者协会可以支持受害的消费者向人民法院提起诉讼，请求人民法院作出公正判决，以保护消费者的合法权益。消费者协会对受害的消费者提起的诉讼予以支持包括两方面的含义：其一是给消费者以道义上及有关法律知识方面的支持，支持受害的消费者依法提起诉讼；其二是作为消费者的委托代理人直接参加诉讼。消费者提起的诉讼，包括民事诉讼、行政诉讼和刑事附带民事诉讼，但适用的程序有所不同。此外，《消费者权益保护法》还明确了消费者协会在公益诉讼中向法院提起诉的职责。

（8）对损害消费者合法权益的行为，通过大众传播媒介予以揭露、批评。大众传播媒介主要是指报纸、杂志、广播、电视等，这些传播媒介传播信息具有速度快、范围广、影响大等特点。消费者协会针对损害消费者合法权益的行为，可以公开在大众传播媒介上予以登载、播放，进行曝光、批评，以充分发挥舆论监督在社会监督中的作用，强化消费者协会在保护消费者权益方面的职能，同时增强社会免疫力，促使经营者尊重消费者的合法权益。

四、消费者权益争议的解决和法律责任的确定

（一）争议的解决

消费者权益争议，是指消费者在购买、使用商品或接受服务，经营者在提供商品或服务的过程中，因经营者不履行或不适当履行义务致使消费者权益受损，双方发生的民事权益纠纷。能否及时、有效、合理地解决消费者与经营者之间的争议，直接关系到消费者的合法权益是否能得到切实保护，对于维护和发展正常的经济秩序也具有十分重要的意义。消费者与经营者之间发生消费者权益争议时，可以通过以下途径解决。

1. 与经营者协商和解

协商和解是指争议的双方当事人在没有第三人参与的情况下，依据事实，在自愿、平等的基础上互谅互让，就争议的问题协商后达成和解协议，使争议得到解决的方式。在实践中，这是双方发生消费者权益争议的情况下首选的方式，也是最快捷和最方便的解决方式。但是，如果经营者对消费者的合理要求不理不睬，或消费者难以接受经营者提出的解决方案，消费者只能寻求其他方法解决争议。

2. 请求消费者协会或者依法成立的其他调解组织调解

调解是指在第三方的参与下，通过第三方从中斡旋，使争议的双方当事人平息争端，消除纠纷，解决争议。通常是在协商和解不成的情况下，消费者向消费者协会反映情况，由消费者协会作为第三人出面主持消费争议的调解。消费者协会应当在查明事实、分清是非、明确责任的基础上，引导双方协商，促进争议尽快解决。

3. 向有关行政管理部门申诉

当消费者权益争议双方无法通过和解方式解决时，消费者不仅可以寻求消费者协会的帮助，还可以根据商品或服务的性质直接向有关行政管理部门提出申诉，请求采用行政手段来

解决争议。有关行政管理部门主要是指工商行政管理部门，还包括经营者所涉及的行业主管部门，如物价管理部门、质量技术监督部门、卫生行政管理部门、计量部门、商品检验部门等。这些部门可以依照法律、法规的规定，在各自的职责范围内，及时调查处理消费者权益争议，分清责任，采取措施，依法保护消费者合法权益。如发现经营者确有违反法律、行政法规而应承担行政责任时，可以依法对其予以行政处罚；如发现有犯罪嫌疑的，应移交司法机关进行处理。

4. 根据与经营者达成的仲裁协议提请仲裁机构仲裁

仲裁是指双方当事人在争议发生之前或争议发生之后达成协议，自愿将争议交给仲裁机构作出裁决从而解决争议。消费者在与经营者发生消费权益争议之后，可以根据事先或事后与经营者达成的仲裁协议向仲裁机构申请仲裁。

5. 向人民法院提起诉讼

诉讼是指人民法院在当事人及其他诉讼参与人参加的情况下，按照法律规定的程序和方式，对纠纷进行审理和判决以解决争议的法律制度。这是解决消费者权益争议的终极方式，也是消费者权益争议当事人依法保护自身合法权益的最具有权威性的手段。消费者权益争议发生后，双方在无法协商和解且没有仲裁协议的情况下，任何一方当事人都可以直接向有管辖权的人民法院提起诉讼，以解决双方争议。

（二）侵犯消费者权益的法律责任

《消费者权益保护法》及其他法律、法规对各种侵害消费者合法权益的行为所应承担的法律责任作了明确规定，法律责任的形式主要有民事责任、行政责任和刑事责任。

1. 民事责任

经营者提供商品或服务有下列情形之一的，应依照《消费者权益保护法》《产品质量法》和其他有关法律、法规，承担民事责任：① 商品或者服务存在缺陷的；② 不具备商品应当具备的使用性能而出售时未作说明的；③ 不符合在商品或其他包装上注明采用的商品标准的；④ 不符合商品说明、实物样品等方式表明的质量状况的；⑤ 生产国家明令淘汰的商品或销售失效、变质的商品的；⑥ 销售的商品数量不足的；⑦ 服务的内容和费用违反约定的；⑧ 对消费者提出的修理、重作、更换、退货、补足商品数量、退还货款和服务费用或者赔偿损失的要求，故意拖延或者无理拒绝的；⑨ 法律、法规规定的其他损害消费者权益的情形。

经营者提供商品或服务，造成消费者或其他受害人人身伤害的，应当赔偿医疗费、护理费、交通费等为治疗和康复支出的合理费用，以及因误工减少的收入。造成残疾的，还应当赔偿残疾者生活辅助具费、残疾赔偿金。造成死亡的，还应当支付丧葬费、死亡赔偿金。

经营者侵害消费者的人格尊严、侵犯消费者人身自由或者侵害消费者个人信息依法得到保护的权利的，应当停止侵害、恢复名誉、消除影响、赔礼道歉，并赔偿损失。经营者有侮辱诽谤、搜查身体、侵犯人身自由等侵害消费者或者其他受害人人身权益的行为，造成严重精神损害的，受害人可以要求精神损害赔偿。

原《消费者权益保护法》第 49 条规定：“经营者提供商品或者服务有欺诈行为的，应当按照消费者的要求增加赔偿其受到的损失，增加赔偿的金额为消费者购买商品的价款或者接受服务的费用的一倍。”这一条款在我国创设了惩罚性赔偿制度。新修订的《消费者权益保护法》第55条规定：“经营者提供商品或者服务有欺诈行为的，应当按照消费者的要求增加赔偿其受到的损失，增加赔偿的金额为消费者购买商品的价款或者接受服务的费用的三倍；增加赔偿的金额不足五百元的，为五百元。法律另有规定的，依照其规定。经营者明知商品或者服务存在缺陷，仍然向消费者提供，造成消费者或者其他受害人死亡或者健康严重损害的，受害人有权要求经营者依照本法第四十九条、第五十一条等法律规定赔偿损失，并有权要求所受损失二倍以下的惩罚性赔偿。”惩罚性损害赔偿，也称报复性的赔偿，是指由法庭所判定的赔偿数额超出实际的损害数额的赔偿。它具有补偿受害人遭受的损失、惩罚和遏制不法行为等多重功能。与补偿性的赔偿相比较，惩罚性赔偿具有如下特点。第一，从目的和功能来说，惩罚性赔偿是由赔偿和惩罚所组成的。它的功能不仅在于弥补受害人的损害，而且在于惩罚和制裁严重过错行为。第二，从赔偿责任的构成要件来说，与补偿性的赔偿相比，它虽然也要以实际损害的发生为适用的前提，但赔偿的数额主要不以实际的损害为标准，而要特别考虑加害人的主观过错程度、主观动机、赔偿能力等多种因素。第三，从赔偿范围来看，惩罚性赔偿并不以实际的损害为限，其数额均高于甚至大大高于补偿性损害赔偿。

2. 行政责任

有下列情形之一的，经营者应承担行政责任：① 提供的商品或者服务不符合保障人身、财产安全要求的；② 在商品中掺杂、掺假，以假充真，以次充好，或者以不合格商品冒充合格商品的；③ 生产国家明令淘汰的商品或者销售失效、变质的商品的；④ 伪造商品的产地，伪造或者冒用他人的厂名、厂址，篡改生产日期伪造或者冒用认证标志等质量标志的；⑤ 销售的商品应当检验、检疫而未检验、检疫或者伪造检验、检疫结果的；⑥ 对商品或者服务作虚假或引人误解的宣传的；⑦ 拒绝或者拖延有关行政部门责令对缺陷商品或者服务采取停止销售、警示、召回、无害化处理、销毁、停止生产或者服务等措施的；⑧ 对消费者提出的修理、重作、更换、退货、补足商品数量、退还货款和服务费用或者赔偿损失的要求故意拖延或者无理拒绝的；⑨ 侵犯消费者人格尊严、侵犯消费者人身自由或者侵害消费者个人信息依法得到保护的权利的；⑩ 法律、法规规定的对损害消费者权益应当予以处罚的其他情形。

对上述违法情形，经营者除承担相应的民事责任外，其他有关法律、法规对处罚机关和处罚方式有规定的，依照法律、法规的规定执行；法律、法规未作规定的，由工商行政管理部门或者其他有关行政部门责令改正，可以根据情节单处或者并处警告、没收违法所得、处以违法所得一倍以上十倍以下的罚款，没有违法所得的，处以五十万元以下的罚款；情节严重的，责令停业整顿、吊销营业执照。

经营者有上述规定情形的，除依照法律、法规规定予以处罚外，处罚机关应当记入信用档案，向社会公布。

3. 刑事责任

经营者违反《消费者权益保护法》提供商品或者服务，侵害消费者合法权益，构成犯罪的，依法追究刑事责任。

第四节 广 告 法

案例导读

2015年9月1日，被称为“史上最严”的新《广告法》正式实施了。不日，国家工商总局公布了2015年涉嫌违反《广告法》的十大典型案例，这里介绍其中一个案例。

当事人河北信超企业管理咨询公司制作、发布“国宝十绝——中国十大传世名画”的广告，在多地电视媒体进行发布。其内容含有利用虚构的“由国际收藏家协会监制”“限量发行”“中国梦文化惠民工程”夸大该书画为收藏品且具有较大升值空间，并宣称其书画是“免费赠送”给消费者的事实。

该公司涉嫌利用知名艺人侯耀华等人员进行虚假宣传，以提升其产品影响力。经工商部门调查核实，所谓的“传世名画”只是浙江某工艺品厂生产的丝绸制印刷品，该公司的行为属于虚假宣传，误导了消费者。

请思考：明星作为广告代言人应当尽到哪些义务？如果明星涉嫌做虚假广告宣传，应当承担什么法律责任？

一、广告法概述

（一）广告法的适用范围和相关概念

《中华人民共和国广告法》（以下简称《广告法》）由第八届全国人民代表大会常务委员会第十次会议于1994年10月27日通过，自1995年2月1日起施行。2015年4月24日，广告法修订草案三审稿经第十二届全国人民代表大会常务委员会第十四次会议表决通过，自2015年9月1日起施行。

《广告法》调整的广告行为，是在中华人民共和国境内，商品经营者或者服务提供者通过一定媒介和形式直接或者间接地介绍自己所推销的商品或者服务的商业广告活动。公益广告不在调整范围。

广告主，是指为推销商品或者服务，自行或者委托他人设计、制作、发布广告的自然人、法人或者其他组织。

广告经营者，是指接受委托提供广告设计、制作、代理服务的自然人、法人或者其他组织。

广告发布者，是指为广告主或者广告主委托的广告经营者发布广告的自然人、法人或者其他组织。

广告代言人，是指广告主以外的，在广告中以自己的名义或者形象对商品、服务作推荐、证明的自然人、法人或者其他组织。

（二）广告法的基本原则

（1）真实合法原则。广告应当真实、合法，以健康的表现形式表达广告内容，符合社会主义精神文明建设和弘扬中华民族优秀传统文化的要求。

广告不得含有虚假或者引人误解的内容，不得欺骗、误导消费者。

广告主应当对广告内容的真实性负责。

（2）诚实信用原则。广告主、广告经营者、广告发布者从事广告活动，应当遵守法律、法规，诚实信用，公平竞争。

二、广告内容准则

（一）广告的明示义务

广告中对商品的性能、功能、产地、用途、质量、成分、价格、生产者、有效期限、允诺等或者对服务的内容、提供者、形式、质量、价格、允诺等有表示的，应当准确、清楚、明白。

广告中表明推销的商品或者服务附带赠送的，应当明示所附带赠送商品或者服务的品种、规格、数量、期限和方式。法律、行政法规规定广告中应当明示的内容，应当显著、清晰表示。

↘ **典型案例 4-12：**虎符兵印大阅兵纪念宝玺广告中说："这九尊虎头宝玺都是由中国知名的九种玉制作的，其中有一种和田老坑玉，总共加在一起是 7.5 公斤，有巨大的升值空间，赶上大阅兵，现在我们白送。"这种类似天上掉馅饼的事本身就是不可能的。另外，这则广告有很多的涉嫌违法的语言，说有九尊免费送，谁打进去就给谁，其实你打过去一个电话他天天追着你问啥时候要。免费的背后是一个工本费，交 5 000 元钱。

请问：此则广告是否违反了《广告法》？为什么？

（二）广告的禁止性义务

广告不得有下列情形：① 使用或者变相使用中华人民共和国的国旗、国歌、国徽，军旗、军歌、军徽；② 使用或者变相使用国家机关、国家机关工作人员的名义或者形象；③ 使用"国家级""最高级""最佳"等用语；④ 损害国家的尊严或者利益，泄露国家秘密；⑤ 妨碍社会安定，损害社会公共利益；⑥ 危害人身、财产安全，泄露个人隐私；⑦ 妨碍社会公共秩序或者违背社会良好风尚；⑧ 含有淫秽、色情、赌博、迷信、恐怖、暴力的内容；⑨ 含有民族、种族、宗教、性别歧视的内容；⑩ 妨碍环境、自然资源或者文化遗产保护；⑪ 法律、行政法规规定禁止的其他情形。

此外，广告不得损害未成年人和残疾人的身心健康，不得贬低其他生产经营者的商品或者服务，大众传播媒介不得以新闻报道形式变相发布广告。

（三）广告的作为义务

广告内容涉及的事项需要取得行政许可的，应当与许可的内容相符合。

广告使用数据、统计资料、调查结果、文摘、引用语等引证内容的，应当真实、准确，并表明出处。引证内容有适用范围和有效期限的，应当明确表示。

↘ **典型案例 4-13：**"郑多燕减肥晚餐"是普通食品，生产许可证号为：QS440106015152。广告中均出现"用郑多燕减肥晚餐，保证让你瘦下来，不节食，不运动，躺着就能让你瘦，不腹泻，不反胃，没有一例副作用，郑多燕减肥晚餐 1 周减掉 10 斤油，30 天狂甩一身肉，只要一个月，保证让你瘦下来。三大瘦身新突破：一是 7 天断肥根；二是 15 天排肥油；三是终身不反弹"等内容，使用的数据无法证明真实、准确，且未表明出处。

请问：此则广告是否违反《广告法》？为什么？

广告中涉及专利产品或者专利方法的，应当标明专利号和专利种类。未取得专利权的，不得在广告中谎称取得专利权。禁止使用未授予专利权的专利申请和已经终止、撤销、无效的专利作广告。

广告应当具有可识别性，能够使消费者辨明其为广告。

通过大众传播媒介发布的广告应当显著标明“广告”，与其他非广告信息相区别，不得使消费者产生误解。

广播电台、电视台发布广告，应当遵守国务院有关部门关于时长、方式的规定，并应当对广告时长作出明显提示。

（四）特殊产品的广告准则

1. 药品、医疗器械广告

麻醉药品、精神药品、医疗用毒性药品、放射性药品等特殊药品，药品类易制毒化学品，以及戒毒治疗的药品、医疗器械和治疗方法，不得作广告。其他种类处方药，只能在国务院卫生行政部门和国务院药品监督管理部门共同指定的医学、药学专业刊物上作广告。

医疗、药品、医疗器械广告不得含有下列内容：① 表示功效、安全性的断言或者保证；② 说明治愈率或者有效率；③ 与其他药品、医疗器械的功效和安全性或者其他医疗机构比较；④ 利用广告代言人作推荐、证明；⑤ 法律、行政法规规定禁止的其他内容。

药品广告的内容不得与国务院药品监督管理部门批准的说明书不一致，并应当显著标明禁忌、不良反应。处方药广告应当显著标明“本广告仅供医学药学专业人士阅读”，非处方药广告应当显著标明“请按药品说明书或者在药师指导下购买和使用”。

推荐给个人自用的医疗器械的广告，应当显著标明“请仔细阅读产品说明书或者在医务人员的指导下购买和使用”。医疗器械产品注册证明文件中有禁忌内容、注意事项的，广告中应当显著标明“禁忌内容或者注意事项详见说明书”。

除医疗、药品、医疗器械广告外，禁止其他任何广告涉及疾病治疗功能，并不得使用医疗用语或者易使推销的商品与药品、医疗器械相混淆的用语。

2. 保健食品广告

保健食品广告不得含有下列内容：① 表示功效、安全性的断言或者保证；② 涉及疾病预防、治疗功能；③ 声称或者暗示广告商品为保障健康所必需；④ 与药品、其他保健食品进行比较；⑤ 利用广告代言人作推荐、证明；⑥ 法律、行政法规规定禁止的其他内容。

保健食品广告应当显著标明“本品不能代替药物”。

3. 农药、兽药、饲料和饲料添加剂广告

农药、兽药、饲料和饲料添加剂广告不得含有下列内容：① 表示功效、安全性的断言或者保证；② 利用科研单位、学术机构、技术推广机构、行业协会或者专业人士、用户的名义或者形象作推荐、证明；③ 说明有效率；④ 违反安全使用规程的文字、语言或者画面；⑤ 法律、行政法规规定禁止的其他内容。

4. 烟草广告

禁止在大众传播媒介或者公共场所、公共交通工具、户外发布烟草广告。禁止向未成年人发送任何形式的烟草广告。禁止利用其他商品或者服务的广告、公益广告，宣传烟草制品名称、商标、包装、装潢及类似内容。烟草制品生产者或者销售者发布的迁址、更名、招聘等启事中，不得含有烟草制品名称、商标、包装、装潢及类似内容。

5. 酒类广告

酒类广告不得含有下列内容：① 诱导、怂恿饮酒或者宣传无节制饮酒；② 出现饮酒的动作；③ 表现驾驶车、船、飞机等活动；④ 明示或者暗示饮酒有消除紧张和焦虑、增强体力等功效。

6. 教育、培训广告

教育、培训广告不得含有下列内容：① 对升学、通过考试、获得学位学历或合格证书，或者对教育、培训的效果作出明示或暗示的保证性承诺；② 明示或暗示有相关考试机构或其工作人员、考试命题人员参与教育、培训；③ 利用科研单位、学术机构、教育机构、行业协会、专业人士、受益者的名义或者形象作推荐、证明。

7. 招商等有投资回报预期广告

招商等有投资回报预期的商品或者服务广告，应当对可能存在的风险及风险责任承担有合理提示或者警示，并不得含有下列内容：① 对未来效果、收益或者与其相关的情况作出保证性承诺，明示或者暗示保本、无风险或者保收益等，国家另有规定的除外；② 利用学术机构、行业协会、专业人士、受益者的名义或者形象作推荐、证明。

↘ **典型案例 4-14**：十二幅书画真迹大全套广告宣称：所销售的是中国十二位书画大师传人或再传弟子的作品真迹，一次收藏可能创造升值千百倍，收藏者甚至能成为下一个亿万富翁，并有文化部颁布的"润格"价为证，十二幅作品免费赠送，只收取装裱费。

经工商部门调查，所谓"大师传人或再传弟子"，只是说被某某大师指点过，或者听过某某大师的课，或者自认为与某某大师的艺术风格接近，甚至只是与某某大师及其家人合过影、吃过饭。文化部并未颁布"润格"价，属于内容涉嫌虚假，欺骗和误导消费者。

请问：此则广告是否违反了《广告法》？为什么？

8. 房地产广告

房地产广告中，房源信息应当真实，面积应当表明为建筑面积或者套内建筑面积，并不得含有下列内容：① 作升值或者投资回报的承诺；② 以项目到达某一具体参照物的所需时间表示项目位置；③ 违反国家有关价格管理的规定；④ 对规划或者建设中的交通、商业、文化教育设施及其他市政条件作误导宣传。

9. 农作物种子、林木种子、草种子、种畜禽、水产苗种和种养殖广告

农作物种子、林木种子、草种子、种畜禽、水产苗种和种养殖广告关于品种名称、生产性能、生长量或者产量、品质、抗性、特殊使用价值、经济价值、适宜种植或者养殖的范围和条件等方面的表述应当真实、清楚、明白，并不得含有下列内容：① 作科学上无法验证的断言；② 表示功效的断言或者保证；③ 对经济效益进行分析、预测或者作保证性承诺；④ 利用科研单位、学术机构、技术推广机构、行业协会或者专业人士、用户的名义或者形象作推荐、证明。

（五）虚假广告

广告以虚假或者引人误解的内容欺骗、误导消费者的，构成虚假广告。

广告有下列情形之一的，为虚假广告：① 商品或者服务不存在的；② 商品的性能、功能、产地、用途、质量、规格、成分、价格、生产者、有效期限、销售状况、曾获荣誉等信息，或者服务的内容、提供者、形式、质量、价格、销售状况、曾获荣誉等信息，以及与商

品或者服务有关的允诺等信息与实际情况不符，对购买行为有实质性影响的；③ 使用虚构、伪造或者无法验证的科研成果、统计资料、调查结果、文摘、引用语等信息作证明材料的；④ 虚构使用商品或者接受服务的效果的；⑤ 以虚假或者引人误解的内容欺骗、误导消费者的其他情形。

三、广告行为规范

（一）广告主、广告经营者、广告发布者的行为规范

广告主、广告经营者、广告发布者之间在广告活动中应当依法订立书面合同。

广告主或者广告经营者在广告中使用他人名义或者形象的，应当事先取得其书面同意；使用无民事行为能力人、限制民事行为能力人的名义或者形象的，应当事先取得其监护人的书面同意。

广告经营者、广告发布者依据法律、行政法规查验有关证明文件，核对广告内容。对内容不符或者证明文件不全的广告，广告经营者不得提供设计、制作、代理服务，广告发布者不得发布。

广告经营者、广告发布者应当公布其收费标准和收费办法。广告发布者向广告主、广告经营者提供的覆盖率、收视率、点击率、发行量等资料应当真实。

法律、行政法规规定禁止生产、销售的产品或者禁止提供的服务，以及禁止发布广告的商品或者服务，任何单位或者个人不得设计、制作、代理、发布广告。

（二）广告代言人的行为规范

广告代言人在广告中对商品、服务作推荐、证明，应当依据事实，符合《广告法》和有关法律、行政法规规定，并不得为其未使用过的商品或者未接受过的服务作推荐、证明。

不得利用不满十周岁的未成年人作为广告代言人。对在虚假广告中作推荐、证明受到行政处罚未满三年的自然人、法人或者其他组织，不得利用其作为广告代言人。

（三）针对未成年人的广告行为规范

不得在中小学校、幼儿园内开展广告活动，不得利用中小学生和幼儿的教材、教辅材料、练习册、文具、教具、校服、校车等发布或者变相发布广告，但公益广告除外。

在针对未成年人的大众传播媒介上不得发布医疗、药品、保健食品、医疗器械、化妆品、酒类、美容广告，以及不利于未成年人身心健康的网络游戏广告。

针对不满十四周岁的未成年人的商品或者服务的广告不得含有下列内容：① 劝诱其要求家长购买广告商品或者服务；② 可能引发其模仿不安全行为。

（四）户外广告行为规范

县级以上地方人民政府应当组织有关部门加强对利用户外场所、空间、设施等发布户外广告的监督管理，制定户外广告设置规划和安全要求。户外广告的管理办法，由地方性法规、地方政府规章规定。

有下列情形之一的，不得设置户外广告：① 利用交通安全设施、交通标志的；② 影响市政公共设施、交通安全设施、交通标志、消防设施、消防安全标志使用的；③ 妨碍生产或

者人民生活，损害市容市貌的；④ 在国家机关、文物保护单位、风景名胜区等的建筑控制地带，或者县级以上地方人民政府禁止设置户外广告的区域设置的。

（五）新媒体广告行为规范

任何单位或者个人未经当事人同意或者请求，不得向其住宅、交通工具等发送广告，也不得以电子信息方式向其发送广告。以电子信息方式发送广告的，应当明示发送者的真实身份和联系方式，并向接收者提供拒绝继续接收的方式。

利用互联网发布、发送广告，不得影响用户正常使用网络。在互联网页面以弹出等形式发布的广告，应当显著标明关闭标志，确保一键关闭。

公共场所的管理者或者电信业务经营者、互联网信息服务提供者对其明知或者应知的利用其场所或者信息传输、发布平台发送、发布违法广告的，应当予以制止。

四、违反《广告法》的法律责任

（一）民事责任

发布虚假广告，欺骗、误导消费者，使购买商品或者接受服务的消费者的合法权益受到损害的，由广告主依法承担民事责任。广告经营者、广告发布者不能提供广告主的真实名称、地址和有效联系方式的，消费者可以要求广告经营者、广告发布者先行赔偿。

关系消费者生命健康的商品或者服务的虚假广告，造成消费者损害的，其广告经营者、广告发布者、广告代言人应当与广告主承担连带责任。上述规定以外的商品或者服务的虚假广告，造成消费者损害的，其广告经营者、广告发布者、广告代言人，明知或者应知广告虚假仍设计、制作、代理、发布或者作推荐、证明的，应当与广告主承担连带责任。

广告主、广告经营者、广告发布者违反《广告法》规定，有下列侵权行为之一的，依法承担民事责任：① 在广告中损害未成年人或者残疾人的身心健康的；② 假冒他人专利的；③ 贬低其他生产经营者的商品、服务的；④ 在广告中未经同意使用他人名义或者形象的；⑤ 其他侵犯他人合法民事权益的。

（二）行政责任

发布虚假广告的，由工商行政管理部门责令停止发布广告，责令广告主在相应范围内消除影响，处广告费用三倍以上五倍以下的罚款，广告费用无法计算或者明显偏低的，处二十万元以上一百万元以下的罚款；两年内有三次以上违法行为或者有其他严重情节的，处广告费用五倍以上十倍以下的罚款，广告费用无法计算或者明显偏低的，处一百万元以上两百万元以下的罚款，可以吊销营业执照，并由广告审查机关撤销广告审查批准文件、一年内不受理其广告审查申请。

医疗机构有上述违法行为，情节严重的，除由工商行政管理部门依照本法处罚外，卫生行政部门可以吊销诊疗科目或者吊销医疗机构执业许可证。

广告经营者、广告发布者明知或者应知广告虚假仍设计、制作、代理、发布的，由工商行政管理部门没收广告费用，并处广告费用三倍以上五倍以下的罚款，广告费用无法计算或者明显偏低的，处二十万元以上一百万元以下的罚款；两年内有三次以上违法行为或者有其他严重情节的，处广告费用五倍以上十倍以下的罚款，广告费用无法计算或者明显偏低的，处一百万元以上两百万元以下的罚款，并可以由有关部门暂停广告发布业务、吊销营业执照、吊销广告发布登记证件。

此外，广告经营者、广告发布者违反特殊产品的广告准则，广告代言人违法在广告中对商品、服务作推荐、证明的，依法承担相应的行政处罚。

因发布虚假广告，或者有其他本法规定的违法行为，被吊销营业执照的公司、企业的法定代表人，对违法行为负有个人责任的，自该公司、企业被吊销营业执照之日起三年内不得担任公司、企业的董事、监事、高级管理人员。

（三）刑事责任

广告主、广告经营者、广告发布者发布虚假广告构成犯罪的，依法追究刑事责任。

拒绝、阻挠工商行政管理部门监督检查，或者有其他构成违反治安管理行为的，依法给予治安管理处罚；构成犯罪的，依法追究刑事责任。

广告审查机关对违法的广告内容作出审查批准决定的，对负有责任的主管人员和直接责任人员，由任免机关或者监察机关依法给予处分；构成犯罪的，依法追究刑事责任。

工商行政管理部门对在履行广告监测职责中发现的违法广告行为或者对经投诉、举报的违法广告行为，不依法予以查处的，或者工商行政管理部门和负责广告管理相关工作的有关部门的工作人员玩忽职守、滥用职权、徇私舞弊，构成犯罪的，依法追究刑事责任。

复习思考题

1. 《反不正当竞争法》中规定的不正当竞争行为的表现形式有哪些？
2. 不正当竞争行为人应当承担的法律责任是什么？
3. 《产品质量法》中规定的产品质量责任和产品责任的区别是什么？
4. 简述生产者、销售者的产品质量责任和义务。
5. 产品责任的构成要件有哪些？
6. 简述产品责任的赔偿范围。
7. 《消费者权益保护法》中规定的消费者权利有哪些？经营者义务有哪些？
8. 《消费者权益保护法》中规定的消费者权益争议有哪些解决途径？
9. 《广告法》中规定的广告禁止性义务有哪些？
10. 《广告法》中规定的虚假广告有哪些？
11. 违反《广告法》的法律责任有哪些？

案例分析

1. 家住重庆渝北区的何先生，2012年7月在一家4S店看中一款合资品牌的小轿车，他很快就与销售人员谈好了车价，并且支付了定金。可当他到4S店办理提车手续时，销售员却告诉他必须在店内购买保险，否则不让提车。理由是车子出了店就有可能发生事故，强制在店内购买保险也是出于车辆安全考虑。何先生算了一笔账，他定下的这款车如果保全险，4S店给出的价格是7 380元，如果他只保三者险和交强险，之前咨询保险公司的报价是不到2 000元，如果在4S店买全险的话就要多付约5 380元。4S店的做法有变相加价的嫌疑。这让他无法接受。

请问：4S 店的做法是否违反了《反不正当竞争法》？为什么？

2. 张先生从 A 商场购买了一台 B 厂生产的家用健身跑步机。一个月后，张先生的朋友王某到张先生家做客，看到了这台跑步机，想试用一下，张先生随即安排王某开始在跑步机上跑步。使用过程中，跑步机的传送带突然卡住，王某由于惯性跌倒，面部磕在跑步机的扶手上，磕掉一颗门牙，手上戴的手表也摔坏了。后王某找 A 商场进行索赔，A 商场拒绝，理由是：① 王某并不是跑步机的购买者；② 跑步机的质量问题应该去找厂家，不应该找商家；③ 就算赔偿，也只愿意换一台跑步机，不愿意对王某的人身伤害和财产伤害进行赔偿。

请问：A 商场是否需要对王某的损失进行赔偿，为什么？

3. 某天方小姐到北京某大型超市购物，出来后被超市保安以偷窃为名强行拖回。保安用言语侮辱方小姐，并要强行搜身，后经民警核实，方小姐并未偷东西。然而，方小姐的精神受到严重伤害，除了母亲梅女士外不敢接触任何人，被家人送到精神病院住院治疗，花费巨大。梅女士作为方小姐的监护人起诉超市，要求超市对已经发生的费用做出赔偿。经鉴定，方小姐的精神病与超市的搜身有因果关系。

请问：该超市是否侵犯了方小姐的消费者权益？若侵犯，方小姐可以通过哪些途径维护自己的权益？

4. 金斗寻宝广告声称自己的产品为：中国最有价值的五大文玩投资手串套组；中国第一套最昂贵的红木手串大全；世界前几位的顶级材质；中国第一套正规发行带有国家检测手串套组。该广告同时承诺免费赠送，仅收取报关税及加工费 1 680 元；虚构观众打进热线电话抢购中国五大文玩投资手串的场景；以中国木材与制品流通委员会和北京国博文物鉴定中心的名义，联合推出放心收藏活动；将该手串套组与 2014 年奇楠沉香制手串及 2012 年香港泰珑手串拍卖价格作不科学的比较，暗示该手串升值空间大。

请问：该则广告是否违反了《广告法》？为什么？

技能训练

4 人一小组，以小组为单位，采用头脑风暴法，分别列举身边的不正当竞争行为、侵犯消费者权益的行为、产品质量纠纷和广告违法行为。

单元五

工业产权法律制度

学习目标

通过本单元的学习，学生应能正确理解工业产权的内涵、特点和类型；理解和掌握商标权、专利权的取得，法律关系，权利保护，法律责任等基本制度；能够辨别基本的商标权、专利权的侵权行为，并能在实践中有效保护自己的权利。

第一节　工业产权法概述

案例导读

2005年3月6日，中国海信集团与德国博世—西门子家用电器集团（博西家电）在北京共同发表了联合声明，该声明称，海信博西经过充分磋商，终于在商标争议问题上达成和解协议。博西家电同意将其根据当地法律在德国及欧盟等所有地区注册的“HiSense”商标一并转让给海信集团，同时撤销针对海信的商标诉讼，海信集团亦撤销针对博西家电的所有商标注册申请。双方历时6年的商标争议终于画上一个圆满的句号。

双方的商标之争始于1999年。1999年2月，“海信（Hisense）”成为中国驰名商标。这一年，博世—西门子公司在德国注册了“HiSense”商标，并开始以该商标销售家电产品。该商标与中国海信集团的“Hisense”商标只有极微小的区别，就是其中的“S”一个是大写，一个是小写。海信集团曾提出以数万欧元价格买下“HiSense”商标，但博世—西门子却提出了几千万欧元的天价。西门子的漫天要价激起了海信方面的强烈反击。海信认为，就“HiSense”商标的范围和影响力而言，它只值几万欧元。过于悬殊的差距使得双方的谈判暂时告停。2004年9月9日，通过向外界彻底披露了自己和西门子长达5年的商标之争，海信赢得了中国市场的同情，并激起了中国媒体对西门子的不满。意欲更深层次介入中国市场的西门子感受到了来自各界的压力，两公司开始重新谈判。10月，西门子到青岛与海信进行了有关商标转让的最后一次谈判，双方终因西门子方面开出的4 000万欧元高价没能谈拢。此时，西门子已开始在德国起诉海信商标侵权以“施加压力”。2004年11月，欧盟驻华机构介入斡旋，未有进展。2005 年 2 月，海信开始准备材料以应对西门子将于 4 月在德国展开的诉讼。2005 年 2 月 24 日，海信赴德，西门子称愿协商解决。

请思考：注册商标的保护对企业而言具有什么意义？

一、工业产权的概念和特征

（一）工业产权的概念

工业产权是指人们依法对应用于商品生产和流通中的创造发明和显著标记等智力成果，在一定地区和期限内所享有的专有权利。工业产权的范围十分广泛，按照《保护工业产权巴黎公约》的规定，工业产权主要包括发明、实用新型、外观设计、商标、服务标记、厂商名称、货源标记、原产地名称及制止不正当竞争的权利。在我国，工业产权主要指专利权和商标权。

（二）工业产权的特征

工业产权属于知识产权的范畴，是一种无形的财产权。与有形的财产权相比较，工业产权具有如下特征。

1. 无形性

工业产权是一种无形的财产权，它是人类智力劳动创造的非物质成果。工业产权的客体是不具有物质形态的智力成果。这是工业产权不同于其他有形财产权的最根本的区别。

2. 专有性

专有性又称排他性、独占性。工业产权的专有性是指依照国家法律规定取得的专利权和商标权专属于权利人所有。享有该项权利的人有权使用或根据其意志进行转让，其他任何人非经权利人同意不得使用，否则即为侵权。而且，对于同一项智力成果，不允许同时存在两个以上的知识产权。

3. 时间性

时间性是指工业产权的法律保护是有一定期限的，一项工业产权只在法律规定的期限内受到保护，一旦超过法律规定的有效期限，这一权利就自行消灭，权利客体就会成为社会共同财富，任何人都可以自由地使用。

4. 地域性

地域性是指工业产权的法律保护具有域内效力，即按照一国法律获得承认和保护的工业产权，只在该国发生法律效力。作为专有权在空间上的效力并不是无限的，而要受到地域的限制，仅限于某一国境内，而不具有域外效力。

二、工业产权法的概念

工业产权法是指调整国家在确认、保护工业产权及工业产权的使用过程中所产生的各种社会关系的法律规范的总称。

我国没有专门就工业产权制定统一的法律，迄今为止，我国的工业产权立法是针对商标权和专利权两种不同类型的权利，分别制定了《中华人民共和国商标法》《中华人民共和国商标法实施条例》《中华人民共和国专利法》《中华人民共和国专利法实施细则》。此外，《中华人民共和国民法通则》中知识产权一节，对有关商标权、专利权作了原则性规定。这些法律规范共同构成了我国工业产权的法律体系。

三、工业产权的国际保护

工业产权的国际保护随着资本主义发展到垄断阶段，特别是随着国际间技术交流、技术合作和技术贸易的日益频繁而产生并迅速发展起来。工业产权的地域性限制不能够适应科技成果迅猛发展的要求，因此，各国政府经过谈判，在工业产权的不同领域订立了一系列的国际条约。它对于促进各国科学技术进步和推动经济增长都起着很重要的作用，对于众多的发展中国家来说，进行工业产权的国际保护又显得更为重要，它是维护国家主权，争取平等地位，促进和发展国际经济合作，争取建立国际经济新秩序的有力的法律武器。有关工业产权国际保护的世界性或地区性的国际条约很多，最主要的有《保护工业产权巴黎公约》《专利合作条约》《商标国际注册马德里协定》《商标注册条约》等。此外，国际上还成立了政府间的国际机构——世界知识产权组织。

《保护工业产权巴黎公约》是国际上保护工业产权的基本公约，也是保护工业产权方面影响最大的国际公约，于1883年在法国巴黎签订，已经过多次修改，现有100多个成员国。根据《保护工业产权巴黎公约》的规定，工业产权包括发明、实用新型、外观设计、商标、服务标记、厂商名称、货源标记、原产地名称及制止不正当竞争的权利。我国于1984年11月决定加入该公约，自1985年3月19日起该公约开始对我国生效。我国还加入了《商标国际注册马德里协定》《专利合作条约》《成立世界知识产权组织公约》等，承担起保护工业产权的国际义务。

第二节 商 标 法

案例导读

2010年，苹果公司与深圳唯冠公司关于iPad商标的争夺案吸引了全世界的目光。苹果公司向深圳市中级人民法院起诉深圳唯冠，认为唯冠方面拒绝履行涉及有关中国商标权的协议，要求确认苹果公司为iPad商标专用权人。

2000年，唯冠国际控股的唯冠台北公司在多个国家和地区注册了Ipad商标。2001年，唯冠旗下唯冠科技（深圳）公司又在中国注册两项ipad商标，并借此推出过ipad电脑，那时苹果尚未发布Ipad产品。为了全球收购ipad这一名称，苹果公司在英国设立了名为IP的外壳公司，2009年，“IP申请发展有限公司”与唯冠国际签署了3.5万英镑的ipad商标权转让协议。协议中列出了在欧盟、中国、新加坡等7个国家和地区的10项iPad商标权。2010年又以10万英镑转给苹果。而唯冠（深圳）表示，ipad内地商标权归自己所有，唯冠（台北）无权出售。

两年后，这一商标纠纷案最终以苹果公司花费6 000万美元与深圳唯冠公司达成和解，iPad在中国大陆地区的商标权随之转让于苹果而告终。

请思考：什么是商标专用权？注册商标能获得哪些法律保护？

一、商标法概述

（一）商标的概念、作用及分类

商标是指商品生产者或者经营者在其生产、销售的商品或者提供的服务上采用的、用于区别商品或服务来源的显著标记。任何能够将自然人、法人或者其他组织的商品与他人的商品区别开的标志，包括文字、图形、字母、数字、三维标志、颜色组合和声音等，以及上述要素的组合，均可以作为商标。商标是商品和商业服务的标记，其作用具体表现为以下几方面。

（1）表明商品的来源。商标可以表明使用该商标的商品或服务来源于哪个企业。现代商品经济社会高度发达，商品种类繁多，企业可以通过商标把自己的商品与不同生产者、经营者的商品相区别。

（2）进行广告宣传。商标是一种广告宣传方式。一方面，顾客使用某一商标的商品，对该商品的品质、性能留下满意印象，进而对该商品的商标印象深刻，从而该商标即可在公众中树立起良好形象。另一方面，商标的广告宣传作用，使商标成为厂家和购买者间的重要媒介，从而引导消费和刺激消费，并为生产者、经营者带来经济效益和社会效益。

（3）促进市场交易。产品和服务优质，商标信誉好，则企业具有很高的知名度和很强的市场竞争力。一个好的品牌，能够提高产品和服务质量，使客户产生好感，确立企业信誉，有利于商品生产者、经营者开拓市场，促进市场竞争。

伴随商品经济的发展，商标的使用范围不断扩大，种类不断丰富。可以依据不同的标准对商标进行分类。如按照商标使用对象的不同划分，商标分为商品商标和服务商标。按照商标的构成要素划分，商标分为文字商标、图形商标、字母商标、数字商标、三维标志商标、颜色组合商标和非形象商标。按照商标使用者的不同情况划分，商标分为制造商标、销售商标、集体商标。按照商标的用途和作用划分，商标分为营业商标、等级商标、证明商标等。

（二）商标权的概念

商标权是注册商标专用权的简称，是指商标主管机关依法授予商标所有人对其注册商标所享有的独占性、排他性的权利。我国法律规定，只有经过商标主管机关核准注册的商标才享有商标权并受法律保护。商标注册人拥有依法支配其注册商标并禁止他人侵害的权利，包括商标注册人对其注册商标的排他使用权、收益权、处分权、续展权和禁止他人侵害的权利。

（三）商标法的概念

商标法是指调整在商标的注册、使用、保护和管理过程中发生的社会关系的法律规范的总称。其作用主要是为了加强商标管理，保护商标专用权，促进商品生产者、经营者及商业服务者保证商品和服务质量，维护商标信誉，保障消费者的合法权益和生产者、经营者权益，促进社会主义市场经济的发展，同时保护我国商标在国际市场上的合法权益及外国商标在我国的合法权益，促进国际贸易的发展。我国现行的《中华人民共和国商标法》（以下简称《商标法》）经 1982 年 8 月 23 日第五届全国人民代表大会常务委员会第二十四次会议通过，根据 1993 年 2 月 22 日第七届全国人民代表大会常务委员会第三十次会议《关于修改〈中华人民共和国商标法〉的决定》第 1 次修正，根据 2001 年 10 月 27 日第九届全国人民代表大会常务委员会第二十四次会议《关于修改〈中华人民共和国商标法〉的决定》第 2 次修正，根据 2013 年 8 月 30 日第十二届全国人民代表大会常务委员会第四次会议《关于修改〈中华人民共和国商标法〉的决定》进行了第 3 次修正。我国的商标法律规范还包括 1988 年的《中华人民共和国商标法实施细则》（以下简称《实施细则》，2014 年修订）及《全国人大常委会关于惩治假冒注册商标犯罪的补充规定》等。

二、商标法律关系

（一）商标权的主体

商标权的主体即注册商标的所有人，是指对注册商标依法享有权利并承担一定义务的商标权人。根据《商标法》的规定，商标权的主体范围包括自然人、法人或者其他组织。

（二）商标权的客体

商标权的客体是指经商标局核准注册的商标，即注册商标。注册商标包括商品商标、服务商标，集体商标、证明商标等。集体商标，是指以团体、协会或者其他组织名义注册，供该组织成员在商事活动中使用，以表明使用者在该组织中的成员资格的标志。证明商标，是指由对某种商品或者服务具有监督能力的组织所控制，而由该组织以外的单位或者个人使用于其商品或者服务中，用以证明该商品或者服务的原产地、原料、制造方法、质量或者其他特定品质的标志。

申请注册的商标应当具备以下条件。

（1）申请注册的商标应当有显著特征，便于识别，并不得与他人在先取得的合法权利相冲突。《商标法》第 8 条规定，任何能够将自然人、法人或者其他组织的商品与他人的商品区别开的标志，包括文字、图形、字母、数字、三维标志、颜色组合和声音等，以及上述要素的组合，均可以作为商标申请注册。

（2）下列标志不得作为商标使用：① 同中华人民共和国的国家名称、国旗、国徽、军旗、军徽、军歌勋章相同或者近似的，以及同中央国家机关所在地特定地点的名称或者标志性建筑物的名称、图形相同的；② 同外国的国家名称、国旗、国徽、军旗等相同或者近似的，但经该国政府同意的除外；③ 同政府间国际组织的名称、旗帜、徽记相同或者近似的，但经该组织同意或者不易误导公众的除外；④ 与表明实施控制、予以保证的官方标志、检验印记相同或者近似的，但经授权的除外；⑤ 同"红十字""红新月"的名称、标志相同或者近似的；⑥ 带有民族歧视性的；⑦ 带有欺骗性，容易使公众对商品的质量等特点或者产地产生误认的；⑧ 有害于社会主义道德风尚或者有其他不良影响的；⑨ 县级以上行政区划的地名或者公众知晓的外国地名。但是，地名具有其他含义或者作为集体商标、证明商标组成部分的除外。已经注册的使用地名的商标继续有效。

（3）下列标志不得作为商标注册：① 仅有本商品的通用名称、图形、型号的；② 仅直接表示商品的质量、主要原料、功能、用途、重量、数量及其他特点的；③ 其他缺乏显著特征的。前述所列标志经过使用取得显著特征，并便于识别的，可以作为商标注册。

↘ **典型案例 5-1：** 某食品有限公司主要生产经营锅巴、薯片等休闲零食。市场调查发现，广大消费者和经销商因该公司休闲零食的"香脆"特点而青睐其产品。公司经研究后决定向商标局提出"香脆"商标的注册申请，使用在锅巴、薯片等商品上，以进一步突出该类休闲零食的品质特征。

请问：该商标注册申请能否被核准？为什么？

（三）商标权的内容

1. 商标权人的主要权利

1）专用权

专用权是商标权最重要的内容，是商标权中最基本的核心权利。商标权人有权在经核准的商品上独占性地使用注册商标，并通过使用获得合法经济利益。其他人未经商标权人许可，不得使用其注册商标。专用权具有相对性，只能在法律规定的范围内使用。根据我国《商标法》第56条的规定，注册商标的专用权以核准的注册商标和核定使用的商品为限，即注册商标只能在注册时所核定的商品或者服务项目上使用，而不及于类似的商品或者服务项目；商标权人也不得擅自改变构成注册商标的标志，也不能使用与注册商标近似的商标。

2）禁止权

禁止权是指注册商标所有人有权禁止他人未经许可而使用其注册商标；有权禁止他人未经其许可，在同一种或者类似商品或服务项目上使用与其注册商标相同或近似的商标。专用权和禁止权是商标权的两个方面。注册商标所有人对他人未经许可在同一种商品或类似商品上使用与其注册商标相同或近似的商标，均享有禁止权。禁止权的效力涉及四种情形：第一，在同一种商品上使用相同的商标；第二，在同一种商品上使用近似商标；第三，在类似商品上使用相同商标；第四，在类似商品上使用近似商标。

3）许可权

许可权是指注册商标所有人通过签订许可使用合同，许可他人使用其注册商标的权利。许可使用是商标权人行使其权利的一种方式。许可人是注册商标所有人，被许可人根据合同约定，支付商标使用费后在合同约定的范围和时间内有权使用该注册商标。许可制度对于企业发挥联合优势，扩大名牌商品生产，活跃流通，满足消费者需求，提高社会经济效益，具有积极的意义。

4）转让权

转让权是指注册商标所有人有权将其注册商标依法转让给他人所有的行为。转让注册商标的，转让人和受让人应当签订合同，共同向商标局提出申请。转让经商标局核准公告后方为有效。商标权转让后，受让人取得注册商标所有权，原来的商标权人丧失商标专用权，即商标权从一主体转移给另一主体。

2. 商标权人的主要义务

1）依法使用注册商标的义务

我国《商标法》规定，商标经核准注册后，连续三年停止使用的，商标局可以撤销该注册商标。将商标直接使用于商品上、商品包装或者容器上及有关的商品交易文书上，或者将商标使用在广告宣传、展览及其他业务活动中，都属于对注册商标的使用。注册商标在使用过程中应当加注“注册商标”字样或者标明注册标记。注册标记包括㊟和Ⓡ。使用注册标记，应当标注在商标的右上角或者右下角。

2）保证使用注册商标的商品或服务的质量的义务

注册后的商标在广大消费者心目中可信度相对提高，商标权人有义务保证其生产经营的商品或服务的质量。许可他人使用其注册商标时，应当监督被许可人使用其注册商标的商品或者服务的质量。商标权人和商标的使用者负有保证其生产经营的商品或服务的质量的义务，不得生产劣质不合格产品，不得欺诈消费者。

三、商标注册

商标注册，是指商标所有人为了取得商标专用权，将其使用的商标，依照国家规定的注册条件、原则和程序，向商标局提出注册申请，商标局经过审核，准予注册的法律事实。经商标局审核注册的商标，便是注册商标，享有商标专用权。《商标法》规定第22条，商标注册申请人应当按规定的商品分类表填报使用商标的商品类别和商品名称，提出注册申请。商标注册申请人可以通过一份申请就多个类别的商品申请注册同一商标。商标注册制度有着重要的意义，它是保护商标专用权的一种基本法律制度，同时注册商标标志着商品质量，也是消费者认购商品的依据。

（一）商标注册的原则

1. 自愿注册原则

自愿注册原则是指使用在某种商品上的商标是否申请注册完全由商标使用人自行决定。要取得商标专用权，就应注册。但自愿注册原则在我国《商标法》中有例外，对烟草制品，我国实行强制注册。

2. 申请在先原则

申请在先原则是指两个或两个以上的申请人，在同一种商品或类似商品上，以相同或相近的商标申请注册的，初步审定并公告申请在先的商标。同一天申请的，初步审定并公告使用在先的商标，驳回其他人的申请，不予公告。由国家商标局通知各申请人在三十日内提交其申请注册前在先使用该商标的证据。若申请商标系同日使用或均未使用的，各申请人可以自收到商标局通知之日起三十日内自行协商，并将书面协议报送商标局；不愿协商或者协商不成的，商标局通知各申请人以抽签的方式确定一个申请人，驳回其他人的注册申请。商标局已经通知但申请人未参加抽签的，视为放弃申请，商标局应当书面通知未参加抽签的申请人。

↘ **典型案例 5-2：**近年来，很多企业尤其是中小企业在日常经营活动中对商标保护重视程度不够，在商标问题上栽了跟头。“陌陌”正是忽视了全类别的商标保护，才遭遇他人抢注并招致一番纠纷。2014 年 11 月 8 日，知名交友软件“陌陌”的开发商北京陌陌科技有限公司（下称陌陌科技）向美国证券交易委员会提交 IPO（首次公开募股）申请，拟融资 3 亿美元。该消息发布后不久，“陌陌”便成了一起商标侵权民事案件的被告。杭州陌陌婚庆服务有限公司（下称陌陌婚庆）手握一件核准注册在第 45 类社交陪伴等服务上的“陌陌”商标，以侵犯其注册商标专用权为由，将“陌陌”软件及陌陌科技诉至北京知识产权法院，要求其更名，并停止同名软件下载服务，赔偿经济损失及合理开支共计 1 100 万元。

请问：陌陌婚庆起诉陌陌科技的法律依据是什么？

3. 优先权原则

商标注册申请的优先权是指符合法定条件的商标注册申请人享有的将实际特定日期的申请日提前到某一特定日期的权利。根据《商标法》的规定，商标注册申请人自其商标在外国第一次提出商标注册申请之日起六个月内，又在中国就相同商品以同一商标提出商标注册申请的，依照该外国同中国签订的协议或者共同参加的国际条约，或者按照相互承认优先权的原则，可以享有优先权。商标在中国政府主办的或者承认的国际展览会上展出的商品上首次使用的，自该商品展出之日起六个月内，该商标的注册申请人可以享有优先权。要求优先权的，申请人应当在提出商标注册申请的时候提出书面声明，并且在三个月内提交（第一次提出商标注册申请文件的副本）见《商标法》第二十六条第二款。

（二）商标注册的审查与核准

1. 商标注册的审查

商标注册的审查是指商标主管机关对商标注册申请是否符合《商标法》的规定进行的一

系列活动。对申请注册的商标，商标局应当自收到商标注册申请文件之日起九个月内审查完毕，符合《商标法》有关规定的，予以初步审定公告。在审查过程中，商标局认为商标注册申请内容需要说明或者修正的，可以要求申请人作出说明或者修正。申请人未作出说明或者修正的，不影响商标局作出审查决定。

申请注册的商标，凡不符合《商标法》有关规定或者同他人在同一种商品或者类似商品上已经注册的或者初步审定的商标相同或者近似的，由商标局驳回申请，不予公告。两个或者两个以上的商标注册申请人，在同一种商品或者类似商品上，以相同或者近似的商标申请注册的，初步审定并公告申请在先的商标；同一天申请的，初步审定并公告使用在先的商标，驳回其他人的申请，不予公告。申请商标注册不得损害他人现有的在先权利，也不得以不正当手段抢先注册他人已经使用并有一定影响的商标。

2. 商标的异议和核准

对初步审定的商标，自公告之日起三个月内，在先权利人、利害关系人认为违反《商标法》的相关规定的，均可以向商标局提出异议。公告期满无异议的，予以核准注册，发给商标注册证，并予公告。

对驳回申请、不予公告的商标，商标局应当书面通知商标注册申请人。商标注册申请人不服的，可以自收到通知之日起十五日内向商标评审委员会申请复审。商标评审委员会应当自收到申请之日起九个月内作出决定，并书面通知申请人。有特殊情况需要延长的，经国务院工商行政管理部门批准，可以延长三个月。当事人对商标评审委员会的决定不服的，可以自收到通知之日起三十日内向人民法院起诉。

对初步审定公告的商标提出异议的，商标局应当听取异议人和被异议人陈述事实和理由，经调查核实后，自公告期满之日起十二个月内作出是否准予注册的决定，并书面通知异议人和被异议人。有特殊情况需要延长的，经国务院工商行政管理部门批准，可以延长六个月。

商标局作出准予注册决定的，发给商标注册证，并予公告。异议人不服的，可以依法向商标评审委员会请求宣告该注册商标无效。商标局作出不予注册决定，被异议人不服的，可以自收到通知之日起十五日内向商标评审委员会申请复审。商标评审委员会应当自收到申请之日起十二个月内作出复审决定，并书面通知异议人和被异议人。有特殊情况需要延长的，经国务院工商行政管理部门批准，可以延长六个月。被异议人对商标评审委员会的决定不服的，可以自收到通知之日起三十日内向人民法院起诉。人民法院应当通知异议人作为第三人参加诉讼。

法定期限届满，当事人对商标局作出的驳回申请决定、不予注册决定不申请复审或者对商标评审委员会作出的复审决定不向人民法院起诉的，驳回申请决定、不予注册决定或者复审决定生效。经审查异议不成立而准予注册的商标，商标注册申请人取得商标专用权的时间自初步审定公告三个月期满之日起计算。自该商标公告期满之日起至准予注册决定作出前，对他人在同一种或者类似商品上使用与该商标相同或者近似的标志的行为不具有追溯力；但是，因该使用人的恶意给商标注册人造成的损失，应当给予赔偿。

四、注册商标的转让和使用许可

（一）注册商标的转让

注册商标的转让是指注册商标所有人依法将因注册商标产生的商标权转让给他人的行

为。商标权的转让有其特殊性，因为商标是表明商品和服务来源的标志，与商品、服务的质量相关，并涉及企业的声誉和信誉。根据《商标法》的规定，转让注册商标的，转让人和受让人应当签订转让协议，并共同向商标局提出申请。转让注册商标经商标局核准后，予以公告。受让人自公告之日起享有商标专用权。在转让过程中，商标注册人对其在同一种商品上注册的近似的商标，或者在类似商品上注册的相同或者近似的商标，应当一并转让。我国《商标法》还明确规定了受让人应当履行保证使用该注册商标的商品质量的义务。

（二）注册商标的使用许可

注册商标的使用许可是指商标注册人可以通过签订商标使用许可合同，许可他人使用其注册商标的法律行为。

许可人应当监督被许可人使用其注册商标的商品质量。被许可人应当保证使用该注册商标的商品质量。经许可使用他人注册商标的，必须在使用该注册商标的商品上标明被许可人的名称和商品产地。商标使用许可合同应当报商标局备案。

五、商标权的保护

（一）注册商标的有效期、续展

我国《商标法》规定，注册商标的有效期限为10年，自核准注册之日起计算。注册商标有效期满，需要继续使用的，应当在期满前12个月内按照规定办理续展手续；在此期间未能办理的，可以给予6个月的宽展期。每次续展注册的有效期为10年，自该商标上一届有效期满次日起计算。期满未办理续展手续的，注销其注册商标。商标局应当对续展注册的商标予以公告。

（二）商标侵权行为

商标侵权行为是指违反《商标法》的规定，侵犯他人注册商标专用权的行为。根据《商标法》第57条的规定，商标侵权行为主要有以下几种：

（1）未经商标注册人的许可，在同一种商品上使用与其注册商标相同的商标的；

（2）未经商标注册人的许可，在同一种商品上使用与其注册商标近似的商标，或者在类似商品上使用与其注册商标相同或者近似的商标，容易导致混淆的；

（3）销售侵犯注册商标专用权的商品的；

（4）伪造、擅自制造他人注册商标标识或者销售伪造、擅自制造的注册商标标识的；

（5）未经商标注册人同意，更换其注册商标并将该更换商标的商品又投入市场的；

（6）故意为侵犯他人商标专用权行为提供便利条件，帮助他人实施侵犯商标专用权行为的；

（7）给他人的注册商标专用权造成其他损害的。

↘ **典型案例5-3：** 邯郸某食品厂是“乐华”注册商标的商标权人，该商标使用在罐头商品上，沧州某厂在罐头上使用未注册商标“月华”牌，且包装与“乐华”商标装潢相似。北京某仓储公司帮助沧州某厂运输、存储“月华”罐头并在北京某商场销售。

请问：沧州某厂的商标是否侵犯了“乐华”的商标权？北京某仓储公司、北京某商场是否应承担责任？

（三）侵犯注册商标专用权的法律责任

1. 民事责任

民事责任主要包括停止侵害、消除影响、赔偿损失等。根据《商标法》的规定，侵犯商标专用权的赔偿数额，按照权利人因被侵权所受到的实际损失确定；实际损失难以确定的，可以按照侵权人因侵权所获得的利益确定；权利人的损失或者侵权人获得的利益难以确定的，参照该商标许可使用费的倍数合理确定。对恶意侵犯商标专用权，情节严重的，可以在按照上述方法确定数额的一倍以上三倍以下确定赔偿数额。赔偿数额应当包括权利人为制止侵权行为所支付的合理开支。

2. 行政责任

行政责任主要包括责令立即停止侵权行为；没收、销毁侵权商品和专门用于制造侵权商品、伪造注册商标标识的工具；罚款等。工商行政管理部门处理时，认定侵权行为成立的，责令立即停止侵权行为，没收、销毁侵权商品和主要用于制造侵权商品、伪造注册商标标识的工具，违法经营额五万元以上的，可以处违法经营额五倍以下的罚款，没有违法经营额或者违法经营额不足五万元的，可以处二十五万元以下的罚款。对五年内实施两次以上商标侵权行为或者有其他严重情节的，应当从重处罚。销售不知道是侵犯注册商标专用权的商品，能证明该商品是自己合法取得并说明提供者的，由工商行政管理部门责令停止销售。

3. 刑事责任

工商行政管理部门对侵犯注册商标专用权的行为，涉嫌犯罪的，应当及时移送司法机关依法处理。人民法院对未经商标注册人许可，在同一种商品上使用与其注册商标相同的商标，构成犯罪的，或者伪造、擅自制造他人注册商标标识或者销售伪造、擅自制造的注册商标，以及销售明知是假冒注册商标的商品等情节严重构成犯罪行为的直接责任人员，依法追究刑事责任。

第三节　专　利　法

案例导读

某年12月，H化工研究院工程师梁某在一次技术洽谈会上与G化工厂厂长张某结识。张某请梁某帮助解决污水净化重复利用的技术难题，梁某答应试试。次年春节，梁某与其在大学读书的儿子在H化工研究院内一个废弃多年的人防工程里，用箩筐、渣土、扫帚、水桶等，以及自费购买的试剂、试纸、电炉等物品，对G化工厂的污水水样进行净化实验。实验结果达到了G化工厂的技术指标要求。梁某将实验资料交给H化工研究院一份，院里认为梁某为该院工程师，污水净化又是其业务研究范围，此成果应是职务技术成果，便以研究院的名义于当年5月向国务院专利行政部门提交了“HI—PQ730污水净化方法”专利申请。经过三年零两个月，研究院获得专利。在此期间，梁某一直认为自己的成果是非职务发明，故强烈要求办理专利权人变更手续。双方争执不下，梁某诉至人民法院。

请思考：梁某和H化工研究院，谁的主张成立？为什么？

一、专利法概述

（一）专利的概念

“专利”一词来自拉丁文 litterae patents，含有“公开”之意，原指盖有国玺印鉴不必拆封即可打开阅读的文件，是中世纪的君主用来颁布某种特权的证明，后来指英国国王亲自签署的独占权利证书。从字面上讲，“专利”即是指专有的利益和权利。

在我国专利法与日常生活中，广义的“专利”一词通常有三种含义：一是专利权的简称，也是专利最基本的含义，即专利权人在法律规定的期限内对其发明创造成果享有独占权；二是被授予专利的发明创造，一般包括发明、实用新型和外观设计三种形式；三是指专利文献。

狭义的专利指专利权，是专利权人对发明创造的独占的排他权。它是指国家专利机关依法授予专利申请人对其发明创造在一定期限内享有的专有权利。

（二）专利法的概念和作用

专利法是指调整在确认和保护发明创造的专有权及在利用专有的发明创造过程中发生的各种社会关系的法律规范的总称。专利法有狭义和广义之分。狭义的专利法指 1984 年 3 月 12 日第六届全国人民代表大会常务委员会第四次会议通过的《中华人民共和国专利法》（以下简称《专利法》），于 1985 年 4 月 1 日实施。《专利法》分别于 1992 年 9 月 4 日第七届全国人民代表大会常务委员会第二十七次会议、2000 年 8 月 25 日第九届全国人民代表大会常务委员会第十七次会议、2008 年 12 月 27 日第十一届全国人民代表大会常务委员会第六次会议进行了三次修正，自 2009 年 10 月 1 日起施行。我国广义的专利法律体系主要还包括：2001 年 7 月 1 日实施，并于 2002 年和 2010 年修订的《中华人民共和国专利法实施细则》及其他涉及专利技术使用、管理和保护的法律、法规。

英国是世界上第一个颁布专利法的国家，对以后世界各国的专利法影响很大。一般认为，国家颁布和实施专利法的目的，是为了促进市场资源向有利于发明创造不断产生的方向进行积极投入，推动经济产业的兴旺发展，为此，国家以法律程序赋予发明人一定期限内的垄断权利，同时要求其将发明的内容向全社会公开，以此在提高市场个体进行发明创造的意愿的同时，促进社会整体技术水平的快速积累和发展。我国《专利法》明确了立法目的，是为了保护专利权人的合法权益，鼓励发明创造，推动发明创造的应用，提高创新能力，促进科学技术进步和经济社会发展。

二、专利法律关系

（一）专利权的主体

专利权的主体即专利权人。由于我国《专利法》允许专利权转让，所以专利权人可能是有资格申请并获得专利的人，也可能是专利转让活动中的受让人。专利权的主体与专利申请权的主体不同。根据《专利法》的规定，发明人或设计人、职务发明创造的单位、合法受让人、外国人等都可以成为专利权的主体。

1. 发明人或设计人

发明人或设计人，是指对发明创造的实质性特点作出创造性贡献的人。在完成发明创造过程中，只负责组织工作的人、为物质技术条件的利用提供方便的人或者从事其他辅助工作的人，不是发明人或者设计人。我国《专利法》规定，非职务发明创造，申请专利的权利属于发明人或者设计人；申请被批准后，该发明人或者设计人为专利权人。由于发明是发明人或者设计人创造性智力活动的成果，所以发明人或者设计人只能是自然人，而不应当是某个单位、团体或者小组。按照发明人或设计人的人数，有独立发明和共同发明之分。独立发明是指仅由一个发明人单独完成的发明。对于这类发明，发明人一人拥有完全的支配权。共同发明是指由数人合作、分工，共同完成的发明。对这类发明，其处分权由共同发明人共有。在申请专利时，应当由全体共有人达成一致意见，若有一方不同意申请专利，其他各方均不得擅自申请专利。当一方转让其共有份额时，其他各共有方在相同条件下有先买权。共有一方声明放弃其专利申请权的，其他共有各方可共同申请，但在发明被授予专利后，放弃申请权的一方可以免费实施该项专利。

2. 职务发明创造的单位

职务发明创造是指发明人或者设计人执行本单位的任务，或者主要是利用本单位的物质技术条件所完成的发明创造。职务发明创造申请专利的权利属于该单位；申请被批准后，该单位为专利权人。职务发明分为两类。第一类是执行本单位的任务完成的发明创造，包括：① 在本职工作中作出的发明创造，也就是说完成发明创造的行为是发生在职务范围以内；② 履行本单位交付的本职工作之外的任务所作出的发明创造；③ 退休、调离原单位后或者劳动、人事关系终止后 1 年内作出的，与其在原单位承担的本职工作或者原单位分配的任务有关的发明创造。第二类是主要利用本单位的物质技术条件完成的发明创造。这里所称本单位的物质技术条件，是指本单位的资金、设备、零部件、原材料或者不对外公开的技术资料等。

另外，我国的《专利法》还规定，两个以上单位或者个人合作完成的发明创造、一个单位或者个人接受其他单位或者个人委托所完成的发明创造，除另有协议的以外，申请专利的权利属于完成或者共同完成的单位或者个人；申请被批准后，申请的单位或者个人为专利权人。

↘ **典型案例 5-4：**公司甲与业余发明人乙订立了一份技术开发协议，约定由乙为甲开发完成一项电冰箱温控装置技术，由甲为乙提供技术开发资金、设备、资料等，并支付报酬。在约定的时间内乙完成了合同约定的任务，并按约定将全部技术资料和权利都交给了甲公司。此外，乙在完成开发任务的过程中，还开发出了一项附属技术 T，并以自己的名义就技术 T 申请了专利。甲公司知道此事后，认为技术 T 的专利申请权应归甲公司所有，因此，甲、乙双方就技术 T 的专利申请权归属发生争议。

请问：该技术 T 的专利申请权应归谁所有？为什么？

3. 合法受让人

我国的《专利法》第 10 条明确规定："专利申请权和专利权可以转让。"因此，一项发明创造的专利申请人、专利权人可以依法转让其专利申请权和专利权。依法转让后，申请专利的权利属于合法受让人；申请被批准后，合法受让人为专利权人。

4. 外国人

外国人是指不具有中华人民共和国国籍的人，包括外国的自然人和法人。我国《专利法》遵循国际惯例，依据一定的条件，承认外国自然人、外国企业或者外国其他组织也可以享受我国《专利法》的保护，有权在我国申请专利并取得专利权，主要有两种情况。一是在中国境内有经常居所或者营业所的外国人、外国企业或者外国其他组织在中国申请专利的，享有与我国国民同等的待遇。二是在中国没有经常居所或者营业所的外国人、外国企业或者外国其他组织在中国申请专利的，依照其所属国同中国签订的协议或者共同参加的国际条约，或者依照互惠原则，根据《专利法》的规定处理。

（二）专利权的客体

专利权的客体，也称专利法保护的对象，是指可以获得专利法保护的发明创造，包括发明、实用新型和外观设计。《专利法》规定，对下列各项不授予专利权：① 科学发现；② 智力活动的规则和方法；③ 疾病的诊断和治疗方法；④ 动物和植物品种；⑤ 用原子核变换方法获得的物质；⑥ 对平面印刷品的图案、色彩或者二者的结合作出的主要起标识作用的设计。其中第④项所列产品的生产方法，可以依照本法规定授予专利权。

1. 发明

发明是专利法保护的主要对象。我国《专利法》所称的发明是指对产品、方法或者其改进所提出的新的技术方案。发明具有如下特征。① 发明是利用自然规律而进行的创造。需要指出的是，发明与发现不同，发现是对自然规律本身的新的认识，并不是利用，因此发现不能称为发明。② 发明是具体的技术方案。发明应能够解决特定的技术难题，必须产生一定的技术效果，具有一定的实用性。

发明包括产品发明、方法发明、改进发明。产品发明是指经过人们智力劳动创造出来的各种制成品或者产品。这些产品是自然界中从未有过的，是靠人的创造性劳动才得以出现的，比如机器、设备、装置和各种生活用品等。对于产品发明，我国《专利法》均依法保护，并授予专利权。方法发明是指人们利用自然规律把一个对象或物质改变成另一种状态或改造成另一种对象或物质所利用的手段发明。方法发明是多种多样的，可以是制造方法的发明，比如半导体芯片的特殊制造技术等；也可以是化学方法的发明，比如合成树脂的制作、合成纤维的制作等；还可以是生物方法的发明，比如水稻的杂交栽培方法等。改进发明是指人们对已有的产品发明和方法发明提出实质性改革的新技术方案。改进发明与产品发明、方法发明的根本区别在于，它并不是新的产品的创制和新的方法的创造，而是为已有的产品或方法带来了新的特性，但没有从根本上突破原有产品或方法的根本格局。例如爱迪生发明的白炽灯是前所未有的，而美国通用电气公司用给白炽灯灯泡内充以惰性气体的方法，大大地改善了白炽灯的质量并延长了其使用寿命，是对爱迪生发明的白炽灯进行的改进，这种发明就是改进发明。改进发明对于技术的进步具有重要的作用，因此成为我国《专利法》保护的对象。

2. 实用新型

实用新型也称“小发明”，相较于发明而言创造水平低。实用新型是指对产品的形状、构造或者其结合所提出的实用的新的技术方案。我国把实用新型作为《专利法》保护的对象，是考虑到我国的工业和科技水平，实用新型这样的小发明数量较多，对小发明实施法律保护，有利于调动人们从事发明创造的积极性，推动我国科学技术的发展。实用新型具有如下特征。① 实用新型是一种新的技术方案。实用新型必须具有一定的创新性，与现有技术方案相比，它必须具有创造性。② 实用新型必须具有实用价值，能够在工业上制造出具有使用价值或者具有实际用途的产品。③ 实用新型要求产品必须是具有固定的立体外形。气态、液态、凝胶状或颗粒粉末状的物质或者材料不能作为实用新型，不属于实用新型的产品范围。

3. 外观设计

外观设计，也称工业品外观设计，简称工业设计。它是指对产品的形状、图案或者其结合，以及色彩与形状、图案的结合所作出的富有美感并适于工业应用的新设计。外观设计具有如下特征。① 外观设计必须和产品结合在一起。外观设计是工业品的外观设计，不能脱离具体的产品而存在。② 外观设计以产品的形状、图案、色彩或者其结合为要素。③ 外观设计富有美感。外观设计包含的是美术思想，即解决产品的视觉效果问题，而不是技术思想，这一点与发明和实用新型不同。④ 外观设计必须能在工业上应用。外观设计必须能够用于生产经营目的的制造或生产。如果设计不能用工业的方法复制出来或者达不到批量生产的要求，就不是《专利法》意义上的外观设计。

（三）专利权的内容

专利权的内容是指专利权人依法享有的各种权利和应承担的义务。

1. 专利权人的权利

（1）独占权。发明或实用新型专利权被授予后，任何单位或者个人未经专利权人许可，都不得实施其专利，即不得为生产经营目的制造、使用、许诺销售、进口其专利产品，或者使用专利方法及使用、许诺销售、进口依照该专利方法直接获得的产品。

外观设计专利权被授予后，任何单位和个人未经专利权人许可，都不得实施其专利，即不得为生产经营目的制造、销售和进口其外观设计专利产品。

（2）许可权。专利权人有权许可他人实施其专利技术并获得专利使用费。《专利法》规定，任何单位和个人实施他人专利时，除法律另有规定外，都必须与专利权人订立书面“实施许可合同”，向专利权人支付专利费用。被许可人不得允许合同规定以外的任何单位和个人实施该专利。

（3）转让权。转让是指专利权人将其专利转移给他人所有。专利权转让的方式有出卖、赠与和投资入股等。转让专利权的，当事人应当订立书面合同，并向国务院专利行政部门登记，由国务院专利行政部门予以公告。专利权的转让自登记之日起生效。

（4）标记权。专利权人有权在其专利产品或者该产品的包装上标明专利标记和专利号。

（5）放弃权。专利权人有权通过向专利局提交书面申请或以不缴纳年费的方式放弃其专利权。

（6）请求保护权。当专利权没有得到专利权人的许可，擅自利用专利技术而构成的侵权行为，专利权人有权要求侵犯人停止侵权行为并赔偿经济损失。

2. 专利权人的义务

（1）缴纳专利年费的义务。专利权人应当自被授予专利权的当年开始缴纳年费，不履行该义务的，其专利权将终止。

（2）实施发明创造专利的义务。专利权人有自己在中国制造其专利产品，使用其专利方法的义务。

（3）依法给予奖励和报酬的义务。被授予专利权的单位应当对职务发明创造的发明人或者设计人给予奖励；发明创造专利实施后，专利权人根据其专利推广应用的范围和取得的经济效益对发明人或者设计人给予合理的报酬。

三、专利申请

（一）专利的申请原则

1. 单一性原则

单一性原则是指一份专利申请文件只能就一项发明创造提出专利申请，即“一申请一发明”原则。属于一个总的发明构思的两项以上的发明或者实用新型；同一产品两项以上的相似外观设计，或者用于同一类别并且成套出售或者使用的产品的两项以上外观设计，可以作为一件申请提出。

2. 申请在先原则

申请在先原则是指在两个以上的申请人分别就同样的发明创造申请专利的情况下，对先提出申请的申请人授予专利权。如果两个以上申请人在同一日分别就同样的发明创造申请专利的，由申请人自行协商确定，申请人不能达成协定的，由专利主管机关作出决定。

3. 优先权原则

优先权原则是指专利申请人首次提出申请后，又就相同主题在一定时间内提出申请时享有的依首次申请日进行审查的一种权利。我国专利申请的优先权包括外国优先权和本国优先权。外国优先权是指申请人自发明或者实用新型在外国第一次提出专利申请之日起十二个月内，或者自外观设计在外国第一次提出专利申请之日起六个月内，又在中国就相同主题提出专利申请的，依照该外国同中国签订的协议或者共同参加的国际条约，或者依照相互承认优先权的原则，可以享有优先权。本国优先权是指申请人自发明或者实用新型在中国第一次提出专利申请之日起十二个月内，又向国务院专利行政部门就相同主题提出专利申请的，可以享有优先权。

（二）授予专利权的条件

1. 发明和实用新型专利权取得的条件

授予专利权的发明和实用新型，应当具备新颖性、创造性和实用性。新颖性是指在申请人以前没有同样的发明创造在国内外出版物上公开发表过、在国内公开使用过，或者以其他方式为公众所知、没有同样的发明创造由他人向国务院专利行政部门提出过专利申请，并且记载在申请日以后公布的专利申请文件中。创造性是指同申请日以前的已有技术相比，该发明有突出的实质性特点和显著进步，该实用新型有实质性特点和进步。实用性是指该发明或者实用新型能够制造或者使用，并且能够产生积极效果。实用性作为授予专利权的必备条件之一，是专利制度旨在推动技术进步和经济发展的必然要求。

2. 外观设计专利权取得的条件

外观设计不同于作为技术方案的发明和实用新型，所以外观设计专利权的取得条件与发明和实用新型有所不同。授予专利权的外观设计，应当同申请日以前在国内外出版物上公开发表过或国内公开使用过的外观设计不相同或不相近似，并不得与他人在先取得的合法权利相冲突。可见，对外观设计新颖性的要求，我国采用的是混合标准，出版物的书面公开以世界地域为标准，使用公开以本国地域为标准。此外，授予专利权的外观设计，还应当具有美感并适于工业上应用。

（三）专利权取得程序

1. 提出申请

专利权不能自动取得，申请人必须按照《专利法》规定的专利申请手续，向国务院专利行政部门提交必要的申请文件。申请发明或实用新型专利的文件主要包括请求书、说明书及其摘要和权利要求书等。请求书应当写明发明或实用新型的名称，发明人的姓名，申请人姓名或者名称、地址，以及其他事项。说明书应当对发明或实用新型作出清楚完整的说明，以所属技术领域的技术人员能够实现为准，必要时应当附图。摘要应当简要说明发明或实用新型的技术要点。权利要求书应当以说明书为依据，清楚、简要地限定要求专利保护的范围。申请外观设计专利的，应当提交请求书、该外观设计的图片或者照片，以及对该外观设计的简要说明等文件。

《专利法》允许申请人在被授予专利权之前随时撤回其专利申请。

2. 审查批准

我国《专利法》对发明专利申请的审查批准和实用新型、外观设计专利申请采用不同的审查批准制度。

对发明专利申请的审查批准采取的是如下程序。

（1）初步审查。初步审查也叫形式审查，主要包括以下内容：专利申请是否具备《专利法》规定的申请文件和其他必要的文件，以及这些文件的格式是否符合规定；发明专利申请是否明显属于违反国家法律、社会公德或者妨害公共利益的发明创造；发明专利申请是否明显属于不授予专利权的项目；专利申请人是否符合申请人主体资格；专利申请是否明显不符合申请主题单一性原则；专利申请文件的修改是否符合要求；申请发明专利是否合适；专利申请文件尤其是说明书和权利要求书的格式和内容是否符合《专利法》的规定；等等。

（2）申请公开。国务院专利行政部门对发明专利申请经初步审查认为符合《专利法》规定要求的，自申请日起满十八个月，即行公布。国务院专利行政部门还可以根据申请人的请求早日公布其申请。

（3）实质审查。实质审查是国务院专利行政部门根据申请人的请求，对发明的新颖性、创造性、实用性等实质性条件进行的审查。发明专利申请自申请日起三年内，国务院专利行政部门可以根据申请人随时提出的请求，对其申请进行实质审查；申请人无正当理由逾期不请求实质审查的，该申请即被视为撤回。国务院专利行政部门认为必要时，可以自行对发明专利申请进行实质审查。

（4）授权决定或驳回申请。发明专利申请经实质审查没有发现驳回理由的，由国务院专利行政部门作出授予发明专利权的决定，发给发明专利证书，同时予以登记和公告。发明专利权自公告之日起生效。国务院专利行政部门对发明专利申请进行实质审查后，认为不符合《专利法》规定的，应当通知申请人，要求其在指定的期限内陈述意见，或者对其申请进行修改；无正当理由逾期不答复的，该申请即被视为撤回。发明专利申请经申请人陈述意见或者进行修改后，国务院专利行政部门仍然认为不符合《专利法》规定的，应当予以驳回。

对实用新型专利和外观设计专利申请的审查批准，国务院专利行政部门只进行初步审查，不进行申请公开和实质审查程序。实用新型专利和外观设计专利申请经初步审查没有发现驳回理由的，由国务院专利行政部门作出授予实用新型专利权和外观设计专利权的决定，发给相应的专利证书，同时予以登记和公告。实用新型专利权和外观设计专利权自公告之日起生效。

3. 专利的复审

专利的复审是指专利申请人对国务院专利行政部门驳回其专利申请不服的，请求专利复审委员会对其专利申请进行再审查。专利申请人对国务院专利行政部门驳回申请的决定不服的，可以自收到通知之日起三个月内，向专利复审委员会请求复审。专利复审委员会复审后，作出复审决定，并通知专利申请人。专利申请人对专利复审委员会的复审决定不服的，可以自收到通知之日起三个月内向人民法院起诉。

四、专利权的终止和无效

（一）专利权的终止

专利权在期限届满前因下列原因而终止。

1. 没有按照规定缴纳年费

所谓没有按照规定缴纳年费，即没有在前一年度期满前一个月内预缴，也没有在国务院专利行政部门通知自应当缴纳年费期满之日起六个月内补缴。缴纳年费是专利权人的义务，是为了维护专利权的有效，所以不按照规定缴纳年费的，应当认为专利权人从经济上考虑已经失去了维持专利权的兴趣，专利权自应终止。

2. 专利权人书面声明放弃其专利权

专利权人以书面声明形式通知国务院专利行政部门放弃其专利权，则专利权终止。

（二）专利权的无效

专利权无效是指已经取得的专利权因不符合《专利法》的规定，根据有关单位或个人的请求，经专利复审委员会审核后被宣告无效。

请求宣告专利权无效的单位或个人，应当向专利复审委员会提交请求书，并说明理由。专利复审委员会收到请求宣告专利权无效的请求书后，应当及时审查和作出决定，并通知请求人和专利权人。宣告专利权无效的决定，由国务院专利行政部门登记和公告。对专利复审委员会宣告专利权无效或者维持专利权的决定不服的，可以自收到通知之日起三个月内向人民法院起诉。人民法院应当通知无效宣告请求程序的对方当事人作为第三人参加诉讼。

宣告无效的专利权视为自始即不存在。宣告专利权无效的决定，对在宣告专利权无效前人民法院作出并已执行的专利侵权的判决、调解书，已经履行或者强制执行的专利侵权纠纷处理决定，以及已经履行的专利实施许可合同和专利权转让合同，不具有追溯力。但是因专利权人的恶意给他人造成的损失，应当给予赔偿。

五、专利的实施

专利的实施是指专利权人或者他人在中国境内为了生产经营的目的制造、使用和销售专利产品或使用专利方法。

1. 专利权人自行实施

专利权人取得专利之后，自己可以制造产品，使用其方法，取得经济效益。专利权人自行实施可分为两种情况：一是专利权人自己单独实施；二是专利权人将专利作为投资，与他人合资经营进行合作实施。

2. 许可他人实施

专利权人可以通过订立许可合同的方式，许可他人实施其专利，获得使用费。

3. 将专利权转让给他人实施

专利权人在专利有效期限内将专利权转让给他人，原专利权人即丧失专利权，受让人成为新的专利权人对专利进行实施。

4. 专利实施的强制许可

强制许可也称非自愿许可，是指国务院专利行政部门依照法定条件和程序颁布的实施专利的一种强制性许可方式。申请人获得这种许可后，不必经专利权人同意，就可以实施发明专利或者实用新型专利。

实施强制许可的情形有以下几种。① 具备实施条件的单位或者个人申请，专利权人自专利权被授予之日起满三年且自提出专利申请之日起满四年，无正当理由未实施或者未充分实施其专利；或者专利权人行使专利权的行为被依法认定为垄断行为，为消除或者减少该行为对竞争产生的不利影响，国务院专利行政部门可以给予实施发明专利或者实用新型专利的强制许可。② 在国家出现紧急状态或者非常情况时，或者为了公共利益的目的，国务院专利行政部门可以给予实施发明专利或者实用新型专利的强制许可。③ 一项取得专利权的发明或者实用新型比以前已经取得专利权的发明或者实用新型具有显著经济意义的重大技术进步，其实施又有赖于前一发明专利或者实用新型专利的实施的，国务院专利行政部门根据后一专利权人的申请，可以给予实施前一发明专利或者实用新型专利的强制许可。

六、专利权的保护

（一）专利权的保护期限

专利权的保护期限即专利权的有效期。发明专利权的期限为二十年，实用新型专利权和外观设计专利权的期限为十年，均自申请日起计算。

（二）专利侵权行为

专利侵权行为是指在专利权有效期限内，行为人未经专利权人许可又无法律依据，以营利为目的实施他人专利的行为，主要包括：

（1）制造、使用、销售或进口他人的发明专利或实用新型专利产品；

（2）使用他人的专利方法；

（3）使用、销售或进口依照他人专利方法直接获得的产品；

（4）制造、销售或进口他人的外观设计专利产品；

（5）假冒他人专利的行为。

↘ **典型案例 5-5：** B 公司未经许可擅自使用 A 公司专利技术生产并销售了变频家用空调 5 000 台。C 家电销售公司在明知 B 公司侵犯 A 公司专利权的情况下，从 B 公司进货 2 000 台，并已实际售出 1 600 台。

请问：B 公司生产并销售空调的行为、C 公司的销售行为是否构成侵权？

（三）专利侵权行为的处理机关

专利权受到侵犯时，专利权人或利害关系人既可以诉诸司法处理程序，也可以寻求行政处理程序的保护。法律规定，未经专利权人许可，实施其专利，即侵犯其专利权，引起纠纷的，由当事人协商；不愿协商或者协商不成的，专利权人或利害关系人可以向人民法院起诉，也可以请求管理专利工作的部门处理。

（四）侵害专利权的法律责任

侵害专利权行为的法律责任包括民事责任、行政责任和刑事责任。

1. 民事责任

民事责任主要表现为停止侵害、赔偿损失。根据《专利法》的规定，侵犯专利权的赔偿数额按照权利人因被侵权所受到的实际损失确定；实际损失难以确定的，可以按照侵权人因侵权所获得的利益确定。权利人的损失或者侵权人获得的利益难以确定的，参照该专利许可使用费的倍数合理确定。赔偿数额还应当包括权利人为制止侵权行为所支付的合理开支。权利人的损失、侵权人获得的利益和专利许可使用费均难以确定的，人民法院可以根据专利权的类型、侵权行为的性质和情节等因素，确定给予一万元以上一百万元以下的赔偿。

2. 行政责任

行政责任主要有责令停止侵权行为，没收非法收入或者侵权产品，罚款及给予有关责任人员行政处分等形式。假冒他人专利的，除依法承担民事责任外，由管理专利工作的部门责令改正并予公告，没收违法所得，可以并处违法所得四倍以下的罚款；没有违法所得的，可以处二十万元以下的罚款。

3. 刑事责任

假冒他人专利，构成犯罪的，依法追究刑事责任。违反《专利法》规定向外国申请专利，泄露国家秘密，构成犯罪的，依法追究刑事责任。从事专利管理工作的国家机关工作人员、其他有关国家机关工作人员玩忽职守、滥用权力、徇私舞弊，构成犯罪的，依法追究刑事责任。

复习思考题

1. 什么是工业产权？工业产权有哪些特征？
2. 商标权人的主要权利和义务有哪些？
3. 简述商标侵权行为的类型。商标侵权行为要承担哪些法律责任？
4. 专利权人的主要权利和义务有哪些？
5. 专利权的客体有哪些？
6. 简述专利侵权行为应承担的表现形式。
7. 简述侵犯专利权的行为应承担的法律责任。

案例分析

1. 大磨坊公司于 1991 年 1 月由我国商标局核准注册取得了“大磨坊”注册商标专用权，核定使用的商品为面包。1992 年 10 月大磨坊公司与太阳城商场签订了为期 3 年的代销协议，约定由太阳城商场设专柜出售面包，由大磨坊公司提供名、优、特、新的注册商标商品。1993 年 4 月起，大磨坊公司停止向太阳城商场供货。同年 6 月大磨坊公司发现太阳城商场在大磨坊专柜上，仍在销售与其类似的面包，商品价签上注明的产地为大磨坊。大磨坊公司以侵害其商标专用权为由诉至法院。

请回答：太阳城商场在大磨坊公司不供货时，仍在其大磨坊专柜销售商品价签上注明产地为“大磨坊”的面包，是否构成对大磨坊公司商标专用权的侵犯？为什么？

2. 某企业向《中华商标》编辑部写信咨询，内容如下：

编辑同志：

我们是湖北省某县的一家乡镇企业，自 1995 年以来，一直使用“武汉”或“梅花”商标生产冰块、雪糕、冰淇淋等商品。原来我们企业的生产规模很小，一直也没有申请注册过该商标。今年，我们企业扩大了生产规模，准备申请注册一个商标。我们开始打算在第 30 类冰块、雪糕、冰淇淋等商品上申请注册“武汉”商标。但当我们委托一家商标事务所代理申请注册时，该事务所称“武汉”商标不符合《商标法》的规定，不能作为商标申请注册。于是，我们又研究决定，把“武汉”改为“冰凉”进行申请注册，但该事务所还说不行。请问我们企业为什么不能把“武汉”“冰凉”作为商标申请注册？

请回答：如果你是编辑，你应当如何回答该企业提出的问题？该企业未注册使用“武汉”商标和“冰凉”商标的行为是否合法？

3. 2014 年（11 月 11 日）前夕，阿里巴巴集团旗下天猫平台发出一封通知函，称少数电商企业在投放的广告文案中对“双十一”活动的实际举办方进行混淆，故意误导消费者。阿里巴巴集团已经于中国取得“双十一”注册商标，经阿里巴巴集团授权，天猫就“双十一”商标享有专用权，受法律保护，其他任何人的使用行为都是商标侵权行为。为此阿里巴巴方面将保留依法追究其法律责任的权利。在国家工商局网站上可以查到，“阿里巴巴集团控股有限公司”确实已成功注册“双十一”“双十一狂欢节”“双十一网购狂欢节”等商标，使用范围涵盖三大类：“为零售目的在通信媒体上展示商品广告”“新闻社、电视广播、计算机终端通信、为电话购物提供电讯渠道”“培训、安排和组织大会、提供在线游戏、电视文娱节目、经营彩票”等。这些商标的申请日期为 2014 年 11 月，都享有 10 年商标专用期限。此举一出，随即引发了一场关于“双十一”的商标争论。诸多电子商务企业表示，“双十一”已经成为全民参与、推动的网购促销节日，任何一家公司都不能垄断“双十一”。试图将节日合法方式据为己有的行为有违互联网开放精神，有违公平竞争原则。而阿里巴巴方面及时发出了合适的公告，号召同人们共同做大“双十一”购物节。

请回答：鉴于这一事件，电子商务企业在知识产权的保护方面应当注意哪些问题？

技能训练

以 5 人小组为单位，完成一项注册商标申请或者申请一份实用新型、外观设计专利。

单元六

证券法律制度

学习目标

通过本单元的学习，学生应了解证券的概念、证券活动和管理原则、证券法基本原则；了解证券机构的种类、证券发行规则，以及证券交易中的禁止交易行为；理解并掌握证券交易的基本规则；了解违反《证券法》的行为及应承担的法律责任。

第一节　证券法概述

案例导读

A有限责任公司（以下简称A公司）拟变更为B股份有限公司（以下简称B公司），向社会公开发行A股并在证券交易所上市。A公司的基本情况及有关中介机构于2002年1月提出的有关改制、发行方案和实施步骤要点如下。

（1）A公司由C集体所有制企业（以下简称C企业）、D国有企业、E国有企业和F国有企业于2001年1月共同出资成立，A公司的注册资本为人民币12 000万元。其中：C企业以厂房、机器设备出资，经审计和评估后确认的净资产为8 000万元，按80%的折股比例折为6 400万股；D国有企业以其生产经营性资产出资，经评估后确认的净资产为人民币5 000万元，按80%的折股比例折为4 000万股；E国有企业和F国有企业分别以货币资金投入1 200万元和800万元，按80%的折股比例分别折为960万股和640万股。

（2）A公司变更为B公司的相关方案为：A公司的全体股东作为B公司的发起人股东；A公司的资产及债权债务全部由B公司承继；截至2001年12月31日，A公司变更为B公司前的总资产为人民币7亿元，总负债为人民币5亿元，净资产为人民币2亿元；A公司变更为B公司后的股份总额为人民币1.8亿元。

（3）有关机构提出的改制、辅导和申请发行股票的实施步骤为：2002年3月，完成A公司变更为B公司的工作，同时聘请具有证券经纪业务资格的证券公司进行辅导，并向B公司所在地的中国证监会派出机构报送备案材料；到2003年1月，辅导期届满，申请辅导验收；

2003 年 3 月，向中国证监会提出发行申请。

（4）预计 A 公司变更为 B 公司后，截至 2002 年 12 月 31 日，总资产可达到人民币 9.6 亿元，流动负债预计为人民币 3.6 亿元，长期负债预计为人民币 3.4 亿元。B 公司拟申请发行 A 股 4 000 万股。

请思考：

1. 根据本题要点（1）和要点（2）所述内容，指出 A 公司变更为 B 公司的方案是否存在不当之处，并说明理由。

2. 根据本题要点（3）所述内容，指出改制、辅导和申请发行股票的实施步骤存在哪些问题，并说明理由。

3. 根据本题要点（4）及其他要点所述内容，指出 B 公司存在的不符合发行 A 股并上市的有关条件之处，并说明理由。

一、证券概述

（一）证券的概念

从法律意义上说，证券是各类记载并代表一定权利的法律凭证的统称，用以证明持券人有权依其所持证券记载的内容而取得应有权益。从一般意义上来说，证券是指用以证明或设定权利所做成的书面凭证，它表明证券持有人或第三人有权取得该证券拥有的特定权益，或证明其曾经发生过的行为。

（二）证券的分类

按性质不同，证券可以分为无价证券和有价证券两大类。

1. 无价证券

无价证券又称凭证证券，是指认定持证人是某种私权的合法权利者，证明持证人所履行的义务有效的文件。如存款单、借据、收据及定期存款存折等就属于这一类。无价证券的特点是，虽然也是代表所有权的凭证，但不能真正独立地作为所有权证书来行使权利。如存款单就是民法中的消费寄存凭证，属单纯的凭证证券，不是有价证券。

2. 有价证券

1）有价证券的含义

有价证券是指标有票面金额，证明持券人有权按期取得一定收入并可自由转让和买卖的所有权或债权凭证。有价证券是虚拟资本的一种形式。所谓虚拟资本是以有价证券形式存在，并能给持有者带来一定收益的资本。一般情况下，虚拟资本的价格总额总是大于实际资本额，其变化并不反映实际资本额的变化。

有价证券有广义与狭义两种概念。广义的证券包括商品证券、货币证券和资本证券。狭义的证券指资本证券。

商品证券是证明持有人有商品所有权或使用权的凭证，取得这种证券就等于取得这种商品的所有权，持有人对这种证券所代表的商品所有权受法律保护。属于商品证券的有提货单、运货单、仓库栈单等。

货币证券是指本身能使持有人或第三人取得货币索取权的有价证券。货币证券主要包括两大类：一类是商业证券，主要包括商业汇票和商业本票；另一类是银行证券，主要包括银行汇票、银行本票和支票。

资本证券是指由金融投资或与金融投资有直接联系的活动而产生的证券，持有人有一定的收入请求权。资本证券包括股票、债券、基金证券及其衍生品种（如金融期货、可转换证券）等。资本证券是证券的主要形式，狭义的证券即指资本证券。在日常生活中人们通常把狭义的证券——资本证券直接称为有价证券乃至证券。

2）有价证券的分类

① 按证券发行主体的不同，证券可分为公司证券、金融证券、政府证券。公司证券是指公司、企业等经济法人为筹集投资资金或与筹集投资资金直接相关的行为而发行的证券，主要包括股票、公司债券、优先认股权证和认股证书等。金融证券是指银行、保险公司、信用社、投资公司等金融机构为筹集经营资金而发行的证券，主要包括金融机构股票、金融债券、定期存款单、可转让大额存款单和其他储蓄证券等。政府证券是指政府财政部门或其他代理机构为筹集资金，以政府名义发行的证券，主要包括国库券和公债券两大类。

② 按证券是否在证券交易所挂牌上市交易，证券可分为上市证券和非上市证券。上市证券又称挂牌证券，是指经证券主管机关批准，并向证券交易所注册登记，获得在交易所内公开买卖资格的证券。非上市证券也称非挂牌证券、场外证券，是指未申请上市或不符合在证券交易所挂牌交易条件的证券。

③ 按证券发行的地域和国家分类，证券可分为国内证券和国际证券。国内证券是一国国内的金融机构、公司企业等经济组织或该国政府在国内资本市场上以本国货币为面值所发行的证券。国际证券是指由一国政府、金融机构、公司企业或国际经济机构在国际证券市场上以其他国家的货币为面值所发行的证券。

④ 按证券募集方式分类，证券可分为公募证券和私募证券。公募证券是指向不特定的社会公众投资者公开发行的证券，其审批较严格并采取公示制度。私募证券是指向事先确定的少数投资者发行的为了募集资金的证券，其审查条件相对较松，投资者也较少，不采取公示制度。

⑤ 按证券的经济性质，证券可分为股票、债券和其他证券三大类。股票是指股份有限公司依照《公司法》的规定，为筹集公司资本而发行的表示其股东按其持有的股份享受权益和承担义务的可转让的书面凭证。债券是发行人依照法定程序发行的、约定在一定期限还本付息的有价证券。其他证券主要包括期货市场、期权市场及其他衍生证券市场。

二、证券法的概念

证券法是调整证券发行、交易和证券监管过程中发生的经济关系的法律规范的总称。

随着证券市场的发展，我国证券立法也有了长足发展，除已颁布的具有基本法作用的《中华人民共和国公司法》以外，还包括《股票发行与交易管理暂行条例》《中华人民共和国国库券条例》《企业债券管理条例》《产业投资基金管理暂行办法》《国务院关于股份有限公司境内上市外资股的规定》《国务院关于股份有限公司境外募集股份及上市的特别规定》《证券交易所管理办法》《证券公司管理办法》《禁止证券欺诈行为暂行办法》等一系列全国性行政法规，此外各地证券法规也纷纷出台。1992 年开始，全国人大将证券法的起草工作列入议事日程，经过 8 年的艰苦努力，《中华人民共和国证券法》（以下简称《证券法》）也已于 1998 年 12 月 29 日颁布，并于 1999 年 7 月 1 日起开始实施，初步建立了完整的证券法律法规体系，基本满足了调控证券市场的法制化需求。该法于 2004 年 8 月 28 日第十届全国人民代表大会常务委员会第十一次会议《关于修改〈中华人民共和国证券法〉的决定》第一次修正。2005 年 10 月 27 日第十届全国人民代表大会常务委员会第十八次会议修订。2013 年 6 月 29 日第十二届全国人民代表大会常务委员会第三次会议《关于修改〈中华人民共和国文物保护法〉等十二部法律的决定》第二次修正。2014 年 8 月 31 日第十二届全国人民代表大会常务委员会第十次会议通过《关于修改〈中华人民共和国保险法〉等五部法律的决定》第三次修正。

第二节 证券的发行

案例导读

A 公司拟申请发行 9 000 万股 A 股，并采取向法人配售和对一般投资者上网发行相结合的方式发行，其股票发行方案的部分内容如下。

（1）A 公司参与选择了两家战略投资者（甲公司、乙公司）并与之订立配售协议，约定甲公司的持股时间为 4 个月，乙公司的持股时间为 8 个月。

（2）A 公司参与选择了 10 家一般法人投资者并与之订立配售协议，其中，A 公司与一般法人投资者丙公司在配售协议中约定，由丙公司以银行信贷资金 100 万元、募股资金 100 万元认购配售的股票，在参加配售时使用以丙公司法定代表人郭某个人名义开设的股票账户，丙公司持有的股票自 A 公司股票上市之日起即可上市流通。

（3）对法人配售的股票的发行价格拟定为 8 元/股，对一般法人投资者上网发行的发行价格拟定为 8.20 元/股。

请思考：

1. A 公司股东大会的表决程序是否有不当之处？试说明理由。
2. A 公司的股票发行方案有哪些不符合规定之处？试说明理由。

《证券法》将原《公司法》有关证券发行的规定全部移至《证券法》中，并对证券发行的规定作出重大修订，完善了证券发行的条件与程序，设置了保荐人制度，将证券的发行分为公开发行与非公开发行，并对公开发行给出了定义。《证券法》第 10 条规定：“公开发行证券，必须符合法律、行政法规规定的条件，并依法报经国务院证券监督管理机构或者国务院授权的部门核准；未经依法核准，任何单位和个人不得公开发行证券。”下面以股票发行为例介绍证券发行的相关规定。

一、股票发行

（一）设立发行

1. 设立发行概述

设立发行，是指为使公司成立以募集到注册资本数额为目的的股份发行。由于公司设立的方式有发起设立和募集设立之分，因此在不同情况下股份的发行也有较大的差别。在发起设立中，股份发行表现为发起人不公开认足公司成立所需资本的全部股份；在募集设立中，发起人认购一定比例的股份，其余部分向社会公开募集。股份有限公司设立时发行股票有发起设立发行和募集设立发行两种方式。首次发行股票应当具备《公司法》与《证券法》规定的条件。

2. 设立发行的程序

股份有限公司设立有两种方式：发起设立和募集设立。

1）发起设立的程序

① 发起人之间以书面形式订立发起人协议。

发起人协议是发起人之间以书面形式表达的有关公司的组建方案、发起人之间的职责分工等的共同意思。发起人协议通常包括以下一些主要内容：发起人的姓名及住所；公司拟发行的股份类别，每股的面值、发行价；每个发起人的认购数额、出资类别；发起人缴纳股款、交付现物、转让财产权利的时间和方式，以及发起费用的预算、开支和每一个发起人的发起费用的负担等。

② 订立公司章程。

公司章程由全体发起人订立，制定后即生效。根据《公司法》第 81 条的规定，股份有限公司章程应当载明下列事项：公司名称和住所；公司经营范围；公司设立方式；公司股份总数、每股金额和注册资本；发起人的姓名或者名称、认购的股份数、出资方式和出资时间；董事会的组成、职权和议事规则；公司法定代表人；监事会的组成、职权和议事规则；公司利润分配办法；公司的解散事由与清算办法；公司的通知和公告办法；股东大会会议认为需要规定的其他事项。

③ 按照协议的规定缴纳出资认购股份。

发起人缴纳出资的方式主要是以现金缴纳或者用实物、工业产权、非专利技术、土地使用权来抵充股款，可以分期缴纳。以现金之外的其他财产或财产权利出资的需要由有关的中介机构进行评估，并且要依法办理有关的财产权利的转移手续。

④ 选举公司机关成员，选举董事会、监事会成员。

⑤ 申请设立登记，由董事会向公司登记机关报送设立公司所必需的批准文件、公司章程、验资证明等文件，申请设立登记。

⑥ 对符合法定条件的予以登记注册，颁发营业执照。

2）募集设立的程序

① 发起人之间以书面形式订立发起人协议。

② 草拟公司章程。发起人起草公司章程，由日后召开的创立大会通过。

③ 发起人认缴股份。在发起设立中，发起人要认购全部的股份，而在募集设立中，发起人只认购全部股份中的一部分。根据我国《公司法》第 84 条的规定，以募集设立方式设立股份有限公司的，发起人认购的股份不得少于公司股份总数的百分之三十五；但是，法律、行政法规另有规定的，从其规定。

④ 向社会公开募集其他股份，具体步骤如下。

其一，制定招股说明书。招股说明书是向非特定的社会公众发出的认购股份的书面说明，该说明书在发出以前应当经过国务院证券管理部门批准。

其二，向国务院递交募股申请。申请时，还必须同时报送《公司法》规定的一些文件，比如公司章程、经营估算书、发起人的姓名、认购的股份数等。募股申请必须获得国务院主管部门批准。

其三，发起人公告招股说明书，并制作认股书。公告招股说明书时应该根据所要募集的范围在相应的报纸杂志上予以公告。同时，发起人必须制作认股书，认股书应载明《公司法》所要求的内容，由认股人填写有关事项，比如认购的股数、金额、认股人的住所等。

其四，同依法设立的证券经营机构签订承销协议，并与银行签订代收股款的协议。发起人要募集股份，必须通过证券经营机构进行，而且必须与银行签订代收股款的协议，由银行代为收取和保存认股人缴纳的股款。认股人需要按所认购股份缴纳股款，否则视为违约，承担违约责任。

其五，验资。股款缴足后，需经法定的验资机构验资并出具证明。

⑤ 召开创立大会。股款缴足验资后，发起人召开创立大会，由发起人、认股人组成。创立大会上通过公司章程，选举公司董事会、监事会成员。

⑥ 申请设立登记。由董事会向公司登记机关报送设立公司所必需的批准文件、公司章程、验资证明等文件，申请设立登记。

⑦ 对符合法定条件的予以登记注册，颁发营业执照，并进行公告。

↘ **典型案例 6-1**：中国证监会于 2007 年 8 月受理了甲股份有限公司（下称甲公司）申请首次公开发行股票并上市的申报材料，该申报材料披露了以下相关信息：甲公司（非金融类企业）本次发行前的股本总额为人民币 4 000 万元（每股面值为人民币 1 元），本次拟发行 8 000 万股，拟募集资金 4 亿元，其中 20%的募集资金拟用于委托理财。

请问：甲公司本次发行是否符合中国证监会的有关规定？

（二）新股发行

1. 新股发行概述

新股发行，是指已设立的股份公司为了增加资本或者调整股本结构而发行股票。其中，旨在增加公司股本而发行新股，是典型的新股发行，也称“增资发行”；旨在调整股本结构而发行新股，主要表现为“股票合并”和“股票拆细”。股票合并及股票拆细没有改变公司的总股本，与增资发行不同。这里所称新股发行，限于增资发行新股。

2. 新股发行条件

根据《证券法》第 13 条的规定，公司公开发行新股，应当符合下列条件：

（1）具备健全且运行良好的组织机构；

（2）具有持续盈利能力，财务状况良好；

（3）最近三年财务会计文件无虚假记载，无其他重大违法行为；

（4）经国务院批准的国务院证券监督管理机构规定的其他条件。

根据《证券法》第 15 条的规定，公司对公开发行股票所募集资金，必须按照招股说明书所列资金用途使用。改变招股说明书所列资金用途，必须经股东大会作出决议。擅自改变用途而未作纠正的，或者未经股东大会认可的，不得公开发行新股。

二、证券的承销

（一）承销的概念

承销是指证券经营机构依照决议包销或者代销发行人向社会公开发行的证券的行为。当一家发行人通过证券市场筹集资金时，就要聘请证券经营机构来帮助它销售证券。证券经营机构借助自己在证券市场上的信誉和营业网点，在规定的发行有效期限内将证券销售出去，这一过程称为承销。它是证券经营机构的基本职能之一。

（二）承销的种类

证券的承销包括代销和包销两种方式。

1. 代销

证券代销是指证券公司代发行人发售证券，在承销期结束时，将未售出的证券全部退还给发行人的承销方式。

2. 包销

证券包销是指证券公司将发行人的证券按照协议全部购入或者在承销期结束后将售后剩余证券全部自行购入的承销方式。

代销发行方式对上市公司来说，虽然相对于包销发行方式能够获得更多的资金，但整个筹款时间可能很长，从而不能使上市公司及时地得到自己所需的资金。股票上市的包销发行方式，虽然能够使上市公司在短期内筹集到大量资金，以应付资金方面的急需，但一般包销出去的证券，证券承销商都只按股票的一级发行价或更低的价格收购，从而不免使上市公司丧失了部分应有的收益。

第三节 证券的交易

案例导读

丁某在某证券公司营业部开立账户，从事证券投资。某日，丁某发出以 10 万元价格卖出本账户 A 公司股票 1 000 股的指令，但由于该营业部内交易员小王操作不慎，将丁某的卖出指令敲成买入，以每股 10 元的价格为丁某购入 A 公司股票 1 000 股，当日该股票收盘价是 10.20 元。由于丁某账面资金不足，小王向营业部经理汇报后，给丁某透支了营业部其他客户保证金 3 000 元。次日，该股即下跌，开盘价为 9.8 元，最高价为 10.18 元，收盘价为 9.75 元，交易员小王在 10.15 元卖出 1 000 股 A 公司股票后，将透支的 3 000 元归还。当日，丁某发现这一事件，即提出索赔。

请思考：

1. 该案中小王有哪些违反《证券法》的行为？小王应直接承担相应的责任吗？为什么？
2. 丁某应向谁索赔？从《证券法》角度看，他的索赔依据是什么？

一、证券交易的一般规则

证券交易是指证券的买卖与转让。根据《证券法》的规定，在证券交易中，应遵守如下一般规则。

（一）证券交易的标的与主体必须合法

首先，证券交易当事人依法买卖的证券，必须是依法发行并交付的证券。非依法发行的证券，不得买卖。证券交易当事人买卖的证券可以采用纸面形式或者国务院证券监督管理机构（即中国证券监督管理委员会，简称中国证监会）规定的其他形式。其次，依法发行的股票、公司债券及其他证券，法律对其转让期限有限制性规定的，在限定的期限内不得买卖。如《公司法》规定，发起人持有的本公司股份，自公司成立之日起 1 年内不得转让；公司董事、监事、高级管理人员在任职期间每年转让其持有的本公司股份总数不得超过规定比例等。

为了防止出现内幕交易、操纵市场等证券欺诈行为，维护证券市场的秩序，立法对有关内幕人员持有、买卖股票作出限制。《证券法》第 43 条规定：

“证券交易所、证券公司和证券登记结算机构的从业人员、证券监督管理机构的工作人员以及法律、行政法规禁止参与股票交易的其他人员，在任期或者法定限期内，不得直接或者以化名、借他人名义持有、买卖股票，也不得收受他人赠送的股票。

“任何人在成为前款所列人员时，其原已持有的股票，必须依法转让。”

《证券法》第 45 条规定：

“为股票发行出具审计报告、资产评估报告或者法律意见书等文件的证券服务机构和人员，在该股票承销期内和期满后六个月内，不得买卖该种股票。

“除前款规定外，为上市公司出具审计报告、资产评估报告或者法律意见书等文件的证券服务机构和人员，自接受上市公司委托之日起至上述文件公开后五日内，不得买卖该种股票。”

《证券法》第 47 条规定：

“上市公司董事、监事、高级管理人员、持有上市公司股份百分之五以上的股东，将其持有的该公司的股票在买入后六个月内卖出，或者在卖出后六个月内又买入，由此所得收益归该公司所有，公司董事会应当收回其所得收益。但是，证券公司因包销购入售后剩余股票而持有百分之五以上股份的，卖出该股票不受六个月时间限制。

“公司董事会不按照前款规定执行的，股东有权要求董事会在三十日内执行。公司董事会未在上述期限内执行的，股东有权为了公司的利益以自己的名义直接向人民法院提起诉讼。”

（二）在合法的证券交易场所交易

依法公开发行的股票、公司债券及其他证券，应当在依法设立的证券交易所上市交易或者在国务院批准的其他证券交易场所转让。我国的证券交易所有上海证券交易所和深圳证券交易所。发行人发行证券可以上市交易（在证券交易所交易），也可以不上市交易（在国务院批准的其他证券交易场所转让）。

（三）以合法方式交易

证券交易有现货交易和期货交易两种情况。《证券法》规定，证券交易以现货和国务院规定的其他方式进行交易，从而为发展证券期货交易留有法律空间。现中国证监会正在筹备和推动证券期货交易的事宜。

《证券法》第 40 条规定：“证券在证券交易所上市交易，应当采用公开的集中交易方式或者国务院证券监督管理机构批准的其他方式。”这一规定为证券在证券交易所以公开的集中竞价交易以外的其他方式交易留下了发展余地。此外，修订后的《证券法》取消了证券公司不得从事向客户融资或融券的证券交易活动的规定，这也为下一步进行该类交易留下空间。

（四）规范证券交易服务

首先，证券交易所、证券公司、证券登记结算机构必须依法为客户开立的账户保密。除法律和行政法规另有规定外，证券交易所、证券公司、证券登记结算等机构不向任何人提供客户开立账户的情况，否则将承担相应的法律责任。

其次，证券交易的收费必须合理，并公开收费项目、收费标准和收费办法。证券交易的收费项目、收费标准和管理办法由国务院有关主管部门统一规定。

二、证券的上市、暂停和终止上市

（一）股票上市条件

股份有限公司申请股票上市的条件如下：

（1）股票经国务院证券监督管理机构核准已公开发行。

（2）公司股本总额不少于人民币三千万元。

（3）公开发行的股份达到公司股份总数的百分之二十五以上；公司股本总额超过人民币四亿元的，公发行股份的比例为百分之十以上。

（4）公司最近三年无重大违法行为，财务会计报告无虚假记载。

（二）股票的暂停和终止上市

上市公司有下列情形之一的，由证券交易所决定暂停其股票上市交易：

（1）公司股本总额、股权分布等发生变化不再具备上市条件；

（2）公司不按照规定公开其财务状况，或者对财务会计报告作虚假记载，可能误导投资者；

（3）公司有重大违法行为；

（4）公司最近三年连续亏损；

（5）证券交易所上市规则规定的其他情形。

上市公司有下列情形之一的，由证券交易所决定终止其股票上市交易：

（1）公司股本总额、股权分布等发生变化不再具备上市条件，在证券交易所规定的期限内仍不能达到上市条件；

（2）公司不按照规定公开其财务状况，或者对财务会计报告作虚假记载，且拒绝纠正；

（3）公司最近三年连续亏损，在其后一个年度内未能恢复盈利；

（4）公司解散或者被宣告破产；

（5）证券交易所上市规则规定的其他情形。

三、持续信息公开

（一）信息公开的形式

向社会公开发行股票、公司债券的单位，都必须将有关信息公开，以利于发行对象了解情况，进而对投资作出决策。信息公告应当在国家有关部门规定的报刊上或者专项出版的公报上刊登，同时将其置备于公司住所、证券交易所，供社会公众查阅。

（二）持续信息公开的原则

公司公告的股票或者公司债券等证券的发行和上市文件，必须真实、准确、完整，不得有虚假记载、误导性陈述或者重大遗漏，否则将承担相应的法律责任。

四、禁止的交易行为

《证券法》禁止的交易行为可以分为五类，分别是内幕交易行为、操纵市场行为、制造虚假信息行为、欺诈客户行为和其他禁止的交易行为。

1. 内幕交易行为

内幕交易是指内幕人员和以不正当手段获取内幕信息的其他人员违反法律、法规的规定，泄露内幕信息，根据内幕信息买卖证券或者向他人提出买卖证券建议的行为。内幕人员是指由于持有发行人的证券，或者在发行人、与发行人有密切联系的公司中担任董事、监事、高级管理人员，或者由于其会员地位、管理地位、监管地位和职业地位，或者作为发行人雇员、专业顾问履行职务，能够接触或者获得内幕信息的人员。

根据我国《证券法》第 74 条的规定，证券交易内幕信息的知情人包括：发行人的董事、监事、高级管理人员；持有公司百分之五以上股份的股东及其董事、监事、高级管理人员，公司的实际控制人及其董事、监事、高级管理人员；发行人控股的公司及其董事、监事、高级管理人员；由于所任公司职务可以获取公司有关内幕信息的人员；证券监督管理机构工作人员及由于法定职责对证券的发行、交易进行管理的其他人员；保荐人、承销的证券公司、证券交易所、证券登记结算机构、证券服务机构的有关人员；国务院证券监督管理机构规定的其他人。

2. 操纵市场行为

证券市场中的操纵市场行为，是指个人或机构背离市场自由竞争和供求关系原则，人为地操纵证券价格，以引诱他人参与证券交易，为自己牟取私利的行为。

《证券法》规定禁止任何人以下列手段操纵证券市场。

（1）单独或者通过合谋，集中资金优势、持股优势或者利用信息优势联合或者连续买卖，操纵证券交易价格或者证券交易量。

（2）与他人串通，以事先约定的时间、价格和方式相互进行证券交易，影响证券交易价格或者证券交易量。

（3）在自己实际控制的账户之间进行证券交易，影响证券交易价格或者证券交易量。

（4）以其他手段操纵证券市场。

中国证监会于 1996 年颁布的《关于严禁操纵证券市场行为的通知》，对操纵市场的行为进行了明确界定。这类行为包括：① 通过合谋或者集中资金操纵证券市场价格；② 以散布谣言，传播虚假信息等手段影响证券发行、交易；③ 为制造证券的虚假价格，与他人串通，进行不转移证券所有权的虚买虚卖；④ 以自己的不同账户在相同的时间内进行价格和数量相近、方向相反的交易；⑤ 出售或者要约出售其并不持有的证券，扰乱证券市场秩序；⑥ 以抬高或压低证券交易价格为目的，连续交易某种证券；⑦ 利用职务便利，人为地压低或者抬高证券价格；⑧ 证券投资咨询机构及股评人士利用媒介及其他传播手段制造和传播虚假信息，扰乱市场正常运行；⑨ 上市公司买卖或与他人串通买卖本公司的股票。⑩ 中国证监会认定的其他操纵市场的行为。

3. 制造虚假信息行为

我国《证券法》规定，禁止国家工作人员、传播媒介从业人员和有关人员编造、传播虚假信息，扰乱证券市场。禁止证券交易所、证券公司、证券登记结算机构、证券服务机构及其从业人员，证券业协会、证券监督管理机构及其工作人员，在证券交易活动中作出虚假陈述或者信息误导。各种传播媒介传播证券市场信息必须真实、客观，禁止误导。

4. 欺诈客户行为

欺诈客户行为，是指证券公司及其从业人员在证券交易及相关活动中，为了牟取不法利益而违背客户的真实意思进行代理的行为，以及诱导客户进行不必要的证券交易的行为。

《证券法》规定，在证券交易中，禁止证券公司及其从业人员从事下列损害客户利益的欺诈行为：① 违背客户的委托为其买卖证券；② 不在规定时间内向客户提供交易的书面确认文件；③ 挪用客户所委托买卖的证券或者客户账户上的资金；④ 未经客户的委托，擅自为客户买卖证券，或者假借客户的名义买卖证券；⑤ 为牟取佣金收入，诱使客户进行不必要的证券买卖；⑥ 利用传播媒介或者通过其他方式提供、传播虚假或者误导投资者的信息；⑦ 其他违背客户真实意思表示，损害客户利益的行为。

5. 其他禁止的交易行为

典型案例 6-2： 甲公司、乙有限公司、丙公司、丁有限公司集中资金，利用 627 个个人股票账户及 3 个法人股票账户，大量买入“深锦兴”股票。持仓量从 1998 年 10 月 5 日的 53 万股，占流通股的 1.52%，到最高时 2000 年 1 月 12 日的 3 001 万股，占流通股的 85%。同时，还通过其控制的不同股票账户，以自己为交易对象，进行不转移所有权的自买自卖，影响证券交易价格和交易量，联手操纵股票价格。截至 2001 年 2 月 5 日，上述四家公司控制的 627 个个人股票账户及 3 个法人股票账户共实现盈利 4.49 亿元。

请问：上述四家公司的行为属于什么性质的行为？如何保护中小股民的权益？

五、上市公司收购

（一）上市公司收购的概念

上市公司收购，是指收购人通过在证券交易所的股份转让活动持有一个上市公司的股份达到一定比例，通过证券交易所股份转让活动以外的其他合法方式控制一个上市公司的股份达到一定程度，导致其获得或者可能获得对该公司的实际控制权的行为。

上市公司收购活动应当遵循公开、公平、公正的原则，相关当事人应当诚实守信，自觉维护证券市场秩序。上市公司的控股股东和其他实际控制人对其所控制的上市公司及该公司其他股东负有诚信义务。收购人对其所收购的上市公司及其股东负有诚信义务，并应当就其承诺的具体事项提供充分有效的履行保证。收购人不得利用上市公司收购损害被收购公司及其股东的合法权益。上市公司的董事、监事和高级管理人员对其所任职的上市公司及其股东负有诚信义务。

收购上市公司中由国家授权投资的机构持有的股份，应当按照国务院的规定，经有关主管部门批准。

（二）上市公司收购的方式

我国上市公司收购可以采取要约收购和协议收购的方式。

1. 要约收购

1）收购要约的内容

投资者自愿选择以要约方式收购上市公司股份的，可以向被收购公司所有股东发出收购其所持有的全部股份的要约（简称全面要约），也可以向被收购公司所有股东发出收购其所持有的部分股份的要约（简称部分要约）。通过证券交易所的证券交易，收购人持有一个上市公司的股份达到该公司已发行股份的百分之三十时，继续增持股份的，应当采取要约方式进行，发出全面要约或者部分要约。根据我国《证券法》第89条的规定，要约内容包括：① 收购人的名称、住所；② 收购人关于收购的决定；③ 被收购的上市公司名称；④ 收购目的；⑤ 收购股份的详细名称和预定收购的股份数额；⑥ 收购期限、收购价格；⑦ 收购所需资金额及资金保证；⑧ 报送上市公司收购报告书时持有被收购公司股份数占该公司已发行的股份总数的比例。

2）收购要约的公布

① 收购要约公布的时间。根据《证券法》第90条的规定，收购人在向国务院证券监督管理机构报送上市公司收购报告书之日起十五日后公告其收购要约。

② 收购要约公布的程序。根据《证券法》第88条至第90条的规定，收购要约可直接向目标公司股东发出，但在此之前应当向国务院证券监督管理机构报送上市公司收购报告书，并在此后十五日后方可公告其收购行为。收购人还应当将上市公司收购报告书同时提交证券交易所。需要说明的是，收购要约的发出并不以证券监督管理机构的批准为前提。

3）收购要约的期间

收购要约的期间是指要约的有效期限。《证券法》第90条规定了最长要约期间："收购要约的期限不得少于三十日，并不得超过六十日。"

4）收购要约的变更与撤销

① 收购要约的变更。《证券法》第91条规定，在收购要约确定的承诺期限，收购人需要变更收购要约，必须事先向国务院证券监督管理机构及证券交易所提出报告，经批准后，予以公告。

② 收购要约的撤销。《证券法》第91条第1款规定："在收购要约确定的承诺期限内，收购人不得撤销其收购要约。"

5）收购要约的承诺

《证券法》对收购要约的承诺没有规定，《股票发行与交易管理暂行条例》（以下简称《股票条件》）规定了预受制度，指受要约人同意接受要约的初步意思表示，在要约期满前不构成承诺，预受收购要约的受要约人有权在收购要约失效前撤回对该要约的预受。

6）要约完成后的法律规制

① 要约收购失败的法律规制。我国《股票条例》第51条借鉴英国的做法，规定"收购要约期满，收购要约人持有的普通股未达到该公司发行在外的普通股总数百分之五十时，为收购失败"。但对收购失败后收购双方当事人间的权利和义务却没有明显界定。

② 要约收购成功后的法律规制。我国《证券法》第98条规定："在上市公司收购中，收购人持有的被收购的上市公司的股票，在收购行为完成后的十二个月内不得转让。"

2. 协议收购

采取协议方式收购上市公司的，收购人可以依照法律、行政法规的规定同被收购公司的股东协议转让股份。收购协议达成后，收购人必须在三日内将该收购协议向国务院证券监督管理机构及证券交易所作出书面报告，并予公告，在公告前不得履行收购协议。采取协议收购方式的，收购人收购或者通过协议、其他安排与他人共同收购一个上市公司已发行的股份达到百分之三十时，继续进行收购的，应当向该上市公司所有股东发出收购上市公司全部或者部分股份的要约。

（三）上市公司收购的原则

1. 股东平等待遇原则

它的具体内容有三个。① 全体持有人规则。在公开要约收购的情况下，收购者必须向所有持有其要约所欲购买股份的股东发出收购要约。② 按比例接纳规则。进行部分收购时，当目标公司股东承诺出售的股票数量超过收购者计划购买的数量时，收购者必须按比例从所有同意出卖股份的股东那里购买，而不论股东作出同意出卖其股份的意思表示的先后。该规则在《证券法》中没有明确规定，在《股票条例》第 51 条第 3 款中有相关规定。③ 价格平等规则。目标公司股东在收购中平等地享有收购者向任何股东提出的最高价要约。如果收购要约人在要约期间内提高收购价格，那么该价格也必须适用于所有的受要约人，不论受要约人在此之前是否已经作出了承诺，也不论承诺额是否已经达到了收购要约人所支付的价格。

2. 信息披露原则

它的具体内容有两个。① 大额持股披露。大额持股披露是指股东在持股达到一定比例（5%）时，有报告并披露其股份增减状况和持股意图的义务，并且在持股达法定比例（30%）时，有强制收购的义务，这在《证券法》第 86 条中有规定。② 收购要约的披露。收购者收购要约的具体内容是目标公司股东作出投资判断的主要依据，因此，为保护广大股东的合法权益，防止有关人士利用内幕信息从事股权交易，《证券法》对此有相关的规定。

第四节 相关的证券机构

案例导读

17 岁的中学生张某对股票非常感兴趣，感觉炒股赚钱很快。2004 年 8 月，他想亲自试一把，便偷偷将家中的存款提出 8 800 元，在某证券交易所建立了股东账户。没想到几次交易后，张某不但分文未赚，反而将 8 800 元的本钱赔光。此事被其父母得知后，要求证券交易所赔偿。证券交易所表示，股票买卖，有赔有赚，不能赔偿。张某的父母遂向人民法院起诉。

请思考：根据《证券法》的有关规定，本案例该如何处理？

一、证券交易所

（一）证券交易所概述

证券交易所是为证券集中交易提供场所和设施，组织和监督证券交易，实行自律管理的法人。证券交易所有会员制证券交易所和公司制证券交易所两种形式。会员制证券交易所是以会员协会形式成立的不以营利为目的的法人组织，其会员主要为证券商，只有会员及有特许权的经纪人，才有资格在交易所中交易。会员制证券交易所实行会员自治、自律、自我管理。多数国家的证券交易所都实行会员制。公司制证券交易所是以营利为目的的公司法人。公司制证券交易所对在本所内的证券交易负有担保责任。公司制证券交易所的证券商及其股东不得担任证券交易所的董事、监事或经理。我国的证券交易所是会员制证券交易所，是不以营利为目的的法人。

（二）证券交易所的设立规则

（1）证券交易所的设立和解散，由国务院决定。

（2）申请设立证券交易所，首先由中国证监会进行审核，再报国务院进行批准。

（3）设立证券交易所必须制定章程。证券交易所章程的制定和修改，必须经国务院证券监督管理机构批准。

（4）证券交易所必须在其名称中标明证券交易所字样。其他任何单位或者个人不得使用证券交易所或者近似的名称。

（三）证券交易所的职责

（1）证券交易所应当为组织公平的集中交易提供保障，公布证券交易即时行情，并按交易日制作证券市场行情表，予以公布。未经证券交易所许可，任何单位和个人不得发布证券交易即时行情。

（2）证券交易所有权依照法律、行政法规，以及国务院证券监督管理机构的规定，办理股票、公司债券的暂停上市、恢复上市或者终止上市的事务。

（3）因突发性事件而影响证券交易的正常进行时，证券交易所可以采取技术性停牌的措施；因不可抗力的突发性事件或者为维护证券交易的正常秩序，证券交易所可以决定临时停市。证券交易所采取技术性停牌或者决定临时停市，必须及时报告国务院证券监督管理机构。

（4）证券交易所对证券交易实行实时监控，并按照国务院证券监督管理机构的要求，对异常交易的情况提出报告。证券交易所应当对上市公司及相关信息披露义务人披露信息进行监督，督促其依法及时、准确地披露信息。证券交易所根据需要，可以对出现重大异常交易情况的证券账户限制交易，并报国务院证券监督管理机构备案。

（5）证券交易所应当从其收取的交易费用和会员费、席位费中提取一定比例的金额设立风险基金。风险基金由证券交易所理事会管理。证券交易所应当将收存的风险基金存入开户银行专门账户，不得擅自使用。

（6）证券交易所依照证券法律、行政法规制定上市规则、交易规则、会员管理规则和其他有关规则，并报国务院证券监督管理机构批准。

二、证券中介机构

（一）证券公司

证券公司是指依照《公司法》和《证券法》规定设立的经营证券业务的有限责任公司或者股份有限公司。证券公司依法享有自主经营的权利，其合法经营不受干涉。原《证券法》将证券公司分为综合类证券公司和经纪类证券公司，新《证券法》取消了这种划分，而是对经营不同证券业务的证券公司规定了不同的注册资本限额。根据《证券法》的规定，经国务院证券监督管理机构批准。证券公司可以经营下列部分或者全部业务：① 证券经纪；② 证券投资咨询；③ 与证券交易、证券投资活动有关的财务顾问；④ 证券承销与保荐；⑤ 证券自营；⑥ 证券资产管理；⑦ 其他证券业务。

（二）证券登记结算机构

证券登记结算机构是为证券交易提供集中登记、存管与结算服务，不以营利为目的的法人。集中登记包括对投资者证券账户的开立、挂失等证券账户管理登记，上市证券的发行登记，上市证券非流通股份的抵押、冻结，以及法人股、国家股股权的转让过户登记和证券持有人名册登记等。存管包括上市证券的股份管理，证券存管与转存管，受发行人的委托派发证券权益等。结算服务指证券交易所上市证券交易的清算和交收，包括证券交易的清算过户，证券交易的资金交收和新股网上发行的资金清算等。

（三）证券交易服务机构

证券交易服务机构是指为证券交易提供证券投资咨询和资信评估的机构，包括专业的证券服务机构和其他证券服务机构。专业的证券服务机构包括证券投资咨询机构、资信评估机构。其他证券服务机构主要是指经批准可以兼营证券投资咨询服务的资产评估机构、会计师事务所及律师事务所。

三、证券监督管理机构

（一）概述

《证券法》中所称国务院证券监督管理机构是指中国证券监督管理委员会。中国证券监督管理委员会是国务院直属事业单位，是全国证券期货市场的主管部门。《证券法》规定："国务院证券监督管理机构依法对证券市场实行监督管理，维护证券市场秩序，保障其合法运行。"在 1992 年以前，我国的证券市场监督管理职责由中国人民银行承担。1992 年 10 月，国务院成立了国务院证券委员会和中国证券监督管理委员会。1998 年，国务院决定保留设置中国证券监督管理委员会，将原国务院证券委员会的职能和中国人民银行履行的证券业务监管职能都划入中国证券监督管理委员会，建立起全国统一的证券监督管理机构。国务院证券监督管理机构根据需要可以设立派出机构，按照授权履行监督管理职责。

（二）职责

国务院证券监督管理机构在对证券市场实施监督管理的过程中履行下列职责：

（1）依法制定有关证券市场监督管理的规章、规则，并依法行使审批或者核准权；

（2）依法对证券的发行、上市、交易、登记、存管、结算，进行监督管理；

（3）依法对证券发行人、上市公司、证券交易所、证券公司、证券登记结算机构、证券投资基金管理公司、证券服务机构的证券业务活动，进行监督管理；

（4）依法制定从事证券业务人员的资格标准和行为准则，并监督实施；

（5）依法监督检查证券发行、上市和交易的信息公开情况；

（6）依法对证券业协会的活动进行指导和监督；

（7）依法对违反证券市场监督管理法律、行政法规的行为进行查处；

（8）法律、行政法规规定的其他职责。

国务院证券监督管理机构可以和其他国家或地区的证券监督管理机构建立监督管理合作机制，实施跨境监督管理。

四、证券业协会

（一）概述

证券业协会是证券业的自律性组织，是社会团体法人。协会的宗旨是根据发展社会主义市场经济的要求，贯彻执行国家有关方针、政策和法规，发挥其作为政府与证券经营机构之间的桥梁和纽带的作用，促进证券业的开拓发展，加强证券业的自律管理，维护会员的合法权益，建立和完善具有中国特色的证券市场体系。中国证券业协会于1991年8月28日成立，总部设在北京。中国证券业协会的会员分为团体会员和个人会员，团体会员为证券公司。《证券法》规定，证券公司应当加入证券业协会。个人会员只限于证券市场管理部门有关领导及从事证券研究和业务工作的专家，由协会根据需要吸收。

（二）职责

证券业协会履行下列职责：

（1）协助证券监督管理机构教育和组织会员执行法律、行政法规；

（2）依法维护会员的合法权益，向证券监督管理机构反映会员的建议和要求；

（3）收集整理信息，为会员提供服务；

（4）制定会员应遵守的规则，组织会员单位从业人员的业务培训，开展会员间的业务交流；

（5）调解会员之间、会员与客户之间发生的纠纷；

（6）组织会员就证券业的发展、运作及有关内容进行研究；

（7）监督、检查会员行为，对违反法律、行政法规或者协会章程的，按规定给予纪律处分；

（8）证券业协会章程规定的其他职责。

第五节　违反《证券法》的法律责任

案例导读

A股份有限公司（以下简称A公司）于2000年12月向社会公开发行人民币普通股股票并在上海证券交易所上市。2002年5月，中国证监会接到举报，反映A公司及其有关单位和个人存在如下问题。

（1）A公司公布的2001年度年报显示的利润总额是人民币1 200万元，实际是亏损人民币250万元。为A公司进行审计的B会计师事务所的注册会计师张某和李某按A公司的要求，对A公司的财务会计报告出具了“标准无保留意见”的审计报告。

（2）A公司以自有资金通过15个自然人股票账户以他们的名义买卖股票。

（3）A公司的副经理李某告知其同学王某关于A公司正在与某高科技公司商谈重组的事宜，王某因此从2001年3月上旬起分批买入100万股A公司股票。同年7月下旬，A公司公告其与某高科技公司的重组事宜，同月王某卖出上述股票，获利800万元。

根据本案例所述要点，假设情况完全属实。

请思考：

（1）根据《证券法》的规定，对A公司编制虚假利润的行为，A公司及其直接负责人员应当承担何种法律责任？为A公司2001年度财务报告出具审计报告的B会计师事务所及经办注册会计师张某和李某应当承担何种法律责任？

（2）A公司以自然人名义买卖股票的行为是否违法，说明理由。如违法，根据《证券法》的规定，应如何处理？

（3）王某买卖 A 公司股票的行为是否违法，说明理由。如违法，根据《证券法》的规定，说明王某应承担的法律责任。

一、法律责任的类型

所谓的法律责任是指行为人违反法律义务时所应承担的法律后果。根据证券违法行为的性质、轻重程度，法律责任分为刑事责任、行政责任、民事责任。

（一）证券违法行为的刑事责任

在证券发行、交易及其相关活动中，违反证券法律规定的行为，给社会秩序、证券市场造成严重危害，给社会公众造成严重损害，构成犯罪的，应当依法追究刑事责任。

根据《证券法》的规定，证券违法行为构成犯罪的，应依法追究刑事责任的典型的情况主要有以下几种。

（1）证券发行中的刑事违法犯罪行为。世界各国对证券发行，都依法进行控制和管理。有的实行公开原则的注册制，有的实行实质管理原则的核准制。这一法律规定必须遵守并切实执行，不得违反。我国是采取实质管理原则的核准制，为了有效地控制证券的发行，维护证券市场的正常秩序和证券交易安全，《证券法》规定，证券发行人、证券承销商未经核准擅自发行证券的，应予取缔，没收非法所得，构成犯罪的，应依法追究其刑事责任。

（2）证券发行和交易中弄虚造假，进行欺诈的刑事犯罪行为。在证券发行申请书、招股说明书、上市公告书、财务报告书等法律文书中，弄虚造假，进行欺诈，违反信息披露真实、准确、完整的法律规定的行为，严重破坏证券市场信誉、危害市场秩序、损害社会公众利益，构成犯罪的，应依法追究其刑事责任。

（3）操纵证券市场行情，从中牟取不正常利益或转嫁风险的违法犯罪行为。行为者不管是单独，还是与他人联手共谋，凡是制造虚假价格、证券交易量，虚构供求关系，设置投资陷阱，诱骗一般投资者盲目跟风等，都是操纵市场的违法行为，会造成市场的剧烈震荡和混乱，严重危害证券市场秩序，构成犯罪的，应依法追究其刑事责任。

（4）证券内幕交易，违反《证券法》“三公”原则的行为。内幕交易是行为者利用职务、职权从事法律明示禁止的证券交易行为，既破坏了证券市场的公开、公平、公正的基本原则，又是一种腐败、欺诈违法行为，会给社会造成严重危害，损害公众利益，构成犯罪的，应依法追究其刑事责任。证券监管机构工作人员进行内幕交易的，应从重处罚。证券监管机构工作人员，不依法履行职责，徇私舞弊、玩忽职守，故意刁难当事人的，轻者依法给予行政处分，构成犯罪的，应依法追究其刑事责任。

证券执法中法律规定刑事责任的必要性和重要性在于：它是维护《证券法》尊严的重要保障，是《证券法》威严的体现；它对违法者的威慑力最大，还可使作奸犯科者于服刑期间不能作恶；它使未为者却步，对社会公众会起到教育警示作用。

（二）证券违法行为的行政责任

在证券发行、交易、监督、管理及其他相关活动中，违反证券法律法规规范的规定，但未构成犯罪的，一般应当追究行政责任，给予行政处罚。

构成证券行政违法行为，承担的行政责任主要有以下几项。

（1）法律、行政法规规定禁止参与股票交易的人员，违反法规从事股票买卖。《证券法》

和行政法规规定，证券交易所、证券公司、证券登记结算机构从业人员、证券监管机构工作人员、国家机关一定级别的公务员，禁止参与股票买卖。这是维护证券市场“三公”原则，防止政治腐败、管理腐败，消除时弊，建立良好市场秩序和形象所必需的措施。行为者违反上述法规规定，应追究其行政责任，给予行政处罚。

（2）法人以个人名义买卖证券，对其主管人员和直接责任人的违法行为，应依法追究行政责任。《证券法》规定，法人不得以个人名义设立账户买卖证券。违反法律规定，对其直接负责的主管人员和直接责任人，应依法追究其行政责任，给予行政处罚。

（3）国家工作人员故意提供虚假资料，伪造、变造或者销毁交易记录，进行信息误导等违法行为，未构成犯罪的，应追究其行政责任，给予停业，吊销营业执照、资格证书等行政处分。

（4）证券经营机构，不严格履行法定职责，应依法追究其行政责任。在证券发行、交易中，证券商和证券中介服务机构，必须严格履行法定职能，对其审查、签署的法律文书、报告的真实性、准确性和完整性负有法律责任，不严格履行法定职责，属违法行为，构成犯罪的，追究刑事责任，未构成犯罪的一般要追究行政责任。

（三）证券违法行为的民事责任

在证券发行、交易及其相关证券活动中，行为主体的违法行为，直接给他人造成损失的，应承担民事责任，具体有如下几项。

（1）在证券发行、交易中，证券发行人、承销的证券公司弄虚作假进行欺骗，给投资者造成损失的违法行为，应承担民事赔偿责任。证券发行人、承销的证券公司在公开的有关法律文书（招股说明书、公司债券募集办法、财务会计报告、上市报告文件、年度报告、中期报告、临时报告）中，存在虚假记载、误导性陈述或者有重大遗漏，致使投资者在证券交易中遭受损失的，发行人、承销的证券公司应当承担赔偿责任。发行人、承销的证券公司的董事、监事、经理应当承担连带赔偿责任。

（2）证券公司违背客户意愿买卖证券，造成损失的，应承担民事赔偿责任。证券公司违背客户的委托买卖证券、办理交易事项，以及其他违背客户真实意思表示，办理交易以外的其他事项，给客户造成损失的，应依法承担赔偿责任。这是因为，作为证券经纪人的证券公司，从业人员的基本职责是代客买卖证券，为客户提供最好的代理买卖证券的服务，核心问题是按客户指令行事，证券从业人员对客户的指令要及时、准确、完整地执行，不得违背。违背客户真实意愿的证券交易活动，造成损失的，违法者要承担赔偿责任。

证券违法赔偿案件中民事赔偿责任不能免除。在证券发行、交易及其相关证券活动中，违反证券法律法规，应承担民事赔偿责任，缴纳罚款、罚金，其财产不足以同时支付时，先承担民事赔偿责任，即民事赔偿责任优先，或民事赔偿责任不免除。证券执法中对违法违规行为，追究民事责任，对受害人给予赔偿，具有吓阻违法违规行为的作用。凡是违法违规给受害人造成损失的，都要依法给予赔偿。

二、违反《证券法》的几种主要法律责任

（一）内幕交易的法律责任

内幕交易是一种严重扰乱证券市场的违法行为，不仅损害了上市公司和一般投资人的利益，

同时也严重打击了投资者对股票市场的道德信心，侵害了证券市场的公平与公正秩序，因而对内幕交易行为进行法律处罚是极有必要的。但是，对内幕交易如何处罚，各国规定不一。

从立法的现状来看，我国《证券法》在对内幕交易行为的民事制裁方面还处于较弱的状态，对内幕交易法律责任的规定多为行政制裁或者刑事处罚，很少有涉及民事责任的规定，其主要原因在于：内幕交易侵犯的是证券交易的公平性与公正性，以及一般投资者和公司的财产利益，但要证明哪些投资者的利益受到损害及受到损害程度如何，十分困难。笔者认为立法上应完善内幕交易民事法律责任方面的规定，从而切实保护投资者的合法利益。

（二）操纵证券交易价格的法律责任

根据《证券法》第 203 条的规定，操纵证券交易价格，或者制造证券交易的虚假价格或者证券交易量，获取不正当利益或者转嫁风险的，需承担行政责任和刑事责任。

操纵证券交易价格者可能受到以下行政处罚。① 没收违法所得。对于因操纵证券交易价格而获得的违法所得要予以没收。② 罚款。在责令依法处理非法获得的证券，没收违法所得的基础上，还要对操纵证券交易价格者处以罚款。罚款数额为违法所得一倍以上五倍以下。

操纵证券交易价格构成犯罪的，依法追究其刑事责任。根据我国《刑法》第 182 条的规定，操纵证券、期货交易价格，获取不正当利益或者转嫁风险的，情节严重的，处以五年以下有期徒刑或者拘役，并处或者单处违法所得一倍以上五倍以下的罚金。单位犯此罪的，对单位判处罚金，并对直接负责的主管人员和其他直接责任人员，处五年以下有期徒刑或者拘役。

↘ **典型案例 6-3：**某年 12 月 6 日，某报头版头条发布了“A 公司致函本报向社会公告收购 B 上市公司股票”的消息，并全文刊载了 A 公司的函件，称至 12 月 6 日下午收市，A 公司持有 B 公司已发行股份的 5%，并表示按法定程序继续收购 B 公司股票。经查，A 公司在以生产经营为用途的银行贷款中取出人民币 1 000 万元，分别存在证券公司开设的的数个个人账户上，具体操作由公司职工赵某负责。赵某为了替公司赚更多的钱，在并不具备收购 B 公司条件的情况下，致函某报，某报未经核实即登载于头版头条，之后 B 公司股票在证券市场的交易价格剧烈波动，赵某又与钱某、孙某等联手，集中资金优势，约定时间和价格，不断拉高 B 公司股票价格，从中获利近千万元。其后赵某将利润及本金全部上交 A 公司。

请问：本案例中有哪些违法行为？该如何处罚？

（三）欺诈客户的民事责任

根据《证券法》第 210 条的规定，证券公司违背客户的委托买卖证券、办理交易事项，以及其他违背客户真实意思表示，办理交易以外的其他事项，给客户造成损失的，依法承担赔偿责任，并处以一万元以上十万元以下的罚款。依此，证券公司对客户赔偿责任的构成要件如下。

1. 违约行为

证券公司违反约定义务或者默示义务的行为，属于违约行为，在《证券法》上则构成欺诈客户行为。但《证券法》将欺诈客户行为限定为两种交易行为，即违背委托办理交易事项和违背真实意思表示办理其他事项。前一种欺诈客户行为，是指客户已就具体交易事项发出委托指令，证券公司未执行已发出指令或者改变指令内容进行交易的行为；后一种欺诈客户行为，则是在客户未作出委托指令场合下，以客户名义进行证券交易的行为。根据《证券法》的规定，若证券公司实施的违约行为与交易行为无关，则虽可构成欺诈行为，但与赔偿责任无关。

2. 损害事实

民事赔偿必须以请求权人遭受利益损害为前提。投资者除可请求因证券公司行为而遭受的损失（如账户资产的减少）外，还有权就可得利益请求赔偿。证券公司未执行投资者发出的委托指令，致使投资者未能实现可得利益，也应予以赔偿。但若投资者未遭受经济利益损失，则无法请求赔偿损失。

如果证券公司未经投资者委托，擅自买卖、挪用、出借客户账户上的证券或者将客户的证券用于质押，或者挪用客户账户上的资金，应责令其改正，没收违法所得，处以违法所得一倍以上五倍以下的罚款，并责令关闭或者吊销责任人员的从业人员资格证书。构成犯罪的，依法追究其刑事责任。

（四）虚假陈述的法律责任

虚假陈述，是指证券交易中的有关参与人对证券交易及其相关活动的事实、性质、前景、法律等事项作出不实、严重误导或者存在重大遗漏的虚假陈述或诱导，致使投资者在不了解事实真相的情况下作出投资决定。

对于虚假陈述行为的法律责任，我国《证券法》与《禁止证券欺诈行为暂行办法》中均有具体规定，其中，《禁止证券欺诈行为暂行办法》规定，对于虚假陈述行为的直接责任人，根据不同情况，可单处或并处警告、没收非法所得、处以三万元以上三十万元以下的罚款、撤销其从事证券业务的许可或资格。

对于有虚假陈述行为的发行人，可单处或并处警告、责令退还非法所筹资金、没收非法所得、罚款、暂停或取消其发行、上市资格。对于证券经营机构、专业性证券服务机构，则可单处或并处警告、没收非法所得、暂停或撤销其业务许可。《证券法》规定，对虚假陈述行为人可分别给予责令改正、行政处分、没收非法所得、罚款等处罚，直至追究刑事责任。

复习思考题

1. 简述证券的含义及其分类。
2. 新股发行的条件有哪些？
3. 什么是上市公司收购？其分类有哪些？
4. 简述证券交易的一般规则。
5. 列举常见的相关的证券机构，并作简要说明。
6. 简述违反《证券法》的几种主要法律责任。

案例分析

1. 某股份有限公司（下称公司）于 2006 年 6 月在上海证券交易所上市。2007 年以来，公司发生了下列事项。① 2007 年 5 月，董事赵某将所持公司股份 20 万股中的 2 万股卖出；2008 年 3 月，董事钱某将所持公司股份 10 万股中的 2.5 万股卖出；董事孙某因出国定居，于

2007年7月辞去董事职务，并于2008年3月将其所持公司股份5万股全部卖出。② 监事李某于2007年4月9日以均价每股8元的价格购买5万股公司股票，并于2007年9月10日以均价每股16元的价格将上述股票全部卖出。③ 2007年5月12日，公司发布年度报告。为该公司年报出具审计报告的注册会计师周某于同年5月20日购买该公司股票1万股。④ 公司股东大会于2007年5月8日通过决议，由公司收购本公司股票900万股，即公司已发行股份总额的3%，用于奖励本公司职工。同年6月，公司从资本公积金中出资收购上述股票，并将其中的600万股转让给公司职工，剩余的300万股拟在2008年10月转让给即将被吸收合并于该公司的另一企业的职工。⑤ 2008年7月，公司决定拟以定向发行的方式引进外国战略投资者。双方签订的意向协议约定：第一，本次定向发行完成后，外国战略投资者首次投资取得公司已发行股份的8%；第二，外国战略投资者本次定向认购的股份在2年内不得转让。

请根据本题所述内容，分别回答下列问题：

（1）赵某、钱某和孙某卖出所持公司股票的行为是否符合法律规定？分别说明理由。

（2）李某买卖公司股票的行为是否符合法律规定？说明理由。

（3）周某买入公司股票的行为是否符合法律规定？说明理由。

（4）公司收购用于奖励职工的本公司股票数额是否符合法律规定？说明理由。公司从资本公积金中出资收购用于奖励职工的本公司股票的行为是否符合法律规定？说明理由。公司预留300万股股票拟在2008年10月转让其他职工的行为是否符合法律规定？说明理由。

（5）公司与外国战略投资者签订的意向协议约定的内容是否符合法律规定？说明理由。

2. A公司为2004年在上海证券交易所上市的上市公司，其公司章程中明确规定：公司可对外提供担保，金额在100万元以上1 000万元以下的担保，应当经公司董事会决议批准，甲为A公司的董事长，未持有A公司股票。2006年12月，A公司的股价跌入低谷，甲拟购入A公司10万股股票，因自有资金不足，甲向同为A公司董事的乙请求借款200万元。但乙提出：只有在有担保时，才愿意提供借款，甲请求A公司为其借款提供担保。2006年12月20日，A公司召开董事会，A公司共有董事9人，出席会议的有6人（包括甲和乙）。董事会会议讨论了A公司未来经营计划等问题，并讨论了为甲提供担保的问题，董事会认为甲的经济状况良好，信用风险不大，同意为其借款提供担保，在董事会讨论该担保事项和对此决议时，甲和乙均予以回避，且未参与表决，其余4位董事一致投票通过了为甲向乙借款提供担保的决议。2006年12月25日，甲在获得200万元借款之后，以每股22元的价格买入A公司股票10万股，并向公司报告，2007年1月5日，甲以每股26元的价格出售了3万元股股票，并向公司报告。丙在2007年1月5日买入A公司股票1万股，成为A公司的股东，丙从A公司的公告中发现了公司为甲提供担保及甲买卖本公司股票的事情后，于2007年1月9日要求A公司董事会收回甲买卖股票的收益，董事会一直未予以理会。2007年2月12日，丙以自己的名义向人民法院提起了两个诉讼：在第一个诉讼中，丙请求撤销董事会决议，理由是董事会批准公司为甲提供担保的决议只有4位董事同意，不足全体董事过半数；在第二个诉讼中，丙要求甲将股票买卖所得收益上交给A公司。

根据《公司法》《证券法》的有关规定，回答下列问题：

（1）甲买入A公司股票的行为是否符合法律规定？说明理由。

（2）甲出售A公司股票的数量是否符合法律规定？说明理由。

（3）丙请求撤销董事会决议的理由是否成立？说明理由。

（4）丙要求甲将股票买卖所得收益上交给A公司是否符合法律规定？说明理由。

（5）丙是否有资格提起第二个诉讼？说明理由。

3. 甲股份有限公司（以下简称甲公司）成立于2003年9月3日，公司股票自2005年2月1日起在深圳证券交易所上市交易。公司章程规定，凡投资额在2 000万元以上的投资项目须提交公司股东大会讨论决定。乙有限责任公司（以下简称乙公司）是一家软件公司，甲公司董事李某为其出资人之一。乙公司于2005年1月新研发一款高科技软件，但缺少3 000万元生产资金，遂与甲公司洽谈，希望甲公司投资3 000万元用于生产此软件。2005年2月10日，甲公司董事会直接就投资生产软件项目事宜进行讨论表决。全体董事均出席董事会并参与表决。在表决时，董事陈某对此投资项目表示反对，其意见被记载于会议记录，赵某等其余8名董事均表决同意。随后，甲公司与乙公司签订投资合作协议，双双就投资数额、利润分配等事项作了约定。3月1日，甲公司即按约定投资3 000万元用于此软件生产项目。2005年8月，软件产品投入市场，但由于产品性能不佳，销售状况很差，甲公司因此软件投资项目而损失重大。2005年11月1日，甲公司董事李某建议其朋友王某抛售所持有甲公司的全部股票。11月5日，甲公司将有关该投资软件项目损失重大的情况向国务院证券监督管理机构和深圳证券交易所报送临时报告，并予以公告。甲公司的股票价格随即下跌。2005年11月20日，持有甲公司2%股份的发起人股东郑某以书面形式请求公司监事会向人民法院提起诉讼，要求赵某等董事就投资软件项目的损失对公司负赔偿责任，但公司监事会拒绝提起诉讼，郑某遂以自己的名义直接向人民法院提起诉讼，要求赵某等董事负赔偿责任。此后，郑某考虑退出甲公司，拟于2005年12月20日将其所持有的甲公司全部股份转让给他人。

根据上述情况，结合《公司法》《证券法》的有关规定，回答下列问题：

（1）董事李某是否有权对甲公司投资生产软件项目决议行使表决权？说明理由。

（2）董事陈某是否应就投资软件项目的损失对甲公司承担赔偿责任？说明理由。

（3）董事李某建议其朋友王某抛售甲公司股票的行为是否符合法律规定？说明理由。

（4）股东郑某以自己的名义直接向人民法院提起诉讼是否符合法律规定？说明理由。

（5）股东郑某是否可以于2005年12月20日转让其全部股份？说明理由。

技能训练

1. 咨询证券开户、交易流程并画出流程图。

2. 模拟股票交易的操作程序，认识证券交易的风险性和专业性。

单元七

劳动保障法律制度

学习目标

通过本单元的学习，学生应能了解劳动保障法律制度立法概况；理解和掌握劳动合同法的基本制度；理解和熟悉社会保障法律制度相关规定；明确劳动保障法作为市场保障基本法对完善社会主义市场经济法律体系的重要作用，并能在实践中有效运用劳动保障法律制度维护自身合法权益。

第一节　劳动法律制度

案例导读

小李托亲戚找朋友好不容易进了一家公司，当时没有签合同，进去后干的活很杂，工作岗位不固定，每个月领的工资也不一样。一年后，他多次与公司协商签订劳动合同，想把工作岗位、内容、工资等各方面固定下来，可公司总是以“我们需要的就是一个能干杂活的人”“公司效益不固定工资也不能固定”“如果不想干就另谋高就”等各种理由予以推托。结果，他干了一年多，合同也没签成。后来公司换了个老板，一上任就把他辞退了。

请思考：小李的公司是否违反了合同法？小李应该如何维权？

一、劳动法律制度概述

劳动法是以维护劳动者的合法权益为目的，调整劳动关系的法律规范的总和。劳动法是我国的一项基本法，劳动者在择业就业过程中应当享有权利，我国法律都给予了其应有的保护。广义上理解的劳动法是指调整劳动关系及与劳动关系有密切联系的法律规范的总和。狭义上所说的劳动法就是指我国 1995 年 1 月 1 日起施行的《中华人民共和国劳动法》。本书所使用的不带书名号的劳动法是广义劳动法的概念。

劳动者要熟悉和掌握国家有关法律、法规，强化自己的维权意识，一旦在求职应聘、签订就业协议和劳动合同的过程中发现有权益受到侵害的现象时，应能够积极运用法律武器，争取和维护自己的合法权益。主要的法律、法规有:《中华人民共和国劳动法》(以下简称《劳动法》)、《中华人民共和国劳动合同法》(以下简称《劳动合同法》)、《中华人民共和国就业促进法》(以下简称《就业促进法》)、《中华人民共和国劳动争议调解仲裁法》(以下简称《劳动争议调解仲裁法》)、《普通高等学校劳动者就业工作暂行规定》等。

(一)《劳动法》概述

《劳动法》于1994年7月5日经第八届全国人民代表大会常务委员会第八次会议通过,自1995年1月1日起施行。它根据宪法制定,目的是"为了保护劳动者的合法权益,调整劳动关系,建立和维护适应社会主义市场经济的劳动制度,促进经济发展和社会进步"。适用的范围是:在中华人民共和国境内的企业、个体经济组织和与之形成劳动关系的劳动者,国家机关、事业组织、社会团体和与之建立劳动合同关系的劳动者。内容包括:劳动者的基本权利和义务、促进就业、劳动合同和集体合同、工作时间和休息休假、工资、劳动安全卫生、女职工和未成年工特殊保护、职业培训、社会保险和福利、劳动争议、监督检查、法律责任。

劳动者应着重了解《劳动法》中关于劳动者应享有的各项权利:平等就业和选择职业的权利、取得劳动报酬的权利、休息休假的权利、获得劳动安全卫生保护的权利、接受职业技能培训的权利、享受社会保险和福利的权利、提请劳动争议处理的权利及法律规定的其他权利。劳动者还应当明确:"劳动者应当完成劳动任务,提高职业技能,执行劳动安全卫生规程,遵守劳动纪律和职业道德。"用人单位应当依法建立和完善规章制度,保障劳动者享有劳动权利和履行劳动义务。

(二)《劳动合同法》概述

《劳动合同法》于2007年6月29日经第十届全国人民代表大会常务委员会第二十八次会议通过,自2008年1月1日起施行。《劳动合同法》从劳动合同的订立、履行、变更、解除到终止,明确了劳动合同双方当事人的权利和义务,重在对劳动者合法权益的保护,被誉为劳动者的"保护伞",为构建与发展和谐稳定的劳动关系提供法律保障。作为我国劳动保障法制建设进程中的一个重要里程碑,《劳动合同法》的颁布实施有着深远的意义。《劳动法》与《劳动合同法》都是为了保护合法的劳动关系和双方的合法利益而制定的法律,《劳动合同法》是《劳动法》的特别法,在关于劳动合同的问题上,优先适用《劳动合同法》。《劳动合同法》突出了以下内容:一是立法宗旨非常明确,就是为了保护劳动者的合法权益,强化劳动关系,构建和发展和谐稳定的劳动关系;二是解决目前比较突出的用人单位与劳动者不订立劳动合同的问题;三是解决合同短期化问题。

(三)《就业促进法》概述

《就业促进法》于2007年8月30日经第十届全国人民代表大会常务委员会第二十九次会议通过,自2008年1月1日起施行,制定的目的是为了促进就业,促进经济发展与扩大就业相协调,促进社会和谐稳定。人们普遍关心的禁止就业歧视、扶助困难群体、规范就业服务和管理等就业问题在这部法律中都有体现。

(四)劳动与社会保障法律法规

劳动与社会保障法是保障劳动者择业、就业各项权益的重要组成部分,也是保障劳动者劳动关系与事业发展的必要法律制度,通过劳动和社会保障措施,可以弥补市场失灵的缺陷,缓和社会矛盾，劳动者通过了解国家有关法律、法规的基本内容和精神，懂得如何依法进行就业劳动，如何依法维护自己的劳动权益和社会权益。社会保障法是调整社会保障关系的法律规范的总称。社会保障法在我国法律体系中是独立的法律部门，本质上属于社会法。社会保障法以社会利益为本位，以社会公平为其价值追求。国家通过立法建立社会保障制度是为了谋求国民生活普遍获得安全保障，实现社会的正义与公平。

二、劳动关系和劳动权利

（一）劳动关系和劳动合同

1. *劳动关系*

劳动关系即人们在从事劳动过程中发生的社会关系。从劳动法意义上讲，劳动关系是指用人单位招用劳动者为其成员，劳动者在用人单位的管理下提供有报酬的劳动而产生的权利义务关系。劳动关系包括事实劳动关系和劳动合同关系。

事实劳动关系是指用人单位招用劳动者未订立书面劳动合同或者无有效书面劳动合同而形成的劳动用工关系。根据劳动部《关于贯彻执行〈中华人民共和国劳动法〉若干问题的意见》（劳部发〔1995〕309号）第2条和第17条的规定，我国境内的企业、个体经济组织与劳动者之间，只要形成劳动关系，即劳动者事实上已成为企业、个体经济组织的成员，并为其提供有偿劳动，可认定用人单位与劳动者之间形成了事实劳动关系，适用《劳动法》。劳动合同关系是指依据《劳动法》、《劳动合同法》的规定，通过订立书面劳动合同形成的法律上的劳动用工关系。用人单位和劳动者可依法通过订立、履行、变更书面劳动合同建立劳动合同关系。

2. *劳动合同*

劳动合同是指劳动者与用人单位确立劳动关系、明确双方权利和义务的协议。劳动合同是要式合同，必须采用书面形式订立。劳动合同经劳动者与用人单位依法订立并签字或者盖章即行成立并生效。

劳动合同成立与劳动关系建立没有必然联系。订立书面劳动合同的，劳资双方之间不一定存在劳动关系。建立劳动关系的，劳资双方也不一定已订立书面劳动合同。一方面，订立了书面劳动合同的，劳资双方之间不一定存在劳动关系。书面劳动合同一经双方签字或者盖章即行成立并生效，但劳动关系自用工之日起建立。因此，自用人单位与劳动者订立劳动合同时起至实际用工之日前，劳动关系并没有建立，若双方因劳动合同履行发生争议，只能适用《合同法》的有关规定处理，而不适用劳动法律的规定。例如：用人单位与劳动者订立劳动合同后，无正当理由拒绝劳动者按照双方订立的劳动合同的约定到本单位工作的，劳动者可以依据《合同法》的有关规定请求用人单位继续履行劳动合同，而不能适用《劳动合同法》的有关规定追究用人单位的劳动法律责任。另一方面，建立劳动关系的，劳资双方不一定已订立书面劳动合同。《劳动合同法》第10条第2款规定，已建立劳动关系，未同时订立书面劳动合同的，应当自用工之日起一个月内订立书面劳动合同。又根据劳动部《关于贯彻执行〈中华人民共和国劳动法〉若干问题的意见》第17条和《关于确立劳动关系有关事项的通知》（劳社部发〔2005〕12号）的相关规定，用人单位招用劳动者未订立书面劳动合同，但同时具备下列情形的，劳动关系成立：① 用人单位和劳动者符合法律、法规规定的主体资格；② 用人单位依法制定的各项劳动规章制度适用于劳动者，劳动者受用人单位的劳动管理，从事用人单位安排的有报酬的劳动；③ 劳动者提供的劳动是用人单位业务的组成部分。据此，用人单位没有与劳动者订立书面劳动合同的，但同时符合上述三个条件的，则认定用人单位与劳动者之间成立劳动关系，即形成事实劳动关系。

↘ **典型案例 7-1：**刘某于某农贸市场有限公司处工作。农贸市场与刘某签订了一份劳务合同，刘某据此提出劳动仲裁申请，要求裁决农贸市场向其支付未签订劳动合同的双倍工资。仲裁委查明：刘某于 2013 年 5 月 1 日通过招工进入农贸市场工作，双方签订了劳务合同，劳务合同中仅仅约定“农贸市场根据自身需要委托刘某承担市场秩序维持工作，双方之间是劳务关系，农贸市场有权随时解除双方劳务合同并无须承担任何补偿。刘某在农贸市场工作至 2014 年 3 月 1 日。仲裁委认为，刘某进入农贸市场处从事的市场秩序维持工作即为保安，每周工作 6 天，必须按时打卡上下班，工资由农贸市场按月支付，因此刘某与农贸市场之间存在事实劳动关系。而双方仅签订了不具备劳动合同必备条款的劳务合同，故仲裁委裁决支持刘某要求农贸市场支付未签订劳动合同双倍工资的仲裁请求。

请问：劳动者与用人单位签订了劳务合同是否双方就不具有劳动关系？签订的劳务合同是否能代替劳动合同？

（二）劳动权利

当劳动者与用人单位建立劳动关系后，其应当享有劳动权利。这里需要特别指出的是“与用人单位建立劳动关系”并不以劳动者是否与用人单位订立劳动合同为依据，而是看双方之间是否存在用工行为，因为根据《劳动合同法》第 10 条的规定，用人单位与劳动者在用工前订立劳动合同的，劳动关系自用工之日起建立。这项规定将有利于保护劳动关系中处于弱势的劳动者一方权益。当劳动者与用人单位建立劳动关系后，劳动者应享有如下几项劳动权利。

1. *劳动者最基本的权利——劳动权*

劳动是人们生活的第一个基本条件，是创造物质财富和精神财富的源泉。劳动权是有劳动能力的公民获得参加社会劳动和切实保证按劳取酬的权利。公民的劳动就业权是公民享有其他各项权利的基础。如果公民的劳动就业权不能实现，其他一切权利也就失去了基础。我国将劳动权作为公民基本权利写进宪法，《宪法》第 42 条规定：“中华人民共和国公民有劳动的权利和义务。国家通过各种途径，创造劳动就业条件，加强劳动保护，改善劳动条件，并在发展生产的基础上，提高劳动报酬和福利待遇。”《劳动法》又进一步将劳动权确定为劳动者的首要基本权利，使劳动权有了更充分的保障。劳动权具体表现为就业权，劳动权要通过就业权来实现，保障了就业权就保障了劳动权。就业权也包括择业权，即劳动者有根据自己的志向、爱好和特长等自主选择职业的权利。《劳动法》第 12 条规定：“劳动者就业，不因民族、种族、性别、宗教信仰不同而受歧视。”第 13 条规定：“妇女享有与男子平等的就业权利。在录用职工时，除国家规定的不适合妇女的工种或者岗位外，不得以性别为由拒绝录用妇女或者提高对妇女的录用标准。”《就业促进法》就是国家为促进就业，多渠道提供就业机会，努力实现充分就业而制定的专门法律。

同时，劳动权还体现为劳动者有选择职业的权利，是指劳动者根据自己的意愿选择适合自己才能、爱好的职业。劳动者拥有自由选择职业的权利，有利于劳动者充分发挥自己的特长，促进社会生产力的发展。劳动者在劳动力市场上作为就业的主体，具有支配自身劳动力的权利，可根据自身的素质、能力、志趣和爱好，以及市场资讯，选择用人单位和工作岗位。

选择职业的权利是劳动者劳动权利的体现，是社会进步的一个标志。

2. *劳动者身心健康的保障——休息休假权*

我国《宪法》规定，劳动者有休息的权利，国家发展劳动者休息和休养的设施，规定职工的工作时间和休假制度。休息休假权是指劳动者在法律规定的工作时间后进行休息和休养的权利，这是公民的基本权利。休息休假的权利是实现劳动权的必要保证。《劳动法》第3条也规定了劳动者享有休息休假的权利，第四章规定了工作时间和休息休假；《劳动合同法》规定用人单位不得强迫或变相强迫劳动者加班；《职工带薪年休假条例》规定符合条件的职工均可以享受带薪年休假的法律保护以保障劳动者休息休假权的权利。国家规定劳动者享有每周公休假期、法定节假日、探亲假和年休假等权利，并对工作时间及延长工作时间作出规定，目的就是保证劳动者有一定时间的休息，劳逸结合，保障劳动者实现休息权，保护劳动者身体健康，提高工作效率和劳动生产率；保证劳动者有充分的自由支配时间，便于参加科学技术文化教育，料理家务及教育子女，从而充分调动劳动者的积极性和创造性，提高工作效率和经济效益，促进生产和建设的发展。

3. *劳动者生存发展的保障——获得报酬权*

获取劳动报酬是劳动者持续地行使劳动权不可缺少的物质保证。获得报酬权是指劳动者有权按照劳动法律法规要求用人单位或雇主按时足额支付劳动报酬的权利。随着劳动制度的改革，劳动报酬成为劳动者与用人单位所签订的劳动合同的必备条款。劳动者付出劳动，依照合同及国家有关法律取得报酬，是劳动者的权利。而及时定额地向劳动者支付工资，则是用人单位的义务。用人单位违反这些应尽的义务，劳动者有权依法要求有关部门追究其责任。因此，国家对于劳动者获得劳动报酬给予了特别的关注，如为保障劳动者的初次就业在试用期的报酬权，《劳动合同法》规定了试用期最低工资标准；在原劳动部的《工资支付暂行规定》中，劳动者如因本人原因给用人单位造成经济损失的，用人单位从劳动者工资中扣除损失赔偿每月不得超过劳动者当月工资的20%；若扣除后的剩余工资低于当地月最低工资标准，则按最低工资标准支付；另外，对于劳动者加班工资应给予其150%～300%不等的工资报酬等。这些法律规定都保障了劳动者生存所必需的获得报酬的权利。

4. *劳动者生命健康的保障——劳动安全卫生权*

劳动安全卫生权是指劳动者享有在劳动过程中要求改善劳动条件，以使自己的身体健康和生命安全得到有效保护的权利。如果用人单位劳动保护工作欠缺，其后果是不仅使其某些权益丧失，而且使劳动者健康和生命直接受到伤害。因此劳动安全卫生权是劳动法规定的劳动者享有的一项重要的基本权利，是对享受劳动权利的主体切身利益最直接的保护。只有加强劳动者劳动保护，改善劳动安全卫生条件，确保劳动者的健康安全，才能激发劳动者的积极性，促进生产的发展。如果不重视劳动保护，不及时消除劳动过程中的不安全因素，劳动者在危机与威胁中从事生产劳动是不可能心情舒畅、集中注意力的。赋予劳动者劳动安全卫生权意味着劳动者所在的用人单位必须加强劳动保护工作，有义务确保劳动者在劳动过程中的健康和安全，不断改善劳动安全卫生条件。

5. *劳动者的职业安全网——社会保障权*

社会保障权主要包括社会保险权、社会福利权、社会救助权和社会优抚权四方面权利。其中，社会救助权是最低层次的社会保障权，以保障最低生活水平为目标；社会保险权是基本保障，以劳动关系为基础，以保障基本生活水平为目标；社会福利权则属于增进城乡全体公民生活福利的更高层次的社会保障权；社会优抚权则是特殊性质的社会保障权，保障社会上备受尊敬的军人及其家属，以及因维护国家或社会利益、从事公共活动而致使生命或健康受到损害的人员及其家属的基本生活。

6. 劳动者职业发展的保障——职业技能培训权

我国《宪法》规定，公民有受教育的权利和义务。所谓受教育既包括受普通教育，也包括受职业教育。公民要实现自己的劳动权，必须拥有一定的职业技能，而要获得这些职业技能，越来越依赖于专门的职业培训。因此，劳动者若没有职业培训权利，那么劳动就业权利也就成为一句空话。职业技能培训权，是劳动者享有参加劳动所必需的，提高劳动技能、就业能力或各种业务学习和进修的权利。我国《劳动法》第 3 条规定了劳动者享有接受职业技能培训的权利。第 66 条规定："国家通过各种途径，采取各种措施，发展职业培训事业，开发劳动者的职业技能，提高劳动者素质，增强劳动者的就业能力和工作能力。"第 68 条规定："用人单位应当建立职业培训制度，按照国家规定收取和使用职业培训经费，根据本单位实际，有计划地对劳动者进行职业培训。"这些规定都说明了劳动者享有法定的接受职业培训的权利，不容任何单位和个人侵犯。

7. 劳动者参与组织社会团体的保障——组织与参加工会权

组织与参加工会权是指劳动者有自由组织与参加工会，保障自己经济权利、劳动社会权益的自由。一般地说，在劳动关系的两个主体——劳动者和用人单位中，劳动者往往处于弱势地位，用人单位则处于相对的强势地位。为了使法律规定的劳动者权利得到切实的实现，我国采取了工会和职工代表大会的组织形式，由其代表职工和组织职工参加国家和社会事务的管理，以及在企业中组织和代表职工参与企业的决策和管理。显然，工会和职工代表大会是代表和维护劳动者权益的主要组织，是劳动者实现劳动权利的主要途径之一。随着 2001 年 2 月 28 日全国人大常委会对联合国《经济、社会及文化权利国际公约》（以下简称《公约》）的批准，组织与参加工会权作为《公约》中所规定的，而未被我国《宪法》所涵盖的一项具体的经济权利被我国政府以法律的形式所承认。是否承认集会、结社自由是衡量一个国家民主程度的重要标志。这对于劳动者来说，最直接、最集中的表现就在于劳动者组织与参加工会的权利。《工会法》《劳动法》《劳动合同法》等法律法规中都明确规定了工会在维护劳动者权益方面的责任，并以法律的形式保障了劳动者组织与参加工会的权利，保障工会依法独立自主地开展工作，使劳动者的合法权益得到维护。

8. 劳动者参与用人单位管理工作的保障——民主管理权

用人单位的民主管理权是指劳动者在本单位范围内通过职工代表大会和其他形式，审议单位的重大决策，监督单位管理者，从而维护自身合法权益的权利。吸收职工参加企业管理，已成为现代企业管理的重要内容和发展趋势。劳动者参与企业民主管理，可以有效地行使民主监督权，促进企业管理科学化，充分体现劳动者的主人翁地位，可以使劳动者同生产资料更紧密地结合，发挥劳动者的积极性和创造性，从而增强企业的活力，提高企业的经济效益。

9. 劳动者维护自身权益的保障——劳动争议救济权

劳动争议是指劳动关系当事人，因执行《劳动法》或履行集体合同和劳动合同的规定引起的争议。劳动关系当事人，作为劳动关系的主体，各自存在着不同的利益，双方不可避免地会产生分歧。劳动争议救济权是指劳动者与其所在的用人单位发生劳动争议时，可以向有关部门申诉反映情况，提请处理，或者依照处理劳动争议的法定程序，申请调解、仲裁和提起诉讼的权利。提起劳动争议处理权是法律赋予劳动者的一项重要的民主权利。它是保障劳动者实现劳动权利，维护自身合法权益不可缺少的条件，也是劳动关系法律化，健全社会主义民主与法制的要求。保障劳动者提起劳动争议救济权的实现，可以维护劳动关系双方当事人的合法权益，可以消除用人单位与劳动者之间的隔阂，增进用人单位与劳动者之间的合作，可以避免矛盾激化和产生恶性事件，促进社会和谐发展。

10. 特殊劳动者的职业安全保障——特殊群体保护权

对于劳动者中的女性和残障人士群体，应采取特殊的劳动保护措施保障其健康安全地工作。我国《劳动法》《妇女权益保障法》《残疾人权益保障法》《劳动合同法》等法律法规规定用人单位有义务对与其建立劳动关系的劳动者，特别是女性、残疾人劳动者按照她（他）们的身体、生理特点，采取有效的职业安全和健康保障措施。

三、劳动合同制度

劳动者从到用人单位工作之日起即与用人单位建立起了劳动关系，根据《劳动合同法》的规定，建立劳动关系应当订立书面劳动合同。已建立劳动关系，未同时订立书面劳动合同的，应当自用工之日起一个月内订立书面劳动合同。

（一）劳动合同的基本内容

劳动合同的内容有两个部分：一是必备条款的内容，二是协商约定条款的内容。

（1）必备条款。根据《劳动合同法》第 17 条的规定，劳动合同应当以书面形式订立，并具备以下条款：① 用人单位的名称、住所和法定代表人或者主要负责人；② 劳动者的姓名、住址和居民身份证或者其他有效身份证件号码；③ 劳动合同期限；④ 工作内容和工作地点；⑤ 工作时间和休息休假；⑥ 劳动报酬；⑦ 社会保险；⑧ 劳动保护、劳动条件和职业危害防护；⑨ 法律、法规规定应当纳入劳动合同的其他事项。

（2）协商约定条款。用人单位与劳动者订立劳动合同时除上述必备条款外，还可以协商约定其他的内容，即协商约定条款。这部分条款的内容，是当国家法律规定不明确，或者国家尚无法律规定的情况下，用人单位与劳动者根据双方的实际情况协商约定的一些随机性的条款，如可以约定试用期、培训、保守用人单位商业秘密、补充保险和福利待遇等内容。随着劳动合同制度的实施，人们的法律意识、合同观念会越来越强，劳动合同中约定条款的内容会越来越多。

（二）签订劳动合同的基本原则

《劳动合同法》第 3 条规定，订立劳动合同，应当遵循合法、公平、平等自愿、协商一致、诚实信用的原则。依法订立的劳动合同具有约束力，用人单位与劳动者应当履行劳动合同约定的义务。

（1）合法原则。合法是指订立劳动合同的双方不得违反法律和行政法规的规定，也就是说，订立合同的主体和内容必须合法。对不合法的内容，劳动合同的双方当事人要运用法律武器维护自己的合法权益。

（2）公平原则。公平是指劳动合同的内容应当公平、合理，也就是说，在符合法律规定的前提下，劳动合同双方公正、合理地确立双方的权利和义务。

（3）自愿原则。用人单位不能强迫或欺骗劳动者签订劳动合同，劳动者签订劳动合同应完全出于自己的意愿。

（4）平等原则。平等是指订立劳动合同的劳动者和用人单位的法律地位平等。只有做到地位平等，才能使所订立的劳动合同具有公正性。因此劳动者到用人单位开始工作时，应该依据《劳动合同法》的规定，要求用人单位签订劳动合同。在合同上签字前一定要仔细阅读合同条款，谨防合同“陷阱”。

（5）协商一致原则。协商一致原则要求劳动合同的各项条款，包括必备条款和协商约定条款，都是经过平等协商取得一致的意见。

（6）诚实信用原则。订立劳动合同的双方应诚实守信，严格履行其义务，不得滥用权利，不得规避法律或合同规定的义务。

（三）劳动合同的无效

《劳动合同法》规定，下列劳动合同无效或者部分无效：

（1）以欺诈、胁迫的手段或者乘人之危，使对方在违背真实意思的情况下订立或者变更劳动合同的；

（2）用人单位免除自己的法定责任、排除劳动者权利的；

（3）违反法律、行政法规强制性规定的。

对劳动合同的无效或者部分无效有争议的，由劳动争议仲裁机构或者人民法院确认。

劳动合同部分无效，不影响其他部分效力的，其他部分仍然有效。劳动合同被确认无效，劳动者已付出劳动的，用人单位应当向劳动者支付劳动报酬。劳动报酬的数额，参照本单位相同或者相近岗位劳动者的劳动报酬确定。

（四）签订劳动合同的注意事项

劳动者与用人单位订立劳动合同是一件非常严肃认真的事情，不能有丝毫马虎，一份完善的劳动合同不仅可以保障工作顺利、安全地进行，更能够在发生纠纷时及时、妥善地解决双方纠纷，把损失减到最小程度。

（1）劳动者应当在订立劳动合同前了解有关保护劳动者合法权益的法律、法规及相关政策，以做到心中有数，如《劳动法》《劳动合同法》《就业促进法》《劳动争议调解仲裁法》等。例如，根据《劳动法》对试用期的规定，劳动合同期限三个月以上不满一年的，试用期不得超过一个月；劳动合同期限一年以上不满三年的，试用期不得超过两个月；三年以上固定期限和无固定期限的劳动合同，试用期不得超过六个月。同一用人单位与同一劳动者只能约定一次试用期。以完成一定工作任务为期限的劳动合同或者劳动合同期限不满三个月的，不得约定试用期。试用期包含在劳动合同期限内。劳动合同仅约定试用期的，试用期不成立，该期限为劳动合同期限。

↘ **典型案例 7-2**：2014 年 1 月 10 日小王入职时，公司告知他有三个月的试用期，但是没有与小王签订书面的劳动合同。2014 年 3 月 15 日，公司通知小王，由于他在试用期表现不佳，所以公司决定辞退他。小王觉得很委屈，因为在试用期内他确实努力工作而且自认为表现是很好的。

请问：在这种情况下，小王应该怎么办？

（2）劳动合同应依法订立，只有主体合法、内容合法、形式合法、程序合法的劳动合同才能产生法律效力。不合法的劳动合同，属于无效合同，不受法律承认和保护。因此，劳动者要对用人单位的合法性进行认真审核，了解对方是否具有从事相关经营的资格、资质、履约能力和信用等级等，可要求对方提供相应的证明文件（包括营业执照复印件、资质证明）并在所提供的文件上签名盖章以确保真实，同时还应仔细察看企业注册的有效期限是否过期。

（3）劳动合同的内容要全面，包括劳动合同中的必备条款和协商约定条款，尤其是必备条款的内容不要有疏漏。合同字句要准确、清楚、完整、明白易懂，不能用缩写或含糊不清的文字表达。每项条款的表述应明确，以没有歧义为标准，否则就有可能在劳动执行过程中产生误解或曲解，甚至带来不必要的争议，给订立双方造成损失，也为合同争议的处理带来困难。

（4）订立的劳动合同应是书面形式的合同，即“口说无凭、立字为据”，避免签“口头合同”，并且要求保留一份合同。劳动合同都有一定的期限，而且劳动关系非常复杂，涉及诸多内容。采取书面形式能够使权利义务明确、具体，有利于合同的履行。一旦发生争议，也有据可查，便于争议的解决。合同订立后，应将合同正式文本复印若干份，将原件保存好，平时尽量用复印件，以免原件丢失带来举证麻烦。

（5）试用期内也要签劳动合同，这一点往往被劳动者忽略。有些用人单位为了逃避责任，在试用期内，往往不与劳动者签订劳动合同，一旦试用期满，就找种种借口将劳动者辞退，因此劳动者在试用期内一定要与用人单位订立书面合同。这样，一旦发生劳动纠纷、争议，就有了法律依据。

↘ **典型案例 7-3：** 赵某是某公司的销售代理人员。2008 年，该公司与其签订劳动合同。合同规定：赵某可以从产品销售利润中获得 60%的提成，本人的病、伤、残、亡等企业均不负责。在一次外出公干中，由于交通事故，赵某负伤致残。赵某和该公司发生了争议并起诉到劳动行政部门，要求公司解决其伤残保险待遇问题。

请问：该合同条款是否合理？

四、大学生劳动权益保护

随着我国社会市场经济体制的逐步建立和完善，双向选择、自主择业、平等竞争、优胜劣汰已经成为大学生就业和人才市场的必然趋势。如何充分利用自己所享有的权利，选择好有利于事业成功的职业；认真履行自己的义务，顺利走向工作岗位，成为大学毕业生应关注的头等大事。

毕业生在与用人单位建立劳动关系之前，即毕业生在选择职业期间应当享有的择业就业权利的内容包括以下几个方面。

（一）大学生的择业权利

1. 平等就业权

平等就业权是择业者的首要权利。我国《宪法》赋予了公民劳动的权利，大学毕业生作为即将走向社会的有知识的毕业生，理当享有这项权利。毕业生在择业过程中不得因其民族、种族、性别、政见、信仰、身体状况、社会出身不同等而受到歧视，被排斥适用公平均等机会，被取消、损害就业与职业机会及违反待遇平等原则给予区别对待的权利。这些主要是针对用人单位对毕业生的就业歧视而提出的。近年来，一些本科毕业生、外地毕业生、女生，被一些大学生们戏称为最不好找工作的“类型”，此外，身高歧视、性别歧视、容貌歧视、生源地歧视、对乙肝病毒携带者的歧视，以及对学生毕业学校的歧视等就业现象，不胜枚举。为此，《劳动法》第3条“劳动者享有平等就业和选择职业的权利”的规定为毕业生的劳动权利之一——平等就业权给予了保障。

2. 自由择业权

自主择业权是择业者的基本权利。《中国教育改革和发展纲要》提出了我国高校毕业生就业制度改革的目标模式，即实行少数毕业生由国家安排就业，多数由学生“自主择业”的就业制度。通过各级毕业生就业市场选择职业是毕业生就业的重要途径。自由择业权是指毕业生有权按照自己的意愿选择职业，包括自由选择是否从事职业劳动，从事何种职业劳动，何时从事职业劳动，在哪一类或哪一个用人单位从事职业劳动等权利。毕业生的自由择业权否定了就业上的行政安置和强制劳动，充分体现了毕业生可以自由处分自己的劳动权。毕业生自由选择工作岗位，成为人才市场的主体，通过与企业的双向选择实现就业，自由独立地享有支配自身劳动力的权利，根据自身素质、意愿和市场价格信号，选择用人单位。选择职业的权利是毕业生劳动权利的体现，是社会进步的体现。在现阶段，由于我国各地区经济发展很不平衡，高等学校的分布也不均匀，毕业生的结构在近期内还不能完全满足社会各方面的需要，毕业生就还不具备完全的自主择业的条件，只能是在国家方针、政策指导下，在一定范围内的“自主择业”，而不是随心所欲的“自由择业”。因此，择业者自觉接受国家相关就业方针、政策的指导，是正确行使择业权利的前提和保证。

3. 择业知情权

全面真实地了解用人单位的情况，是择业者实现自己就业愿望的前提，是保障自身利益的一种权利。教育部根据《普通高等学校毕业生就业暂行规定》而制定的“全国普通高等学校毕业生就业协议书”中规定，毕业生有权向用人单位了解使用意图等基本情况；用人单位有义务向毕业生如实介绍本单位的情况，并提供相关资料。择业知情权是指毕业生有权要求用人单位将直接涉及毕业生切身利益的规章制度和重大事项决定公示，或者告知毕业生，并如实告知毕业生工作内容、工作条件、工作地点、职业危害、安全生产状况、劳动报酬，以及毕业生要求了解的其他情况。《劳动合同法》明确规定以上内容还应当以书面形式写在劳动合同中，以保证毕业生的实体权益。

4. 择业安全权

择业安全权是毕业生人身、财产安全的保障，是指毕业生在求职择业过程中人身、财产安全获得保障，免遭用人单位不法伤害的权利。对毕业生来说，其人身、财产安全权是《宪法》赋予公民的最基本的权利，包括生命健康、姓名、名誉、肖像及对个人财物处分等权利，人身、财产安全受损，等于从根本上否定了毕业生的权利。用人单位不得向毕业生索要办证费、资料费、报名费、劳保费、保险费、体检费、保证金、押金等非法费用；不得利用毕业生择业心切、易于诱骗、防卫能力差、易于掌控的特点，对毕业生实施侵害。

5. 岗前培训权

岗前培训是毕业生职业生涯起步的保障。岗前培训权是毕业生在正式工作以前享有参加劳动所必需的，提高劳动技能、就业能力的各种业务学习和进修的权利。在择业过程中，毕业生通过职业技能培训，可以有效地增强自身的就业能力和专业技能，促进其全面素质的提高。建立岗前教育制度，对毕业生进行岗前培训是生产本身的客观要求，保障毕业生岗前职业培训权的实现，有助于提高毕业生的文化素质和职业技能水平，有助于提高毕业生劳动生产率。

6. 过渡期保障权

过渡期保障权是指毕业生在实习期、试用期、见习期所应当享有的保障个人安全与和谐发展的权利。一些用人单位利用毕业生对这些期限混淆不清及毕业生相对用人单位所处的弱势地位，任意削减毕业生权益。《劳动合同法》首次规定了试用期时间设定的限制和试用期工资的最低水平，保障了毕业生的试用期劳动权利。但是，对于实习期的报酬、安全保障等，法律却仍没有给出明确的规定，这样很容易在这些法律盲区造成一些对毕业生的侵权行为。因此，应进一步加强对毕业生职业过渡期权利保障的保护。

7. 劳动合同倾斜保护权

劳动合同倾斜保护权是指毕业生享有《劳动合同法》倾斜保护毕业生权利的权利。《劳动合同法》作为规范劳动关系和劳动合同的专门法律，其在立法宗旨上就提出对毕业生倾斜保护的原则，在具体的法律条文中，如禁止设定担保、超过宽限期签订劳动合同的处理、设定竞业限制、试用期、培训、无定期劳动合同条件的形成、同工同酬、劳动合同解除等多方面的规定都体现了对毕业生的倾斜保护原则。随着《劳动合同法》司法解释和相适应的行政法规的进一步推出，对毕业生在求职中的劳动合同倾斜保护将进一步体现，这也说明劳动关系逐渐由形式公平向实质公平转变，毕业生受尊重需要逐步得以满足。

8. 接受就业指导权

接受就业指导权是每个毕业生都享有的权利。《高等教育法》规定，高等学校应当为毕业生提供就业指导和服务。接受就业服务权包括接受就业指导与信息服务的权利，毕业生有权从学校、社会、国家获得及时、有效的就业指导与就业信息服务。学校除了应将“就业指导”课纳入大学的教学计划外，还可以通过网络、短信、QQ群、微博、微信等形式，发布毕业生需求信息，提高就业服务工作的专业化、信息化水平。《就业促进法》就地方各级人民政府和有关部门对失业人员的服务内容，县级以上人民政府建立健全公共就业服务体系，为毕业生免费提供就业服务项目及就业服务经费预算作出了明确的规定，同时还禁止了政府举办的经营性职业中介机构、招聘会，规定政府在提供就业指导与就业信息服务方面的责任及社会力量提供就业服务、指导的途径和鼓励措施。高等学校的就业指导工作主要是为了帮助毕业生根据自身特点和社会职业需要，选择最能发挥自己才能的职业，全面、迅速、有效地与工作岗位结合，实现自己的人生价值和社会价值。毕业生应该好好地利用自己的这项权利，在择业之前首先熟悉国家的就业政策，了解社会需求信息，树立正确的择业观，增强择业意识，掌握求职技巧，不断提高主动适应社会需要的能力。

9. 获得就业推荐权

获得就业推荐权是指毕业生有权要求学校和职业介绍机构在择业过程中公正、及时、分型地向用人单位推荐自己的权利。学校对毕业生的推荐应做到公平、公正，结合毕业生特点给予就业推荐的机会，不能厚此薄彼。学校、职业介绍机构与用人单位应建立良好的就业与诚信信息互通机制，减少信息传递误差，方便毕业生就业。

10. 获取就业信息权

毕业生就业政策的普遍性和严肃性，要求高等学校、毕业生及用人单位都必须严格按照有关就业政策，规范和指导毕业生求职择业活动。高等学校及有关部门有责任及时向毕业生公布和宣讲国家及有关地区、部门的就业政策。只有这样，毕业生才能在求职择业时做到胸有成竹、从容不迫，否则就会在求职择业过程中，出现盲目选择，导致事与愿违，甚至因政策盲点而处处碰壁。

（二）大学生的择业义务

1. 服从国家和社会需要的义务

毕业生在选择工作单位时考虑个人因素是无可非议的。然而，作为当代大学生，应当具有立志成才并报效国家和回报社会的思想觉悟。加之我国的高等教育经费投入现在还是以国家财政拨款为主，国家和社会为举办教育投入了巨大的财力、物力和人力，为大学生的学习和成才创造了良好的条件。因此，上大学还不完全是一种投资于未来发展的个人行为，就业也就不应该只是只顾个人意愿的个人行为，而应服务于国家和社会的需要。

作为新时代的大学生，肩负历史重任，理应志存高远，勤恳敬业，不畏艰辛，勇做新时代的拓荒者，在国家优先发展而急需人才的单位，在贫苦地区，在陷入困境的国有大中型企业的生产、科研、教学第一线，最能锤炼人的意志，也最能展示才华，实现人生价值。

2. 履行特定的义务

对于从国家、社会或培养单位获得特殊权利的毕业生，依照权利和义务相一致的原则，必须履行超过一般大学生的特殊义务。比如委托培养和定向培养的毕业生、师范专业的毕业生、系统和行业毕业生等，一般应在本系统、本行业的范围内自主择业。

3. 如实推荐自己的义务

毕业生在求职择业过程中，如实向用人单位介绍自己的情况，是基本的择业道德要求。毕业生在填写推荐表、写自荐信、与用人单位洽谈介绍自己时，必须实事求是，全面准确。讲优点不要夸张，讲缺点不能回避，有过失不可隐瞒，填成绩不能虚假。人生最可贵的品格是诚实，诚实的品格是人才思想素质的重要方面。具有这种品格的毕业生，才是受社会欢迎的。

4. 遵守协议的义务

毕业生与用人单位“双向选择”确定之后，就要签订就业协议，遵守协议是就业工作顺利进行的保证。讲信誉是对毕业生就业道德的基本要求。毕业生不能朝三暮四，这山望着那山高，签订就业协议要慎重，一经签订就不能随便违约。如果毕业生不能严格遵守协议，随便违约，不仅影响学校正常的就业秩序，也会损害用人单位、毕业生和其他毕业生的利益。

（三）常见的大毕业生就业劳动权益纠纷

1. 择业阶段常见的劳动权益纠纷

（1）就业歧视。具体表现有：性别歧视、生理歧视、健康歧视、经验歧视、学历歧视、户籍歧视、年龄歧视、地域歧视等。

（2）虚假和欺诈性招聘。具体表现有：夸大或隐瞒单位实际情况，引诱毕业生上当受骗；非法传销诱骗毕业生；签订高额违约金的就业协议等。

（3）巧立名目，收取费用。

（4）侵犯隐私权。

（5）非法要求提供担保。

（6）扣押证件。

2. 签约阶段常见的劳动权益纠纷

（1）就业协议签订的主体资格问题；

（2）就业协议的效力问题；
（3）就业协议内容不符合法律规定；
（4）补充条款违反法律规定；
（5）协议书签订程序不规范。

3. 就业报到阶段常见的劳动权益纠纷

（1）不签订劳动合同或者延迟签订劳动合同；
（2）签订的劳动合同与就业协议书内容不一致；
（3）劳动合同不规范；
（4）收取押金、培训费；
（5）延长试用期。

4. 合同履行阶段常见的劳动权益纠纷

（1）薪酬缩水、待遇不兑现；
（2）违法加班加点；
（3）社会保险问题；
（4）违法辞退；
（5）违法收取高额违约金；
（6）设置“霸王条款”“生死条款”；
（7）逃避签订无固定期限劳动合同；
（8）违法使用劳务派遣员工或无序进行人力资源外包；
（9）违法约定违约金和劳动合同的终止条款；
（10）劳动合同的文本不交给当事人；
（11）不依法支付加班工资；
（12）无故克扣、拖欠工资；
（13）违法解除、终止劳动合同；
（14）不履行劳动合同解除或终止的附随义务，侵害毕业生权益；
（15）违反劳动工时标准，侵害毕业生休息权益。

五、劳动争议法律救济

法谚称“没有救济就没有权利”。前文中我们已介绍了劳动者在择业、就业与劳动关系建立过程中在实体法上的权益，但是法律仅规定劳动者享有权利是不够的，尚需要通过对这些权利的保护和对侵犯这些权利的制裁来保证权利的真正实现，这便是对权利的救济。

（一）劳动争议的法律救济途径和程序

1. 劳动争议的概念及类型

劳动争议，又称劳动纠纷，许多国家和地区则称劳资争议或劳资纠纷。其广义是指劳动关系双方当事人或其团体之间关于劳动权利和劳动义务的争议；其狭义仅指劳动关系双方当事人之间关于劳动权利和劳动义务的争议。在劳动立法和劳动法学中，一般取其狭义。劳动争议的当事人，一方为劳动者或其团体，另一方为用人单位或其团体；从内容上来看，劳动争议只涉及劳动权利和劳动义务；劳动争议的形式，表现为当事人双方提出不同主张和要求的意思表示。

依据《中华人民共和国企业劳动争议处理条例》的规定，我国现阶段受理的范围是境内企业与职工之间发生的下列争议：① 因企业开除、除名、辞退职工和职工辞职、自动离职发生的争议；② 因执行国家有关工资、保险、福利、培训、劳动保护的规定发生的争议；③ 因履行劳动合同发生的争议；④ 法律、法规规定应当依照争议处理条例处理的其他劳动争议。此外，国家机关、事业机关、社会团体和与之建立劳动合同关系的劳动者之间，以及个体工商户与帮工、学徒之间发生的劳动争议，可参照争议处理条例执行。

劳动争议可以分为以下几种类型。① 按争议主体划分，劳动争议可以分为个人劳动争议和集体劳动争议。前者指劳动者个人与用人单位发生的争议；后者指劳动者为 3 人以上，并有共同理由的劳动争议。② 按照争议的合同划分，劳动争议可以分为劳动合同争议和集体合同争议。前者指确认劳动合同效力和履行劳动合同发生的争议；后者指因订立、履行集体劳动合同发生的争议。③ 按争议的内容划分，劳动争议可分为：因开除、除名、辞退职工和职工辞职、自动离职发生的争议；因执行国家有关工时、工资、保险、福利、培训、劳动保护的规定发生的争议；因履行劳动合同、集体合同发生的争议；法律、法规规定的其他劳动争议。

↘ **典型案例 7-4：** 王茁于 2004 年 1 月 1 日进入上海家化，担任副总经理一职，2012 年 12 月 18 日起担任总经理。2013 年 11 月 19 日王茁与上海家化签订了无固定期限劳动合同，合同约定王茁每月工资为税前 51 900 元。2014 年 3 月起，王茁的月工资调整为 54 495 元。2014 年 5 月 13 日，上海家化以“总经理王茁的工作责任心不强，导致普华永道对公司出具了否定意见的审计报告，这严重违反公司规章制度。对于公司内部控制否定意见的审计报告受到新闻媒体负面报道，对公司造成恶劣影响，对公司形象及名誉造成重大损害”为由解除劳动合同。6 月 24 日，王茁诉上海家化的劳动仲裁在上海市虹口区劳动人事争议仲裁委员会开庭审理。王茁请求恢复其与上海家化之间的劳动关系，并要求上海家化赔偿违法解除劳动合同期间自己的工资损失。上海市虹口区劳动人事争议仲裁委员会对王茁要求与上海家化恢复劳动关系的请求予以支持，并要求上海家化在裁决书生效七日之内，向王茁支付恢复劳动关系期间的工资，共计 42 355.17 元。上海家化向虹口区人民法院提起劳动争议诉讼。

请问：此案属于何种争议？

2. 劳动争议的处理方式与处理机构

劳动争议的处理方式归纳起来可以分为合意方式和裁决方式两大类。

劳动争议处理的合意方式，即当事人双方通过自行协商或者在特定机构干预下协商，相互妥协或单方面妥协，从而达成解决劳动争议的协议，因而又称为妥协方式或协议方式。其具体形式主要表现在三个方面。① 和解，即当事人双方自行协商，达成解决劳动争议的协议。其特征主要是：无第三人参与，不受程序约束，协议的达成和遵守完全由双方自愿。② 调解，即在第三人主持下，通过说服、疏导，使劳动争议在当事人双方的互谅互让中得以解决。我国立法所允许的劳动争议调解，包括用人单位调解机构调解、仲裁程序中调解和诉讼程序中调解。③ 调停，即当事人双方在第三人的居中调和下，按照第三人提出的关于解决有争议问题的建议（调停方案）达成解决劳动争议的协议。调停与调解的主要区别在于，调解机构只促使当事人和解而不提出建议，调停机构则要提出调停方案并促使当事人接受。

劳动争议处理的裁决方式，即由特定机构对劳动争议依法进行审理并作出具有法律效力的处理决定，使其得以解决。其具体形式主要表现为：① 仲裁裁决，即由仲裁机构或有关行政机构依据《劳动争议调解仲裁法》对劳动争议作出裁决；② 法院判决，即由审判机构依法对劳动争议作出判决。

在我国，劳动争议的处理机构有三种类型，即调解（调停）机构、仲裁机构和司法机构。劳动争议调解机构，这里是指只能进行调解而不能裁决的机构（以下称为基层调解机构），在我国是指在用人单位内部设立劳动争议调解委员会，劳动争议调解委员会由职工代表、用人单位代表和工会代表组成，劳动争议调解委员会主任由工会代表担任；劳动争议仲裁机构，在我国是指劳动争议仲裁委员会，劳动争议仲裁委员会由劳动行政部门代表、同级工会代表、用人单位方面的代表组成，劳动争议仲裁委员会主任由劳动行政部门代表担任；劳动争议司法机构，由于我国没有设立专门负责审理劳动争议案件的劳动法院，劳动争议的司法机构就是人民法院，一般是由民事审判庭来审理的。

3. 劳动争议案件处理原则与程序

根据我国现行法律的规定，劳动争议处理机构处理劳动争议案件应当遵循以下三项原则：① 着重调解原则；② 合法、公正、及时处理原则；③ 适用法律一律平等原则。

劳动法将劳动争议案件的处理程序分为调解程序、仲裁程序和诉讼程序三个阶段，并确立了“或调或裁”“先裁后讼”制度。劳动争议当事人可以自由选择调解或仲裁方式解决争议，调解程序并非劳动争议案件进入仲裁程序的必经程序。同时，因履行集体合同发生争议，当事人协商解决不成的，可以直接向劳动争议仲裁委员会申请仲裁。而仲裁程序则是劳动争议案件进入诉讼程序的前置程序和必经程序。未经仲裁的劳动争议，当事人不得直接提起诉讼，法院也不得受理未经仲裁的劳动争议案件。这就是说，一般说来，人民法院是不直接受理劳动争议案件的，只受理当事人对仲裁裁决不服的争议案件。然而，由于劳动争议案件与民事案件在内容上也有交叉的情况，即有时同一个案件既是劳动争议案件，又是民事案件，因此，对这类案件人民法院可以依据《民事诉讼法》直接受理。在以下两种情况下，劳动者可以直接向人民法院起诉：① 已经经过劳动仲裁但未过诉讼时效的劳动争议；② 既是劳动争议案件又是民事案件的一类争议，主要是因工资发生的劳动争议案件。

4. 劳动争议案件的起诉条件与起诉状的内容

根据《民事诉讼法》的规定，结合劳动争议案件处理的具体情况来看，提起劳动争议诉讼应具备以下五个起诉的实质条件。① 起诉人必须是劳动争议的直接利害关系人。当事人因故不能起诉的，可以委托代理人代行起诉。其他人则无权提起诉讼。② 必须是经劳动争议仲裁机关裁决后，不服裁决的，或者是法院可以直接受理的。③ 必须有明确的被告。④ 必须有具体的诉讼请求和事实、理由。诉讼请求是劳动者向法院提出的、要求法院对用人单位或雇主判定其履行一定义务的请求，如，支付违约金、经济补偿金，交还劳动者的人事档案等。⑤ 必须在法律规定的时效内提出诉讼，即当事人应在收到仲裁裁决之日起十五日内向人民法院起诉，超过时效，法院不予受理。起诉必须同时具备以上五个实质条件，否则，起诉不成立。

起诉的形式条件主要是指起诉的方式。起诉应向人民法院提交起诉状，并按被告人人数提交起诉状副本，这是起诉方式的原则规定。原告要求法院通过判决满足其实体要求，理应向法院提交能表达其诉讼请求等事项的诉讼文书，这就是起诉状。

起诉状应写明的内容包括四项。① 当事人的有关情况。如果当事人所要起诉的单位是法人或其他组织，应写明法人或组织的名称、单位所在地、法定代表人或者主要负责人的姓名、职务等。如果有代理人的，需要写明代理人的姓名、住所、工作单位及与当事人的关系。② 当事人的诉讼请求及诉讼请求所依据的事实和理由，如要求用人单位发给拖欠的工资、支付加班费、办理劳动保险等。事实是指能支持所提出的要求的事实，细枝末节的东西不必列举。理由是所主张的请求的合法根据，包括法定的、老板许诺的、行业中一贯实行的，等等。③ 当事人的证据和证据来源，证人的姓名、住所等。④ 受诉法院名称，起诉的年、月、日，起诉人签名或者盖章。

法律在规定以书面起诉为原则的情况下，为了方便当事人起诉，充分保障当事人的起诉状，又作了例外的规定，即原告书写起诉状确有困难的，可以口头起诉，由法院记入笔录，并告知对方当事人。另外当事人对自己提出的诉讼请求应举出证据。在举证上实行“谁主张，谁举证”的原则，当事人主张的诉讼请求，当事人必须用足够的证据来证明其主张合法、合理，比如劳动合同、证人证言。

5. *劳动诉讼中当事人的权利与义务*

劳动争议中的诉讼权利便是诉权在诉讼中的具体化；而诉讼义务是正确行使诉讼权利不可缺少的前提和保障。对于当事人的诉讼权利，法院应当保护其充分地、顺利地行使，不得随意限制或剥夺，否则，便属于重大违反诉讼程序的行为。

当事人的诉讼权利内容广泛，贯穿于劳动争议诉讼各个阶段。当事人的诉讼权利分为两大类：用以处分实体劳动权益的诉讼权利和用以处分诉讼权益的诉讼权利。

用以处分实体劳动权益的诉讼权利的共同特点在于每种权利的行使都直接关系到劳动争议的当事人实体权益的存在状态，或反映了当事人请求司法保护的程度、范围等，其主要包括七项。① 起诉权、反诉权。这是劳动诉讼当事人最基本的权利。符合起诉条件的当事人，只要主观上希望通过诉讼获得司法保护，均可行使起诉权、反诉权。如果用人单位起诉劳动者违反劳动合同离职，劳动者可以反诉用人单位未兑现合用约定的劳动安全条件等。② 变更或承认诉讼请求。原告可以改变诉讼请求的数额、范围等，被告可以承认对方的诉讼请求，这样便免去了原告的举证责任。③ 请求和接受调解权。无论是哪方当事人，也无论在劳动诉讼的哪一个阶段，都可以请求法院进行调解，以调解协议的方式结束诉讼。④ 和解权。当事人有权在劳动诉讼中，自行达成和解协议，了结诉讼。⑤ 上诉权。当事人如果认为一审有错误，可以在法定上诉期间提起上诉。⑥ 请求执行权。法院裁判或调解书生效后，义务人拒不履行规定的义务时，权利人有权请求法院以司法强制手段迫使义务人履行义务。⑦ 撤回起诉权、上诉权。劳动争议的当事人有权决定是否请求国家的司法保护，这不仅表现为当事人有起诉权、反诉权，还表现为诉讼过程中当事人的想法有所改变的有权将已提出的诉讼撤回。

用以处分诉讼权益的诉讼权利包括六项。① 委托诉讼代理人权。劳动诉讼中的当事人不能亲自进行诉讼，或虽能亲自进行诉讼，但需要别人给予法律上的帮助时，都有权委托诉讼代理人。② 申请回避权。只要存在法律规定的情形，当事人就有权向法院申请有关审判人员或其他有关人员退出诉讼，以保证诉讼的公正。③ 提供证据权。各方当事人有权提出自己的证据，证明自己的请求正当，或者反驳对方的请求不正当。④ 进行辩论权。当事人可以通过诉状、法庭口头辩论等方式，充分发表自己的意见，从事实上和法律上论述自己请求的正确性或反驳对方请求的不正当性。⑤ 查阅庭审材料。当事人无论在劳动诉讼中还是诉讼结束后，都有权经法院许可后，阅读或复制本案件的庭审材料，但涉及国家机密、个人隐私的材料及法庭的合议笔录除外。⑥ 使用本民族语言文字进行诉讼的权利。

劳动争议当事人的诉讼义务主要有以下几项。① 依法正确行使诉讼权利，不得滥用。当事人必须按照诉讼法规定的方式、时间、程序等，行使自己的诉讼权利。② 遵守法庭纪律，服从法庭指挥，尊重对方当事人和其他诉讼参与人的诉讼权利。③ 自觉履行发生法律效力的判决、裁决、调解书中自己的义务。当事人不履行自己的诉讼义务时，将承担由此而产生的法律后果。如经两次传票传唤拒不到庭参加诉讼的，对原告视为撤回起诉，对被告可缺席裁决或拘传到法庭。又如不遵守法庭纪律，扰乱法庭秩序，人民法院可对其实施训诫、罚款、拘留等相应的强制措施。

6. 有关劳动者保护的原则和制度

劳动诉讼的支持起诉原则是指在受害者不敢或不能起诉时，机关、团体、企业事业单位可以支持受害者向人民法院起诉。这项原则的确立，目的在于利用社会力量，扶助弱小，扶正祛邪，以弘扬社会主义法制，发扬社会主义道德风尚。根据《民事诉讼法》的规定和工会法律的有关规定的精神，支持起诉应当符合如下几方面的要求。① 加害人的行为必须是侵权行为，该行为侵犯了国家、社会或者公民的劳动权益。② 受害的劳动者没有向人民法院起诉，即劳动者限于自己能力或出于某种顾虑，没有向人民法院请求司法保护。③ 支持起诉的人，应当是机关、团体、企业事业单位，如工会、法律援助机构等，公民不能支持他人起诉。在劳动争议中工会应给予劳动者支持和帮助，劳动者如果不知道怎样起诉、应诉、答辩、辩论时，工会可以为劳动者提供法律咨询，帮助劳动者拟写起诉状，做好起诉的准备工作。

劳动者权利保护的具体制度主要有法律援助制度、调解制度、劳动报酬的先予执行规定等。其中劳动争议的调解主要强调在不违反法律规定的前提下通过双方当事人相互协商，争取一方或双方作出某种适当让步的情况下达成争议解决目的，这种让步，并非法律所要求，也非法律所提倡，亦非法律所明文禁止，所以事实上，只要调解协议的内容与法律规定不相违背，法院就应确认其效力。而先予执行是指在终局判决之前，为了权利人生活或生产经营的急需，法院裁定义务人预先履行义务的制度。一般情况下，法院要等审理完毕，相应的法律文书生效之后才能执行。但生活中确实存在着特殊的情况，当事人的生产、生活急切需要被告提前履行所应担负的义务。在这种情况下，法律允许当事人提出申请，由法院决定对方提前履行义务。但由于先予执行是在法院查明案件事实之前责令当事人预先履行义务的，因此对适用这一措施的条件必须严格掌握。《中华人民共和国民事诉讼法》第 106 条第 2 款“追索劳动报酬的”由人民法院依当事人申请，可以裁定先予执行。《劳动合同法》第 30 条第 2 款当“用人单位拖欠或者未足额支付劳动报酬的，劳动者可以依法向当地人民法院申请支付令，人民法院应当依法发出支付令”。从这些规定可以看出，在事关劳动者报酬权保障的问题中，法律允许简化众多的前置程序，直接完成权利救济的目的。

（二）大学生就业劳动争议的自我保护

大学生就业竞争日趋激烈，就业压力日渐加大，一些招聘单位、中介机构或个人，利用大学生社会经验不足、自我保护意识差、求职心切等弱点，以提供就业机会为诱饵，采用违背道德、违反法律的手段，与大学生达成权利与义务不对等的就业意向或协议，使大学生受骗上当，合法权益受到侵害。因此，广大毕业生在求职过程中应当学会识别和规避各种就业陷阱，增强自我保护意识，了解和掌握维权求助的途径，最终实现自己的权益保护。

1. 识别和规避就业陷阱

1）费用陷阱

一些用人单位在招聘中向毕业生收取各种名目的费用，不但加重了毕业生的负担，有些根本就是骗取钱财。这些费用有风险抵押金、报名费、培训费、考试费、资料费、登记费、服装费等，有些毕业生不想错过机会，尝试着先把费用交了，但结果却是上当受骗。

我国《劳动力市场管理规定》第 10 条规定，禁止用人单位招用人员时有下列行为：向求职者收取招聘费用；向被录用人员收取保证金或抵押金；扣押被录用人员的身份证等证件；以招用人员为名牟取不正当利益或进行其他违法活动。

2）高薪陷阱

求职中，毕业生往往容易被优厚的待遇、高额的工资所吸引，但等到正式开始工作时才发现，用人单位以各种各样的理由和借口不予兑现招聘时作出的承诺，或是用人单位对薪水中的不确定收入部分给予的是虚假或模糊的承诺，最终不能兑现。针对这种情况，毕业生一定要在求职时对用人单位进行深入了解，重在预防，不要盲目签约。

3）试用期陷阱

试用期陷阱主要有以下几种形式。① 试用期间只试用不录用，毕业生辛辛苦苦熬到试用期满时，用人单位随意找个理由就把毕业生辞退了。② 试用期不签订劳动合同，试用合格后才签劳动合同。法律规定，劳动合同可以约定试用期，试用期应当包含在劳动合同期限内。因此，毕业生在被用人单位录用后就应该订立劳动合同，双方在法律、法规允许的范围内约定试用期。③ 随意延长试用期。《劳动合同法》对试用期限有明确规定，有些单位却拒不执行。④ 故意混淆试用期与实习期、见习期的概念，以达到侵害毕业生合法权益的目的。实习期是在校大学生到单位进行实践活动的时间，属于教学过程的一部分。见习期是对应届毕业生进行业务适应及考核的一种制度，不是劳动合同制度下的概念，而是人事制度下的做法。⑤ 榨取廉价劳动力，支付低工资甚至不支付工资。⑥ 单独签订试用期合同，试用期结束时，用人单位将毕业生辞退，同时又以劳动合同没有生效为由，逃避责任。

4）合同陷阱

现实生活中，有些用人单位在与毕业生签订劳动合同时采用欺诈、胁迫等手段设置陷阱，严重侵害了毕业生的合法权益。合同陷阱一般有以下几种形式。① 口头合同。用人单位与毕业生就责、权、利达成口头约定，不签订书面正式文本。② 单方合同。用人单位在劳动合同里只约定毕业生的义务和用人单位的权利，而对毕业生的权利和用人单位的义务却很少提及甚至是根本不提。③ 生死合同。一些高危行业的用人单位会要求毕业生接受合同中的“生死协议”，即一旦发生意外，企业不承担任何责任。④ 真假两份合同。假合同内容按照劳动部门的要求签订，以应付有关部门的检查，真合同往往是从用人单位利益出发的违法合同。⑤ 格式合同，用人单位采用的是根据劳动部门制定的合同示范文本打印的聘用合同，从表面上好像看不出有什么问题，但具体文字却表述不清，甚至可以有多种解释。

除以上陷阱外，还有遭遇黑中介，被用人单位当做廉价劳动力无故克扣工资及不缴纳社会保险费（养老保险、医疗保险、失业保险、工伤保险、生育保险），被骗取劳动成果，陷入传销骗局，被网络虚假招聘信息蒙蔽等诸多陷阱，都在提示着毕业生在求职过程中一定要提高警惕，擦亮眼睛，绕过陷阱，最终实现顺利就业。

2. 大学生需要学会自我保护

毕业生就业权益保护的一个重要方面就是毕业生自我保护，主要体现在以下几个方面。

1）增强自我保护的意识

首先，毕业生要端正求职心态，防止出现急躁情绪。激烈的就业竞争往往会使毕业生产生盲目、焦急和浮躁等不良心态，这就给了一些不法单位和机构可乘之机，诱骗了不少毕业生。因此，毕业生要调整情绪，保持平稳心态，在求职前做好心理准备，防止因轻信而上当受骗。其次，毕业生应对用人单位进行全面深入的了解，未雨绸缪。毕业生对用人单位有择业知情权，签约前，应通过多种途经多方了解用人单位的各方面情况，最好能够实地考察一下，以做到心中有数。第三，毕业生要慎签就业协议和劳动合同，不可盲目草率。仔细阅读协议和合同的各项条款，明确双方的权利和义务，不留漏洞，以免日后产生纠纷。

2）增强法律意识

毕业生要用法律手段维护自己的权益，就必须学习、掌握与就业有关的法律法规，提高法律意识，当自己的权益遭受侵害时，能够积极运用法律武器，力争自己的合法权益。尤其是在签订就业协议、订立劳动合同和试用期这些用人单位容易钻空子的环节上，切记要按法律程序进行。

3）树立契约意识

毕业生与用人单位签订的就业协议是确立双方当事人之间劳动关系的一种契约，具有法律效力。毕业生在签约时要具备契约意识，一方面通过协议保护自己的合法权益，另一方面必须严格遵守就业协议，积极履行协议内容，未经对方同意是不得擅自毁约、违约的，否则就要承担法律责任。

4）增强维权意识

毕业生不但要明确自己在就业过程中享有哪些权利，还要具有强烈的维权意识，当权益受侵害时，要敢于拿起法律武器据理力争，而不是选择忍气吞声，不了了之。只有这样，才能真正使自己处在与用人单位平等的地位，自己的合法权益才能得到切实的保障。

3. 维权求助的途径

毕业生在自己权益受到侵害时，不要惊慌失措，更不要冲动蛮干，要懂得运用合法途径保护自己的权益。

1）依靠学校

求职当中毕业生遇到问题，权益遭受侵害时，应首先到学校的毕业生就业主管部门寻求帮助，学校有责任和义务维护学生的利益，学校对学生的保护最为直接。学校可以制定各项措施来规范用人单位的招聘行为，还有权抵制用人单位在招聘活动中不公正甚至是违法的行为。就业协议需三方同意才生效，对不符合规定的就业协议，学校有权不同意。对于可以协商解决的问题，由学校与用人单位进行沟通，这将有助于问题的顺利解决。

2）依靠国家行政机关

当毕业生权益受到侵害时，毕业生可向各级行政主管部门举报、投诉。这些部门主要有：毕业生就业主管部门、劳动局所属的劳动监察部门、物价局所属的物价监察部门、技术监督局所属的技术监督部门、工商行政管理局，等等。这些部门会依法对侵害毕业生合法权益的行为进行抵制和处理。

3）借助新闻媒体

毕业生可以借助报纸、电视、网络等新闻媒体的力量，对自己遭受的权益受侵害行为进行披露、报道，以引起社会的关注和相关部门的重视，充分发挥新闻媒体的舆论监督作用，从而促进问题的快速、有效解决。

4）寻求法律援助

法律援助是指由政府设立的法律援助机构组织法律援助人员，为经济困难或特殊案件的人员给予减免收费提供法律服务的一项法律保障制度。法律援助是一项扶助贫弱、保障社会弱势群体合法权益的社会公益事业，毕业生遇到就业问题时也可以到当地的法律援助中心寻求法律帮助，主要形式有：刑事辩护和刑事代理；民事、行政诉讼代理；非诉讼法律事务代理；公证证明；法律咨询、代拟法律文书；其他形式的法律服务等。

5）依靠司法机关

我国的《民法通则》《民事诉讼法》《劳动法》《行政诉讼法》《刑事诉讼法》《治安管理处罚法》等法律、法规明确规定，被害人有权对侵犯其人身、财产权利的犯罪事实或犯罪嫌疑人，向公安机关、人民检察院报案，或向人民法院提起诉讼。毕业生可在切身利益受到侵害时，依靠司法机关保护自己的合法权益。

在择业与就业过程中，毕业生应不断提高自身的综合素质，认真学习择业与劳动保障方面的法律法规，面对用人单位的不法行为，应勇敢运用法律武器来维护自己的权益；同时，国家、社会与学校还应承担起保障毕业生合法权益的职责；用人单位应将毕业生真正作为企业最大的财富，善待毕业生，只有经过多方努力，才能形成良性循环的和谐劳动就业环境。

第二节　社会保险法律制度

案例导读

2010 年 2 月 1 日，经工商局批准，B 公司正式成立。曹某被该公司聘用为部门经理，双方于 2 月 15 日签订了一年期的劳动合同。合同约定，曹某的年薪为 6.6 万元。鉴于企业在创业阶段，经营艰难，故企业以高工资一并涵盖国家规定的各类补助、住房基金、养老保险费、交通补助、工作午餐补助等。职工自行办理商业养老保险，企业不再负担为职工办理养老保险的费用。曹某对此未表示异议。2010 年 7 月 15 日，曹某提前一个月向 B 公司提出解除劳动合同，8 月 15 日，双方协商一致解除了劳动合同。事后，曹某得知还应办理养老保险金转移手续，遂向 B 公司人事部询问。人事部经理称，双方在签订劳动合同时已明确约定，工资已包含了养老保险费，由曹某自己负责办理养老保险，企业不再负担养老保险费用，故曹某的要求不合理。曹某遂向当地劳动争议仲裁委员会申诉，要求 B 公司按规定补缴 6 个月的养老保险费。

请思考：用人单位和职工能否约定不参加职工社会保险？这种约定的不利后果由谁来承担？

一、社会保险概述

（一）社会保险的概念和特征

社会保险是指国家依法强制征集专门资金，用于保障劳动者在年老、患病、伤残、生育和失业时，能够从社会获得物质帮助的制度。

社会保险具有以下特征。

（1）社会性。享受社会保险待遇的对象广泛，人数众多，涉及不同地区、不同行业、不同经济形式中的劳动者。

（2）强制性。由国家依法建立的社会保险在实行范围、保险项目、保险待遇、收费标准等方面都具有强制性。凡是在法律规定范围内的劳动者和用人单位，都必须按照规定缴纳社会保险费，不履行法定义务的要承担相应的法律责任。

（3）互济性。社会保险资金实际上是借助国家力量进行国民收入再分配，由社会统一筹措、统一调剂使用，在不同的劳动者之间进行的一种横向转移，具有互济性。西方社会称社会保险为一种“转移支付”。

（二）社会保险的作用

西方学者精辟地概括了社会保险的作用“它使全体公民有权利分享社会财富，面对社会风险得到国家和社会的保护”。社会保险的作用具体体现为以下几方面。

（1）通过社会财富再分配，创造公平与民主的社会政治。

（2）抵御社会风险，增强安定团结的社会环境。

（3）调动职工的劳动积极性，维持劳动力再生产的正常进行。

（4）加强安全防范工作，促进安全生产。

（5）有利于职工队伍的正常更新和劳动力的合理流动。

（6）提高劳动生产率。

（三）社会保险立法的原则

1. 社会保险水平应与社会经济发展水平和社会承受能力相适应

社会保险水平是指社会保险的覆盖程度、待遇标准水平和与之相联系的社会保险费率的高低。社会承受能力，包括心理承受能力、管理承受能力、费用负担承受能力等，但主要是用人单位和劳动者个人的费用负担承受能力。我国是发展中国家，正处于社会主义初级阶段，必须充分考虑到生产力水平较低、人口众多且老龄化速度加快的现实国情，根据国家、企业和个人的承受能力，确定与生产力发展水平相适应的社会保险待遇标准。

2. 社会保险机会均等

根据《劳动法》第 73 条的规定，劳动者在退休、患病、负伤、因工伤残或患职业病、失业、生育的情形下，依法享受社会保险待遇。

3. 权利与义务相对应

权利与义务相对应，是社会保险制度赖以存在的前提条件。每个劳动者都享有社会保险的平等权利，同时又都对社会保险负有不可推卸的责任和义务。参保者只有履行了法定的义务之后，才能享受各项社会保险待遇。这些义务主要包括：从事社会劳动；依法参加社会保险；依法缴纳社会保险费，并达到规定的最低缴费年限等。

（四）社会保险立法概况

在我国，过去将社会保险称为劳动保险。如 1951 年由政务院（国务院前身，1954 年 9 月第一届全国人民代表大会改称国务院）公布施行、1953 年修正公布施行的新中国成立后第一个、目前仍在施行的社会保险法规，就称为《中华人民共和国劳动保险条例》。此时所称的劳动保险与社会保险在实质上是一致的，因为劳动保险也是国家依法建立的，保险对象也是劳动者及其家属，劳动保险基金虽由企业支付，但在计划经济体制下，它也是社会资金的一部分。1958 年国务院制定了《关于工人、职员退休处理的暂行规定》。1978 年国务院发布《关于工人退休、退职的暂行办法》，中共中央在《关于制定国民经济和社会发展第七个五年计划的建议》中，将劳动保险改为社会保险。因为劳动保险强调“企业支付保险资金”，实际上企业保险已不能满足社会政治经济发展的要求。1995 年 1 月 1 日施行的《劳动法》也称为社会保险并作了专章规定。

《中华人民共和国社会保险法》由中华人民共和国第十一届全国人民代表大会常务委员会第十七次会议于 2010 年 10 月 28 日通过，自 2011 年 7 月 1 日起施行。

二、社会保险的法律规定

（一）养老保险

养老，即指老年人的生活保障。对老年人提供生活保障是人类社会生存与发展的客观需要。一个人必然经过出生、成年、老年和死亡的过程。当一个人具有劳动能力时，他的劳动不仅可以保证自己的生活需要，而且还能为社会提供剩余产品。当一个人步入老年时，就丧失了部分或全部劳动能力，需要社会提供养老保险。作为公民具有获得老年生活保障的权利，义务承担者是国家和社会。国家和社会承担义务的方式，是建立社会养老保险制度。

养老保险是指劳动者在因年老或病残而丧失劳动能力的情况下，退出劳动领域，定期领取生活费用的一种社会保险制度。

1. 养老保险的法定条件

（1）一般退休条件：男年满 60 周岁、女年满 50 周岁，连续工龄满 10 年。

（2）提前退休条件有以下几种情形。① 特殊岗位退休条件。从事的工种：矿山井下、高空、高温、特别繁重体力劳动或者其他有害健康的工作等。年龄条件：男年满 55 周岁、女年满 45 周岁。工龄条件：连续工龄满 10 年（工种、年龄、工龄条件）。② 因病提前退休条件。年龄条件：男年满 50 周岁，女年满 45 周岁。工龄条件：连续工龄 10 年。由医院证明并经劳动鉴定委员会确认完全丧失劳动能力（年龄、工龄、完全丧失劳动能力条件）的也应该退休。③ 因工致残提前退休条件。由医院证明并经劳动鉴定委员会确认完全丧失劳动能力。

↘ **典型案例 7-5：** 甘某，工人，年满 52 周岁，男性，本企业工龄为 20 年，患有高血压、腰肌劳损、慢性支气管炎等多种疾病。1988 年，甘某向厂方提出办理病退的要求，并出具当地人民医院“因多种慢性疾病，完全丧失劳动能力”的证明。厂劳动工资科认为，甘某的情况符合国务院《关于工人退休、退职的暂行办法》的规定，就为甘某办理了因病提前退休的手续。甘某病退后休息了 1 年，在朋友的帮助下，开了一家汽车配件店，生意不错。同厂的一些职工看到甘某病退后做买卖发了财，纷纷效仿，也以患病为由提出病退要求，厂方见病退的人太多，决定停止办理，引起有关人员的不满，说甘某能办我们为什么不能办，厂方无法解释。

请问：厂方的做法是否合法？

2. 养老保险的享受待遇

退休养老金与劳动者缴纳的养老保险费、用人单位缴纳的养老保险费和缴费的年限有关。劳动者和用人单位缴纳的养老保险费越多、缴纳养老保险费的年限越长，养老金的标准水平越高，或者说养老金的工资替代率越高。

3. 养老保险金缴纳标准

各地、各行业、各个时期缴费标准不同，如金融业缴费标准由过去的个人基本工资的 2%、单位的 11%，上调为 4%、13%。

4. 养老保险基金的筹集和使用

（1）筹集。养老保险基金由企业、劳动者、国家三方共同负担。具体有以下几个来源：一是用人单位和劳动者依法缴纳的养老保险费；二是养老保险基金的利息收入；三是养老保险基金的运营增值收入；四是对用人单位滞缴采用惩罚手段时收取的滞纳金；五是国家可能的财政补贴。

（2）使用。养老保险基金有以下几种用途：一是退休人员的养老金；二是退休人员死亡后按规定应支付的丧葬补助费、供养直系亲属抚恤费等；三是缴费人员死亡后应发给其继承人的个人养老储存账户资金中属于个人缴纳的余额等。

（二）工伤保险

工伤是指职工在工作过程中因工作原因受到事故伤害或者患职业病。工伤保险即因工伤残或患职业病保险，是指劳动者因发生与工作有关的事故而负伤、致残、患职业病及死亡，暂时或永久丧失劳动能力时，在医疗救治、经济补偿和职业康复方面获得物质帮助的社会保险项目。工伤保险的含义有三个。① 与劳动者的劳动有联系，包括劳动准备过程中及劳动过程中。② 保险实行无过错责任原则。不论责任归于用人单位还是劳动者，受害者除非蓄意违章操作，都有权获得相应的补偿。③ 保险基金的筹集主要由用人单位缴纳，劳动者不缴纳。工伤事故发生后，补偿等保险待遇与受害者工龄无关。

我国原劳动部 1951 年制定、1953 年修改的《中华人民共和国劳动保险条例》对工伤保险作了比较具体的规定，确立了我国的工伤保险制度。1996 年劳动部发布施行了《企业职工工伤保险试行办法》。2003 年 4 月 16 日，国务院发布《工伤保险条例》并于 2004 年 1 月 1 日起正式实施，是国家正式颁布实施的行政法规。《国务院关于修改〈工伤保险条例〉的决定》已经于 2010 年 12 月 8 日国务院第 136 次常务会议通过，自 2011 年 1 月 1 日起施行。

1. 工伤范围及其认定

根据《工伤保险条例》第 14 条的规定，职工有下列情形之一的，应认定为工伤：① 在工作时间和工作场所内，因工作原因受到事故伤害的；② 工作时间前后在工作场所内，从事与工作有关的预备性或有收尾性工作受到事故伤害的；③ 在工作时间和工作场所内，因履行工作职责受到暴力等意外伤害的；④ 患职业病的；⑤ 因工外出期间，由于工作原因受到伤害或者发生事故下落不明的；⑥ 在上下班途中，受到非本人主要责任的交通事故或者城市轨道交通、客运轮渡、火车事故伤害的；⑦ 法律、行政法规规定应当认定为工伤的其他情形。

同时，根据《工伤保险条例》第 15 条的规定，职工有下列情形之一的，视同工伤：① 在工作时间和工作岗位，突发疾病死亡或者在 48 小时之内经抢救无效死亡的；② 在抢险救灾等维护国家利益、公共利益活动中受到伤害的；③ 职工原在军队服役，因战、因公负伤致残已取得革命伤残军人证，到用人单位后旧伤复发的。职工有上述第①项、第②项情形的，按照有关规定享受工伤保险待遇；职工有上述第③项情形的，按照有关规定享受除一次性伤残补助金以外的工伤保险待遇。

不被认定为工伤或者视同工伤的情形有：① 故意犯罪的；② 酗酒或者吸毒的；③ 自残或者自杀的。

>> **想一想** 下列哪些能认定为工伤？

A. 保安员下班后擒贼受伤

B. 武某“见义勇为”

C. 俞某下班途中被男友伤害

D. 银行职员加班工作晚餐时食物中毒

职工发生事故伤害或者按照职业病防治法规定被诊断、鉴定为职业病，所在单位应当自事故伤害发生之日或者被诊断、鉴定为职业病之日起三十日内，向统筹地区社会保险行政部门提出工伤认定申请。提出工伤认定申请应当提交下列材料：① 工伤认定申请表；② 与用人单位存在劳动关系（包括事实劳动关系）的证明材料；③ 医疗诊断证明或者职业病诊断证明书（或者职业病诊断鉴定书）。工伤认定申请表应当包括事故发生的时间、地点、原因及职工伤害程度等基本情况。

社会保险行政部门受理工伤认定申请后，根据审核需要对事故伤害进行调查核实，用人单位、职工、工会组织、医疗机构及有关部门应当予以协助。职业病诊断和诊断争议的鉴定，依照职业病防治法的有关规定执行。对依法取得职业病诊断证明书或者职业病诊断鉴定书的，社会保险行政部门不再进行调查核实。职工或者其近亲属认为是工伤，用人单位不认为是工伤的，由用人单位承担举证责任。

社会保险行政部门应当自受理工伤认定申请之日起六十日内作出工伤认定的决定，并书面通知申请工伤认定的职工或者其近亲属和该职工所在单位。社会保险行政部门对受理的事实清楚、权利义务明确的工伤认定申请，应当在十五日内作出工伤认定的决定。

2. 劳动能力鉴定

劳动能力鉴定是指劳动者因工负伤或非因工负伤及疾病等原因，导致本人劳动与生活能力产生不同程度的影响，由劳动能力鉴定机构根据用人单位、职工本人或者亲属的申请，组织劳动能力鉴定医学专家，根据国家制定的标准，运用劳动保障的有关政策，运用医学科学技术的方法和手段，确定劳动者劳动功能障碍程度和生活自理障碍程度的一种综合评定的制度。

根据《工伤保险条例》第 21 条的规定，职工发生工伤，经治疗伤情相对稳定后存在残疾、影响劳动能力的，应当进行劳动能力鉴定。《工伤保险条例》第 23 条规定，劳动能力鉴定由用人单位、工伤职工或者其近亲属向设区的市级劳动能力鉴定委员会提出申请，并提供工伤认定决定和职工工伤医疗的有关资料。

劳动能力鉴定的标准是劳动能力鉴定时所依据的尺度，是确定工伤职工伤残等级的标准，根据《工伤保险条例》的有关规定，劳动能力鉴定标准由国务院社会保险行政部门会同国务院卫生行政部门等部门制定。目前，我国实施的工伤职工劳动能力鉴定标准是 2014 年发布的《职工工伤与职业病致残程度鉴定》（GB/T 16180—2014），这是工伤鉴定的国家标准，标准共分十级，其中，符合标准一级至四级的为全部丧失劳动能力，符合标准五级至六级的为大部分丧失劳动能力，符合标准七级至十级的为部分丧失劳动能力。对于职工非因工伤残或因病丧失劳动能力后的劳动能力鉴定，是以《职工非因工伤残或因病丧失劳动能力程度鉴定标准（试行）》（劳社部发〔2002〕8号）作为劳动能力鉴定的标准。

3. 工伤保险待遇

根据《工伤保险条例》第35条的有关规定，职工因工致残被鉴定为一级至四级伤残的，保留劳动关系，退出工作岗位，享受以下待遇。

（1）从工伤保险基金按伤残等级支付一次性伤残补助金，标准为：一级伤残为24个月的本人工资，二级伤残为22个月的本人工资，三级伤残为20个月的本人工资，四级伤残为18个月的本人工资。

（2）从工伤保险基金按月支付伤残津贴，标准为：一级伤残为本人工资的90%，二级伤残为本人工资的85%，三级伤残为本人工资的80%，四级伤残为本人工资的75%。伤残津贴实际金额低于当地最低工资标准的，由工伤保险基金补足差额。

（3）工伤职工达到退休年龄并办理退休手续后，停发伤残津贴，享受基本养老保险待遇。基本养老保险待遇低于伤残津贴的，由工伤保险基金补足差额。

（4）职工因工致残被鉴定为一级至四级伤残的，由用人单位和职工个人以伤残津贴为基数，缴纳基本医疗保险费。

根据《工伤保险条例》第36条的有关规定，职工因工致残被鉴定为五级、六级伤残的，享受以下待遇。

（1）从工伤保险基金按伤残等级支付一次性伤残补助金，标准为：五级伤残为18个月的本人工资，六级伤残为16个月的本人工资。

（2）保留与用人单位的劳动关系，由用人单位安排适当工作。难以安排工作的，由用人单位按月发给伤残津贴，标准为：五级伤残为本人工资的70%，六级伤残为本人工资的60%，并由用人单位按照规定为其缴纳应缴纳的各项社会保险费。伤残津贴实际金额低于当地最低工资标准的，由用人单位补足差额。经工伤职工本人提出，该职工可以与用人单位解除或者终止劳动关系，由工伤保险基金支付一次性工伤医疗补助金，由用人单位支付一次性伤残就业补助金。一次性工伤医疗补助金和一次性伤残就业补助金的具体标准由省、自治区、直辖市人民政府规定。

根据《工伤保险条例》第37条的有关规定，职工因工致残被鉴定为七级至十级伤残的，享受以下待遇。

（1）从工伤保险基金按伤残等级支付一次性伤残补助金，标准为：七级伤残为13个月的本人工资，八级伤残为11个月的本人工资，九级伤残为9个月的本人工资，十级伤残为7个月的本人工资。

（2）劳动、聘用合同期满终止，或者职工本人提出解除劳动合同、聘用合同的，由工伤保险基金支付一次性工伤医疗补助金，由用人单位支付一次性伤残就业补助金，具体标准由省、自治区、直辖市人民政府规定。

职工因工死亡，其近亲属按照下列规定从工伤保险基金领取丧葬补助金、供养亲属抚恤金和一次性工亡补助金。

（1）丧葬补助金为6个月的统筹地区上年度职工月平均工资。

（2）供养亲属抚恤金按照职工本人工资的一定比例发给由因工死亡职工生前提供主要生

活来源、无劳动能力的亲属。标准为：配偶每月工资的40%，其他亲属每人每月工资的30%，孤寡老人或者孤儿每人每月在上述标准的基础上增加10%。核定的各供养亲属的抚恤金之和不应高于因工死亡职工生前的工资。供养亲属的具体范围由国务院社会保险行政部门规定。

（3）一次性工亡补助金标准为上一年度全国城镇居民人均可支配收入的20倍。

根据《工伤保险条例》第41条的有关规定，职工因工外出期间发生事故或者在抢险救灾中下落不明的，从事故发生当月起3个月内工资照发，从第4个月起停发工资，由工伤保险基金向其供养亲属按月支付供养亲属抚恤金。生活有困难的，可以预支一次性工亡补助金的50%。职工经人民法院宣告死亡的，按照职工因工死亡的规定处理。

根据《工伤保险条例》第42条的规定，工伤职工有下列情形之一的，停止享受工伤保险待遇：① 丧失享受待遇条件的；② 拒不接受劳动能力鉴定的；③ 拒绝治疗的。

（三）失业保险

失业保险，是指劳动者因法定原因暂时失去职业时，国家和社会对其提供物质帮助的社会保险制度。失业保险的含义：① 在劳动者失业时起作用，劳动者在就业年龄中没有失业的，不享受失业保险金，缴纳的失业保险费也不返还；② 失业保险享受有期限，失业者根据其缴纳的保险费年限的长短，享受期限不同的领取失业保险金待遇。

根据我国政务院1950年颁布的《救济失业工人办法》的规定，各类国有企业、私营企业，雇主缴纳失业保险费为工资总额的1%，雇员为自己工资的1%，加上政府和社会人士的捐助，构成失业保险基金。失业保险待遇为45～90公斤粮食。我国从1956年基本上消灭了失业现象，劳动力安置采取了“统包统配”和“低工资、高就业”的政策，建立失业保险制度被忽视了。1984年，国务院发布《国营企业职工待业保险暂行规定》——是中国失业保险法律制度的开端。1993年，国务院颁布《国营企业职工待业保险规定》——扩大了失业保险法的适用范围。1999年，国务院颁布《失业保险条例》，把“待业”明确改为“失业”——它是中国保险立法体系中第一部完整的行政法规。2000年，劳动和社会保障部颁布《失业保险金申领发放办法》——失业保险金的发放工作规范化。2011年开始实施的《社会保险法》也在第五章对失业保险作了进一步的规定，明确了失业保险金的缴纳、发放、失业保险待遇的获得和丧失条件等事项。

1. 失业保险金的筹集

依据《失业保险条例》第6条的规定，主要由企业和职工缴纳保险费，国家财政适当补贴。用人单位按职工工资总额的2%缴纳，职工按本人工资的1%缴纳。

2. 失业保险金的适用对象

按照《失业保险条例》的规定，只有那些非个人意愿中断工作，并且缴纳过失业保险费的登记失业人员才能享受失业保险金。

具备下列条件的失业人员可以领取失业保险金和享受其他失业保险待遇：① 按照规定参加失业保险，所在用人单位和本人已按规定履行缴费义务满1年的；② 非本人意愿中断就业的；③ 已办理失业登记并有就业要求的。

>> **想一想** 谭某因严重违反单位规章制度并给单位造成重大经济损失，被单位解除劳动合同，单位开具有关证明。谭某不服单位的决定，但既没有申请劳动争议仲裁，又未办理失业登记。6个月后，因生活困难，谭某到当地失业保险经办机构申领失业保险金。其是否可以领取失业保险金？

（四）生育保险

生育保险，是指女性劳动者因生育分娩而暂时中断劳动时，从社会获得物质帮助的社会保险。生育保险的含义有以下三个。① 享受对象是生育的女性劳动者。我国目前生育保险的享受对象是生育的女性劳动者，实际上，生育子女带来的经济压力是由夫妻双方共同负担的，妻子生育子女时丈夫也要承担相应的家庭责任。所以，有些国家，如德国，男性劳动者可以因妻子生育享受“带薪育儿假”。还有极少数国家将生育保险的适用范围扩大到全社会具有生育能力的女性成员。② 生育保险与女工特殊保护有密切联系。生育是女性特有的生理功能，在孕期、产期、哺乳期等整个过程中，女性需要获得特殊的照顾和保护。所以，生育保险不仅处理事后待遇，而且关照整个生育过程。③ 只供给符合法定结婚条件（女 20 周岁）和计划生育要求的女性劳动者享受。但是女工在孕期、产期、哺乳期内的特殊保护措施不应有所不同。

我国生育保险制度建立于 1951 年，《中华人民共和国劳动保险条例》对生育保险最早作了规定，1988 年《女职工劳动保护规定》对生育妇女的产假作了规定。1994 年劳动部发布的《企业职工生育保险试行办法》对生育保险基金、生育保险待遇等作了规定。《劳动法》规定了生育保险，并专章规定了女职工的特殊劳动保护。为了更好地保护女职工的合法权益，2012 年 4 月 18 日，国务院颁布了《女职工劳动保护特别规定》。

1. 生育保险基金的筹集

《企业职工生育保险试行办法》第 4 条规定，生育保险根据“以支定收，收支基本平衡”的原则筹集资金，由企业按照其工资总额的一定比例向社会保险经办机构缴纳生育保险费，建立生育保险基金。生育保险费的提取比例由当地人民政府根据计划内生育人数和生育津贴、生育医疗费等项费用确定，并可根据费用支出情况适时调整，但最高不得超过工资总额的百分之一。企业缴纳的生育保险费作为期间费用处理，列入企业管理费用。职工个人不缴纳。生育保险基金实行社会统筹。

2. 生育保险待遇

（1）产假。女职工生育按照法律、法规的规定享受产假。《女职工劳动保护特别规定》第 7 条规定，女职工生育享受 98 天产假，其中产前可以休假 15 天；难产的，增加产假 15 天；生育多胞胎的，每多生育 1 个婴儿，增加产假 15 天。女职工怀孕未满 4 个月流产的，享受 15 天产假；怀孕满 4 个月流产的，享受 42 天产假。晚育产假，由各省、自治区、直辖市根据本省计划生育条例规定。

（2）生育津贴。女职工产假期间的生育津贴，对已经参加生育保险的，按照用人单位上年度职工月平均工资的标准由生育保险基金支付；对未参加生育保险的，按照女职工产假前工资的标准由用人单位支付。

（3）生育医疗费。女职工生育或者流产的医疗费用，按照生育保险规定的项目和标准，对已经参加生育保险的，由生育保险基金支付；对未参加生育保险的，由用人单位支付。

（4）生育疾病医疗费。女职工生育出院后，因生育引起疾病的医疗费，由生育保险基金支付；其他疾病的医疗费，按照医疗保险待遇的规定办理。女职工产假期满后，因病需要休息治疗的，按照有关病假待遇和医疗保险待遇规定办理。

（五）医疗保险

医疗保险是指由用人单位和劳动者按一定比例缴纳保险费，建立社会医疗保险基金，劳动者因生病或者受到伤害而获得物质帮助的一种社会保险制度。

中国20世纪50年代初建立的公费医疗和劳保医疗统称为职工社会医疗保险。它是国家社会保障制度的重要组成部分，也是社会保险的重要项目之一。1988年，中国政府开始对机关事业单位的公费医疗制度和国有企业的劳保医疗制度进行改革。1998年，国务院颁布了《关于建立城镇职工基本医疗保险制度的决定》，开始在全国建立城镇职工基本医疗保险制度。

1. 基本医疗保险基金的筹集、使用

基本医疗保险覆盖城镇所有用人单位及其职工，基本医疗保险制度实行社会统筹与个人账户相结合的原则。所有企业、国家行政机关、事业单位和其他单位及其职工必须履行缴纳基本医疗保险费的义务。用人单位的缴费比例为工资总额的6%左右，个人缴费比例为本人工资的2%。单位缴纳的基本医疗保险费一部分用于建立统筹基金，一部分划入个人账户；个人缴纳的基本医疗保险费记入个人账户。统筹基金和个人账户分别承担不同的医疗费用支付责任。统筹基金主要用于支付住院和部分慢性病门诊治疗的费用，统筹基金设有起付标准、最高支付限额；个人账户主要用于支付一般门诊费用。

2. 基本医疗保险待遇

参保人员要在基本医疗保险定点医疗机构就医、购药，也可按处方到定点零售药店处购买药品。在非定点医疗机构就医和在非定点药店购药发生医疗费用，除符合急诊、转诊等规定条件外，基本医疗保险基金不予支付。所发生医疗费用必须符合基本医疗保险药品目录、诊疗项目、医疗服务设施标准的范围和给付标准，才能由基本医疗保险基金按规定予以支付。超出部分，基本医疗保险基金将按规定不予支付。

3. 社会医疗保险账户的管理

社会医疗保险经办机构为每一参保人员建立基本医疗保险个人账户，以参保人员本人身份证号码作为终身医疗保险号码。职工基本医疗保险个人账户资金归个人所有，定向用于医疗消费，超支不补，结余滚存，不得提取现金。职工死亡时，个人账户予以注销，余额按规定继承。

用人单位应当在参加基本医疗保险的同时为职工申办个人医疗账户结算卡。新参加医疗保险的职工自参保之日起三十日内，由用人单位向社会医疗保险经办机构提出申请，并提供有关资料。社会医疗保险经办机构接到用人单位为职工建户申请后，应当认真审核有关资料，十五日内为职工建立个人账户，并制发个人账户结算卡，及时将资金注入职工个人医疗账户，并按有关规定计息。参保人员可持个人医疗账户卡在本统筹地区任何一个定点医疗机构就医和在任何一个定点药店购药。个人医疗账户资金不足时，用现金支付。

参保人员调离本地，个人医疗账户资金随同转移，无法转移的可将个人账户结存额退还本人，同时注销个人账户。参保人员死亡的，个人账户余额可由其合法继承人继承。

拓展阅读

劳动争议仲裁申请书（范本）

申请人：姓名、性别、出生年月、民族、文化程度、工作单位、职业、住址（申请人如为单位，应写明单位名称、法定代表人姓名及职务、单位地址）。

被申请人：姓名、性别、出生年月、民族、文化程度、工作单位、职业、住址（被申请人如为单位，应写明单位名称、法定代表人姓名及职务、单位地址）。

请求事项：写明申请仲裁所要达到的目的。

事实和理由：写明申请仲裁或提出主张的事实依据和法律依据，包括证据情况和证人姓名及联系地址，特别要注意写明申请仲裁所依据的仲裁协议。

此致

×××××仲裁委员会

申请人：（签名或盖章）

××××年××月××日

附：

1. 申请书副本×份（按被申请人人数确定份数）；

2. 证据××份；

3. 其他材料××份。

一、仲裁申请书撰写提要

申请人的仲裁申请书，应使用钢笔、毛笔书写或者打印。申请书由正本和副本组成，副本份数应按被申请人人数提交，由仲裁委员会送达被申请人。

“请求事项”是申请人请求仲裁委员会解决劳动争议的具体事项，即申请人所要达到的目的和要求。申请人应明确地向仲裁委员会提出仲裁的目的和具体要求事项，如要求履行劳动合同、要求撤销处理决定等，并要写明申请人对解决劳动争议所提出的具体主张，如责令被申请人补发工资××元、责令被诉人赔偿经济损失××元等。请求事项应当写得明确、具体、合法、相对固定。即应当“四要四不要”：一要明确，不要含糊；二要具体，不要笼统；三要合理、合法，不要提无理要求；四要相对固定，不要任意变换。对请求事项，在申请时要慎重，周密考虑，力求周到，没有遗漏。在立案后，对请求事项确有不实、不全、不确切之处，可以在规定期限内变更或者提出新的请求。

此外，如有必要申请部分裁决（即先行给付）的，应作为独立的一项请求提出来。如在立案后才提部分裁决，则应另写申请书。

“事实与理由”是申诉书的主体部分，是内容的重点，也是向仲裁委员会提出请求事项的根据。

（一）事实

事实是指双方争议的事实或者被诉人侵权的事实及其证据。案情事实的具体内容包括：① 当事人之间的法律关系；② 争议的发生、发展过程；③ 争执的焦点和具体内容；④ 被诉人应承担的责任。如申诉人自己也有一定责任，亦应提及，不能把过错完全推给被诉人。

叙述事实应当“六要六不要”：一要和请求事项一致，不要相互矛盾；二要写得具体、清楚，不要抽象、空洞；三要实事求是，不要夸大或缩小；四要把关键情节交代清楚，不要含糊其词；五要有理有据，不要捕风捉影；六要心平气和地摆事实，不要刻薄挖苦。

事实必须有证据来证实。所谓证据，就是证明所叙述事实的真实性、可靠性的依据。它决定着仲裁的胜负。对证据的要求是：① 要列举证据名称和内容，证明何事；② 要说明证据的来源和可靠程度；③ 要写明证人的姓名、职业、住所，请予调查；④ 要提交证据原件或者复印件。一般是先提交复印件或者抄件，到开庭时才提交原件。对证据的书写一般是在叙述事实时就随之列举证据。可以在叙述事实中，用括号加以注明，这样可以节省笔墨，也可在叙述事实之后，单列一段来交代证据。

（二）理由

在讲清楚事实之后，应概括地分析争议的性质、危害、结果及责任，同时提出请求事项所依据的法律条款，以论证请求事项的合理、合法。理由包括两方面：一是认定案件事实的理由；二是提出法律根据的理由。引用法律条文要全面、具体，应引到条、款、项，不能只引条。书写理由应做到"三要三不要"：一要讲道理，不要强词夺理；二要提供证据，不要空口无凭；三要有针对性地引用法律条款，不要没有法律根据。

理由的书写，例如，综上所述（分析说明争议的性质、过错、危害及后果），根据××法第×条第×款的规定（说明被申请人应负的责任），请求仲裁委员会依法裁决，以实现请求事项。

如果案情比较简单，事实和理由可以合写，不用分段处理。

二、书写申请书应注意的问题

（1）实事求是，分清是非。应坚持实事求是，严格忠于事实真相，不编造、不夸大、不缩小，不得将道听途说、查无实据的材料写进申诉书。在实事求是地叙述案情事实的基础上，还要阐明道理，分清是非，明确责任，分析被诉人的行为是否侵权、违法，有何过错，根据事实和法律，被诉人应负什么责任，应负多大责任等。

（2）有法可依，以理服人。要坚持摆事实、讲道理，坚持以理服人，而不能谩骂攻击，以势压人。特别要注意以法律作为依据，注意准确恰当地援引法律条文进行论证，阐明自己主张的合法性，以求得仲裁庭的认同。在引用法律时要注意防止牵强附会、乱引错引，更不能断章取义。

（3）层次分明，详略得当。应高度重视表述的条理性、层次性及内容详略的安排。全篇的结构要按照固定的格式，有次序地展开，不得前后颠倒或者相互混淆。陈述案情事实要线条清晰，或是按争议发生、发展的顺序，按时间先后来写；或是先交代争议当事人之间的关系，争议标的的情况，再写争议的原因与焦点；等等。在内容安排上还要做到突出重点，详略得当。关键性的问题要说清说透，枝节问题、次要问题则可写得概略一些。切忌关键性问题没有说清楚，与案件无关或者关系不大的内容又说得过多。

《中华人民共和国劳动争议调解仲裁法》新法还在举证方面作出倾向于劳动者的规定，除"谁主张，谁举证"的原则外，考虑到用人单位掌握和管理着劳动者的档案等材料，又特别规定：与争议事项有关的证据属用人单位掌握和管理的，用人单位应当提供，不提供的应承担不利后果。此外，新法缩短了仲裁审理时限。

复习思考题

1. 劳动关系和劳动合同关系有何区别与联系？
2. 劳动者有哪些劳动权利？

3. 签订劳动合同的原则是什么？
4. 简述劳动合同的内容。
5. 大学生就业的基本权益有哪些？
6. 大学生维权求助的途径有哪些？
7. 简述医疗保险及其特征。
8. 简述失业保险及其特征。
9. 简述工伤保险及其特征。
10. 简述养老保险及其特征。事业单位养老保险的改革方向是什么？

案例分析

1. 大学生小张在毕业前的一次人才招聘会上，将简历投给了一家房地产公司。公司一位副总经理与他攀谈后表明对他很满意，希望能当场签下合同。小张满心欢喜，因为对方承诺，去了后提供公寓住宿，月薪 3 000 元以上，他没有一点点犹豫就赞同当场签约，生怕“过了这个村就没这个店”，想早早把这个好机会攥在手里。

对方出具的是一份早已打印好的合同。小张草草地阅读了一下合同，认为合同格式很标准，条文也都很专业，双方的权责好像也规定得很清晰，他简直是以一种振奋的心情在上面签下了自己的名字。

他的职位是销售员。进了公司一个月后他才明白，所谓的月薪 3 000 元以上完全是一个捕风捉影的数字。因为销售人员的薪酬实施的是上不封顶下不保底，与业绩直接挂钩。与他一同进入公司的十几名新员工只有一位业绩突出的在第一个月拿到了 3 000 多元的薪酬，其他人的工资都只有 2 000 多元，还要扣除各项保险金，实际拿到手的只有可怜的 1 000 多元，连基本生活开销都无法保障。而对方承诺的提供公寓住宿其实是一间寒酸的库房，不到 30 平方米，挤着 8 名员工。

这一切与对方的承诺相距甚远。小张怒火中烧地找到了那位副总经理要跟他理论。对方阴沉着脸说：“那是口头上说的，并没有写进合同，再说，你若是好好干，收入必定不会低于 3 000 元，至于住宿嘛，不就是条件稍微差点吗？”

小张找出最初与对方签订的合同，在薪酬条款里只写着“薪酬待遇根据业绩情况平均 3 000 元以上，在福利待遇条款里写明“由公司供给住处”。看到这里，他大感受骗，可是再往下看，更是惊出了一身冷汗。合同条款规定，聘任期为 3 年，应聘方如毁约，需按毁约时刻交纳违约金，违约金为每年 5 000 元。也就是说，若是他单方面解除合同，需要向公司支付 1.5 万元违约金。

请问：大学生劳动者应该如何防范劳动合同陷阱？

2. M 公司市场部职员吴某的劳动合同于 2013 年 7 月 31 日到期。M 公司于 2013 年 6 月 6 日发出书面通知，通知她合同到期不再续签，工资截止日为 2013 年 7 月 31 日。吴某接到通知后情绪激动，造成办公秩序混乱。2013 年 6 月 9 日，吴某接到公司另一份书面通知，告知她 6 月 6 日已通知内容，并要求她自 2013 年 6 月 9 日起，不得到公司办公区域上班，在保安监管下交出门卡、信用卡、网络密码等。吴某聘请律师向劳动争议仲裁委员会提出申请，认为 M 公司实质上是解除劳动合同行为，劳动者已经无法履行劳动合同的权利和义务。因此，要求公司支付提前 30 天通知金、解除劳动合同的经济补偿金及额外经济补偿金，共计 26 万余元。

请问：公司通知是否合法？公司行为是否是终止劳动合同？

3. 高某为某科技公司财务总监，月薪 2 万元。2002 年，高某与公司发生争议。高某称，2002 年，公司因经营困难，开始实行裁员减薪计划，经与公司 CEO 商谈，公司与高某订立了一份“迟延支付工资协议”。协议约定：高某升任公司副总经理兼财务总监，工资不变；经双方同意，公司每月支付高某工资 5 000 元，其余工资公司暂不发放，在劳动合同解除或终止时一并发放。协议执行三个月后，公司与高某口头达成高某离开公司的协议，但公司拒绝支付高某的其余工资。现高某要求公司支付其余下部分工资及 25%的经济补偿金。公司辩称，公司从未与高某订立协议，公司效益不好时高某工资被降为 5 000 元后，他没有任何异议，只表示愿意继续工作。由于高某是高级管理人员和财务总监，有机会接触公章，要求鉴定协议上公章的真伪及公章与文字的先后顺序。仲裁委员会经过委托鉴定，查明该协议上的公章是真实的，但文字后于公章，即字压章。

请问：

（1）该协议的真实性能否认定？

（2）该协议内容是否合法？

（3）公司应否支付高某的工资和 25%的经济补偿金？

4. 2011 年 5 月 3 日，李晨进入曙光公司工作，担任研究顾问职务。双方签订为期 2 年的劳动合同，试用期 3 个月。2012 年 4 月 23 日，李晨提出辞职，并签署离职结算单。2012 年 6 月 19 日，李晨再次进入曙光公司工作，双方签订了新的劳动合同，工作内容和薪资与离职前完全相同，可重新签订的劳动合同中又约定了 3 个月的试用期。

请问：重新签订试用期合法吗？

技能训练

撰写一份劳动争议仲裁申请书。

第三部分
经济法律救济制度

单元八

经济纠纷的解决

学习目标

通过本单元的学习，学生应了解经济纠纷的解决方式；理解和掌握经济仲裁的适用范围和基本原则，掌握仲裁协议、仲裁委员会的基本规定；掌握经济诉讼的案件管辖、诉讼第一审程序、第二审程序、审判监督程序等基本法律规定；能在实践中独立起草民事起诉状等简单的法律文书，能运用所学知识选择适当的方式解决简单的经济和民事纠纷。

第一节 经济纠纷的解决概述

案例导读

甲是一名建材经销商，因资金周转困难，便从朋友乙处借了30万元人民币，约定三个月内偿还。随后，甲将一批建材销售给了丙，价款为60万元人民币，但丙收货时未付款。三个月到期，乙要求甲还钱，甲说因为丙没有支付货款，所以无力偿还。乙催要几次未果后将甲强行带到某宾馆限制其人身自由并通过电话让其亲属筹钱还款。

请思考：本案中，乙的行为是否合法？乙可以通过何种途径来维护自己的权益？

一、经济纠纷的概念

经济纠纷，也称经济争议，是指平等主体之间发生的以经济权利和义务为内容的社会纠纷。在市场经济条件下，经济主体的多元化与主体利益的相对独立化使得经济纠纷的发生不可避免。市场经济活动中，合同是平等的市场主体间确立交易关系、追求和实现经济利益的普遍形式，因此合同纠纷是常见的经济纠纷。此外，侵权纠纷（如商标权纠纷、专利权纠纷、财产所有权纠纷等）也是经济纠纷的组成部分。

二、经济纠纷的解决方式

为了保护当事人的合法权益，维持社会经济秩序，必须利用有效手段，及时解决经济纠纷。经济纠纷的解决机制经历了由自力救济到公力救济的发展过程，形成了多元化的纠纷解决体系，主要包括自力救济、社会救济和公力救济。自力救济是指经济纠纷的主体在没有第三方的参与下、依靠自己的力量解决纠纷，其典型方式是和解。社会救济是指依靠第三方的社会力量来解决纠纷，如调解等。公力救济是指纠纷当事人行使诉讼权，请求人民法院依法保护自己的权益的救济措施，典型的就是民事诉讼。在我国，解决经济纠纷的途径和方式主要有和解、调解、仲裁和诉讼等四种方式。

（一）和解

和解，就是协商解决。和解是指经济纠纷当事人在自愿互谅的基础上，就已经发生的争议进行协商并达成协议，自行解决争议的一种方式。

（二）调解

调解，是指双方当事人以外的第三方，对纠纷当事人进行调停说和，促使他们在相互谅解的基础上自愿达成协议，解决纠纷的活动。我国现有的调解方式包括法院调解、人民调解、仲裁调解等。

（三）仲裁

仲裁，是指由当事人选定的仲裁机构对纠纷进行审理并作出裁决的一种方式。仲裁不同于调解，仲裁裁决对当事人有法律上的拘束力。但是，仲裁与调解一样，也是以当事人的自愿为前提的。

（四）经济诉讼

经济诉讼是指人民法院在当事人和其他诉讼参与人的参加下，依民事诉讼程序依法审理和解决经济纠纷的活动。

社会纠纷的解决机制有自力救济、社会救济和公力解决。

以上四种方式中，和解属于自力救济，也就是当事人依靠自己的力量解决纠纷。调解和仲裁属于社会解决，经济诉讼属于公力救济。在现代文明社会中，公力救济是保护当事人权利的主要手段。本书将对经济仲裁和经济诉讼作重点介绍。

第二节　经济仲裁

案例导读

北京天明商贸公司与湖南地新制革厂签订了一份皮衣买卖合同，合同中约定“如因皮衣买卖合同发生争议，提交北京市仲裁委员会裁决”。后因送货地点发生争议，天明商贸公司向对方所在地的人民法院起诉。

请思考：本案中，法院应否受理北京天明商贸公司的起诉？

一、经济仲裁概述

（一）经济仲裁的概念

仲裁，也叫公断，是指发生争议的当事人在争议发生之前或者争议发生之后达成仲裁协议，自愿将其争议提交给第三方作出裁决的一种纠纷解决方法。

经济仲裁是指经济纠纷的当事人根据仲裁协议，将彼此之间发生的经济争议提交给选定的仲裁机构，由仲裁机构依法作出裁决的活动。

（二）仲裁的适用范围

并不是所有的法律纠纷都可以进行仲裁，依照《中华人民共和国仲裁法》（以下简称《仲裁法》）的规定，仲裁的适用范围是“平等主体的公民、法人和其他组织之间发生的合同纠纷和其他财产权益纠纷”。合同纠纷是市场经济活动中常见的纠纷，通常因合同当事人订立或履行各类经济合同而产生，经济纠纷也包括知识产权纠纷、产品质量纠纷、因侵权行为引发的纠纷等。

根据《仲裁法》的规定，下列纠纷不适用仲裁。① 婚姻、收养、监护、抚养、继承纠纷。因这类纠纷往往涉及当事人不能自由处分的身份关系，需要由法院作出判决或由政府机关作出决定，因此不属于仲裁的范围。② 依法应当由行政机关处理的行政争议。行政争议，是国家行政机关之间，或者国家行政机关与企事业单位，社会团体及公民之间，由于行政管理而引起的争议。这类纠纷应当通过行政复议或行政诉讼解决。③ 劳动争议和农业承包合同纠纷。根据《仲裁法》第 77 条的规定，劳动争议和农业集体经济组织内部的农业承包合同纠纷的仲裁，另行规定。也就是说，劳动争议和农业集体经济组织内部的农业承包合同纠纷，不属于《仲裁法》所规定的仲裁范围。

二、经济仲裁的基本原则

（一）自愿原则

自愿原则也称意思自治原则，是世界各国和国际仲裁活动中普遍遵守的原则。经济纠纷发生后，当事人是否选择仲裁方式解决纠纷，应当以双方自愿为前提。当事人选择仲裁方式解决纠纷的，应当达成仲裁协议。没有仲裁协议，一方申请仲裁的，仲裁委员会不予受理。仲裁委员会由当事人协议选定，不实行级别管辖和地域管辖。

（二）依据事实和法律，公平合理地解决纠纷的原则

仲裁要坚持以事实为依据，以法律为准绳的原则。在法律没有规定或者规定不完备的情况下，仲裁庭可以按照公平合理的原则来明确各方当事人的权利和义务，以解决纠纷。

（三）独立仲裁原则

仲裁机构不依附于任何机关而独立存在，仲裁依法独立进行，不受任何行政机关、社会团体和个人的干涉。

（四）或裁或审、一裁终局原则

当事人可以根据协议选择仲裁或者诉讼来解决经济纠纷，二者只能选择其一。当事人达成仲裁协议，一方向人民法院起诉的，人民法院不予受理，也不能在仲裁之后再向法院起诉。仲裁机构作出的仲裁裁决为终局裁决，仲裁裁决作出后，当事人就同一纠纷再申请仲裁或向人民法院起诉的，仲裁委员会或者人民法院不予受理。

↘ **典型案例 8-1：** 2006 年 7 月，石家庄市 A 健身中心与广州市 B 健身器械公司签订了一份购销合同。合同中约定：“因履行合同发生的争议，由双方协商解决；无法协商解决的，

由仲裁机构仲裁。”2006年9月，双方发生争议，A健身中心向其所在地的石家庄市仲裁委员会递交了仲裁申请书，但B健身器械公司拒绝答辩。同年11月，双方经过协商，重新签订了一份仲裁协议，并商定将此合同争议提交B健身器械公司所在地的广州市仲裁委员会仲裁。事后A健身中心担心广州市仲裁委员会实行地方保护主义，偏袒B健身器械公司，故未申请仲裁，而向合同履行地人民法院提起诉讼，且起诉时说明此前曾两次约定仲裁的情况，法院受理此案。

请问：

（1）购销合同中的仲裁条款及争议发生后双方重新签订的仲裁协议是否有效？为什么？

（2）A健身中心向法院提起诉讼正确与否？为什么？

三、仲裁委员会

在我国，仲裁委员会是对经济合同纠纷和其他财产权益纠纷进行仲裁的机构。按照《仲裁法》规定，仲裁委员会可以在直辖市和省、自治区人民政府所在地的市设立，也可根据需要在其他设区的市设立。仲裁委员会不按行政区划层层设立，仲裁委员会独立于行政机关，与行政机关没有隶属关系，仲裁委员会之间也没有隶属关系。仲裁委员会应当具备下列条件：① 有自己的名称、住所和章程；② 有必要的财产；③ 有该委员会的组成人员；④ 有聘任的仲裁员。

仲裁委员会由主任1人、副主任2～4人和委员7～11人组成，其中法律、经济贸易专家不得少于三分之二。仲裁委员会的主任、副主任和委员由法律、经济贸易专家和有实际工作经验的人员担任。

四、仲裁协议

仲裁协议包括合同中订立的仲裁条款和以其他书面方式在纠纷发生前或者纠纷发生后达成的请求仲裁的协议。仲裁协议应当具有下列内容：① 请求仲裁的意思表示；② 仲裁事项；③ 选定的仲裁委员会。

有下列情形之一的，仲裁协议无效：① 约定的仲裁事项超出法律规定的仲裁范围的；② 无民事行为能力人或者限制民事行为能力人订立的仲裁协议；③ 一方采取胁迫手段，迫使对方订立仲裁协议的。

仲裁协议对仲裁事项或仲裁委员会没有约定或约定不明确的，当事人可以补充协议；达不成补充协议的，仲裁协议无效。

仲裁协议独立存在，合同的变更、解除、终止或者无效，不影响仲裁协议的效力。

>> **想一想** 根据我国有关法律规定，在下列哪些情形下仲裁协议无效？

A. 约定的仲裁事项属于平等主体之间有关人身关系的纠纷

B. 约定的仲裁事项是不动产纠纷，在民事诉讼法上属于法院专属管辖的案件

C. 载有仲裁条款的合同因违反法律的禁止性规定而无效

D. 仲裁条款约定“因本合同履行发生的一切争议，由地处江苏省的仲裁委员会进行仲裁”

当事人对仲裁协议的效力有异议的，可以请求仲裁委员会作出决定或者请求人民法院作出裁定。一方请求仲裁委员会作出决定，另一方请求人民法院作出裁定的，由人民法院裁定。

当事人对仲裁协议的效力有异议的，应当在仲裁庭首次开庭前提出。

五、仲裁程序

（一）提出仲裁申请

仲裁不实行级别管辖和地域管辖，由当事人协商达成的仲裁协议选定仲裁委员会。

当事人达成仲裁协议，一方向人民法院起诉时未声明有仲裁协议的，人民法院受理后，另一方在人民法院“首次开庭前”提交仲裁协议的，人民法院应当驳回起诉，但仲裁协议无效的除外；另一方在“首次开庭前”未对人民法院受理该案提出异议的，视为放弃仲裁协议，人民法院应当继续审理。

（二）组成仲裁庭

在我国，仲裁庭的组成形式有两种，即合议仲裁庭和独任仲裁庭。仲裁庭的组成必须按照法定程序进行。

仲裁庭由 3 名或者 1 名仲裁员组成。由 3 名仲裁员组成的，设首席仲裁员。当事人约定由 3 名仲裁员组成仲裁庭的，应当各自选定或者各自委托仲裁委员会主任指定 1 名仲裁员，第 3 名仲裁员由当事人共同选定或者共同委托仲裁委员会主任指定，第 3 名仲裁员为首席仲裁员。当事人约定由 1 名仲裁员成立仲裁庭的，应当由当事人共同选定或者共同委托仲裁委员会主任指定。

仲裁员有下列情况之一的，必须回避，当事人也有权提出回避申请：① 是本案当事人或者当事人、代理人的近亲属；② 与本案有利害关系；③ 与本案当事人、代理人有其他关系，可能影响公正仲裁的；④ 私自会见当事人、代理人，或者接受当事人、代理人的请客或送礼的。

↘ **典型案例 8-2：**某修配厂与某研究所签订一份技术转让合同，合同中规定：“因本合同发生的一切争议应提交 A 市仲裁委员会仲裁。”合同履行过程中，修配厂认为该项技术存在缺陷，双方发生争议。修配厂据此向 A 仲裁委员会申请仲裁，双方当事人均未选定仲裁员，共同委托仲裁委员会主任丁某指定仲裁员组成仲裁庭。丁某于是指定了甲、乙、丙三名仲裁员。修配厂认为甲与研究所有利害关系，申请其回避。首席仲裁员丙审查后确认申请理由不实，决定开庭审理。裁决作出后，修配厂以仲裁员甲在仲裁该案时应予回避而未回避为由，向 A 市中级人民法院申请撤销裁决。

请问：以上关于仲裁员的确定存在哪些问题？

（三）开庭与裁决

仲裁应当开庭进行；当事人协议不开庭的，仲裁庭可以根据仲裁申请书、答辩书及其他材料作出裁决。仲裁不公开进行；当事人协议公开的，可以公开进行，但涉及国家秘密的除外。

申请仲裁后，当事人可以自行和解。达成和解协议的，可以请求仲裁庭根据和解协议作出裁决书，也可以撤回仲裁申请。当事人达成和解协议，撤回仲裁申请后又反悔的，可以根据仲裁协议申请仲裁。

仲裁庭在作出裁决前，可以先行调解。当事人自愿调解的，仲裁庭应当调解。调解不成的，仲裁庭应当及时作出裁决。调解达成协议的，仲裁庭应当制作调解书或者根据协议的结果制作裁决书，调解书与裁决书具有同等的法律效力。调解书经双方当事人签收后，即发生法律效力。在调解书签收前当事人反悔的，仲裁庭应当及时作出裁决。

仲裁裁决应当按照多数仲裁员的意见作出；仲裁庭不能形成多数意见时，裁决应当按照首席仲裁员的意见作出。裁决书自“作出”之日起发生法律效力。

六、仲裁裁决的申请撤销

当事人提出证据证明裁决有下列情形之一的，可以向仲裁委员会所在地的中级人民法院申请撤销裁决：① 没有仲裁协议的；② 裁决的事项不属于仲裁协议的范围或者仲裁委员会无权仲裁的；③ 仲裁庭的组成或者仲裁的程序违反法定程序的；④ 仲裁裁决所依据的证据是伪造的；⑤ 对方当事人隐瞒了足以影响公正裁决的证据的；⑥ 仲裁员在仲裁该案时有索贿、徇私舞弊、枉法裁决行为的。

人民法院经组成合议庭审查核实裁决有上述规定情形之一的，应当裁定撤销。人民法院认定该裁决违背社会公共利益的，应当裁定撤销。当事人申请撤销裁决的，应当自收到裁决书之日起六个月内提出。

七、仲裁裁决的执行

当事人应当履行仲裁裁决。如果一方当事人不履行裁决的，另一方当事人可以按照《民事诉讼法》的有关规定向人民法院申请执行。

第三节 经济诉讼

案例导读

居住在甲市的吴某与居住在乙市的王某在丙市签订了一份协议，吴某将一幅名人字画以10万元的价格卖给王某并约定10日内双方在丙市一手交钱一手交货，后吴某反悔并告知王某自己已将字画卖给他人。

请思考：王某若想追究吴某的违约责任，应向何地法院起诉？

经济诉讼是司法机关在当事人及其他诉讼参与人的参加下，依照法定程序和方式审理案件，解决经济纠纷的活动。经济案件的审判权由人民法院行使。我国没有专门的经济诉讼的立法，人民法院受理公民之间、法人之间、其他组织之间，以及他们相互之间因财产关系提起的经济诉讼，适用《民事诉讼法》的规定。

一、经济纠纷的审判机构及受案范围

我国的经济纠纷审判机构是各级人民法院及铁路运输法院、海事法院等专门法院经济审判庭。

各级人民法院经济审判庭主要审理以下经济案件：① 经济合同纠纷案件；② 技术合同纠纷案件；③ 涉外或港澳台经济纠纷案件；④ 农村承包合同纠纷案件；⑤ 经济损害赔偿纠纷案件；⑥ 工业产权纠纷案件；⑦ 企业破产案件；⑧ 企业承包经营合同和企业租赁经营合同纠纷案件；⑨ 其他经济纠纷案件。

每个铁路分局所在地设立铁路运输基层法院，每个铁路局所在地设立铁路运输中级人民法院。此外，最高人民法院于1988年设立交通运输审判庭，主要审理在全国范围内有重大影响的和各高级人民法院移送的重大、疑难的交通运输案件，包括一审案件、上诉案件和再审案件。我国在上海、天津、广州、青岛、大连、厦门、海口和武汉设立了海事法院，它们与中级人民法院同级，二审法院为各海事法院所在地的高级人民法院。

二、经济诉讼的案件管辖

案件管辖是指人民法院受理第一审民事案件的分工和权限。人民法院在其管辖范围内行使审判权，称为管辖权。《民事诉讼法》规定，管辖分为级别管辖、地域管辖、移送管辖、指定管辖等。

（一）级别管辖

级别管辖是指在当事人参加诉讼，便于人民法院办案前提下，根据案件大小、频繁程度、影响大小、当事人行政隶属关系等情况，划分上下级人民法院之间受理第一审经济纠纷案件的分工和权限。

根据我国《民事诉讼法》的规定，基层人民法院管辖第一审民事案件，但法律另有规定的除外。

中级人民法院管辖下列第一审民事案件：① 重大涉外案件；② 在本辖区有重大影响的案件；③ 最高人民法院确定由中级人民法院管辖的案件。

高级人民法院管辖在本辖区有重大影响的第一审民事案件。

最高人民法院管辖下列第一审民事案件：① 在全国有重大影响的案件；② 认为应当由本院审理的案件。

（二）地域管辖

地域管辖是指根据当事人及标的物与地域之间的关系，确定同级人民法院之间受理第一审经济纠纷案件的分工和权限。

1. 一般地域管辖

实行“原告就被告”原则。对公民提起的诉讼，由被告住所地人民法院管辖。被告住所地与经常居住地不一致的，由经常居住地人民法院管辖。但下列民事诉讼，由原告住所地人民法院管辖，原告住所地与经常居住地不一致的，由原告经常居住地人民法院管辖：① 对不在中华人民共和国领域内居住的人提起的有关身份关系的诉讼；② 对下落不明或者宣告失踪的人提起的有关身份关系的诉讼；③ 对被采取强制性教育措施的人提起的诉讼；④ 对被监禁的人提起的诉讼。

对法人或者其他组织提起的民事诉讼，由被告住所地人民法院管辖。同一诉讼的几个被告住所地、经常居住地在两个以上人民法院辖区的，各该人民法院都有管辖权。

2. 特殊地域管辖

（1）因合同纠纷提起的诉讼，由被告住所地或者合同履行地的人民法院管辖。

（2）因保险合同纠纷提起的诉讼，由被告住所地或者保险标的物所在地的人民法院管辖。

（3）因票据纠纷提起的诉讼，由票据支付地或者被告住所地的人民法院管辖。

（4）因侵权行为提起的诉讼，由侵权行为地或者被告住所地的人民法院管辖。

（5）因铁路、公路、水上和航空事故请求损害赔偿提起的诉讼，由事故发生地或者车辆、船舶最先到达地、航空器最先降落地或者被告住所地人民法院管辖。

（6）因铁路、公路、水上、航空和联合运输合同纠纷提起的诉讼，由运输始发地、目的地或者被告住所地人民法院管辖。

（7）因公司设立、确认股东资格、分配利润、解散等纠纷提起的诉讼，由公司住所地人民法院管辖。

（8）因船舶碰撞或者其他海事损害事故请求损害赔偿提起的诉讼，由碰撞发生地、碰撞船舶最先到达地、加害船舶被扣留地或者被告住所地人民法院管辖。

（9）因海难救助费用提起的诉讼，由救助地或者被救助船舶最先到达地人民法院管辖。

（10）因共同海损提起的诉讼，由船舶最先到达地、共同海损理算地或者航程终止地的人民法院管辖。

↘ **典型案例 8-3：** 位于甲区的建筑工程公司与位于乙区的龙发集团公司签订了一份在丙区建筑一栋 3 层共计 6 000 平方米的超市用房的建筑工程承包合同。工程竣工并验收后，龙发集团公司仅支付了部分工程款，拖欠了 70 万元一直未支付。建筑工程公司决定起诉。

请问：哪个法院有管辖权？

3. 专属管辖

（1）因不动产纠纷提起的诉讼，由不动产所在地人民法院管辖。

（2）因港口作业中发生纠纷提起的诉讼，由港口所在地人民法院管辖。

（3）因继承遗产纠纷提起的诉讼，由被继承人死亡时住所地或者主要遗产所在地人民法院管辖。

》**想一想** 甲市的孙某欲将其所有的位于乙市的一栋商业用房出售。丙市的黎某与丁市的余某商定联手买下孙某的该栋商用房。买卖双方在合同中约定，如果发生争议应当在甲市法院起诉。试问如果双方因合同价款支付问题发生纠纷，孙某欲行起诉，则下列哪项正确？

A. 应向甲市法院起诉

B. 可以选择乙市、丙市或者丁市的法院起诉

C. 只能向乙市法院起诉

D. 可以选择向丙市或者丁市的法院起诉

合同或者其他财产权益纠纷的当事人可以签订书面协议选择被告住所地、合同履行地、合同签订地、原告住所地、标的物所在地等与争议有实际联系的地点的人民法院管辖，但不得违反《民事诉讼法》对级别管辖和专属管辖的规定。

根据法律规定，两个以上人民法院都有管辖权的诉讼，原告可以向其中一个人民法院起诉；原告向两个以上有管辖权的人民法院起诉的，由最先立案的人民法院管辖。

（三）移送管辖和指定管辖

移送管辖是指法院受理案件后，发现自己对此案无管辖权，应当将案件移送给有管辖权的法院受理。受移送的人民法院认为受移送的案件依照规定不属于本院管辖的，应当报请上级人民法院指定管辖，不得再自行移送。

指定管辖是指有管辖权的人民法院由于特殊原因，不能行使管辖权的，由上级人民法院指定管辖，或者不同法院之间因管辖权发生争议，由争议双方协商解决，协商解决不了的，

报请它们的共同上级人民法院指定管辖。

上级人民法院有权审理下级人民法院管辖的第一审民事案件；确有必要将本院管辖的第一审民事案件交下级人民法院审理的，应当报请其上级人民法院批准。下级人民法院对它所管辖的第一审民事案件，认为需要由上级人民法院审理的，可以报请上级人民法院审理。

↘ **典型案例 8-4**：户口在甲区的刘某与户口在乙区的张某于 2008 年 5 月结婚，结婚后，刘某随张某居住在乙区张某家中，但并未迁出户口。2009 年 3 月，因感情不和，刘某搬回自己在甲区的家中。2011 年 10 月，张某以感情不和为由向刘某婚后的居住地乙区人民法院起诉，要求离婚。乙区法院受理案件后，经查发现 2009 年 3 月刘某就已搬回甲区，于是以乙区不构成刘某的经常居住地为由将案件移送给甲区法院。甲区人民法院接到移送后，经查发现因工作关系，刘某的户口 2009 年 12 月已经迁至丙区，并住进单位宿舍。

请问：此时甲区人民法院从程序上应作何处理？

三、审判组织和诉讼参加人

（一）审判组织

人民法院审理第一审民事案件，由审判员、陪审员共同组成合议庭或者由审判员组成合议庭。合议庭的成员人数，必须是单数。适用简易程序审理的民事案件，由审判员一人独任审理。陪审员在执行陪审职务时，与审判员有同等的权利和义务。

人民法院审理第二审民事案件，由审判员组成合议庭。合议庭的成员人数，必须是单数。

发回重审的案件，原审人民法院应当按照第一审程序另行组成合议庭。

审理再审案件，原来是第一审的，按照第一审程序另行组成合议庭；原来是第二审的或者是上级人民法院提审的，按照第二审程序另行组成合议庭。

（二）诉讼参加人

1. 当事人

公民、法人和其他组织可以作为民事诉讼的当事人。

法人由其法定代表人进行诉讼。其他组织由其主要负责人进行诉讼。

当事人一方或者双方为两人以上，其诉讼标的是共同的，或者诉讼标的是同一种类、人民法院认为可以合并审理并经当事人同意的，为共同诉讼。

2. 诉讼代理人

无诉讼行为能力人由他的监护人作为法定代理人代为诉讼。法定代理人之间互相推诿代理责任的，由人民法院指定其中一人代为诉讼。

当事人有权委托代理人。下列人员可以被委托为诉讼代理人：律师、基层法律服务工作者；当事人的近亲属或者工作人员；当事人所在社区、单位及有关社会团体推荐的公民。

四、经济诉讼的审判程序

我国实行两审终审的审判制度。审判程序包括第一审程序、第二审程序、审判监督程序等。第一审程序包括第一审普通程序和简易程序。

（一）第一审程序

1. 起诉和受理

起诉是公民、法人或其他组织，认为自己的经济权利受到侵犯或与他人发生争议，以自己的名义，请求人民法院依法审判，给予法律保护的诉讼行为。

起诉必须符合下列条件：① 原告是与本案有直接利害关系的公民、法人和其他组织；② 有明确的被告；③ 有具体的诉讼请求和事实、理由；④ 属于人民法院受理范围和受诉人民法院管辖。

起诉应当向人民法院递交起诉状，并按照被告人数提出副本。民事诉讼的起诉状应当记明下列事项：① 原告的姓名、性别、年龄、民族、职业、工作单位、住所、联系方式，法人或者其他组织的名称、住所和法定代表人或者主要负责人的姓名、职务、联系方式；② 被告的姓名、性别、工作单位、住所等信息，法人或者其他组织的名称、住所等信息；③ 诉讼请求和所根据的事实与理由；④ 证据和证据来源，证人姓名和住所。

人民法院接到当事人提交的民事起诉状时，对符合起诉条件的，应当登记立案。

人民法院审理经济纠纷案件，根据当事人自愿的原则，适宜调解的先行调解。调解达成协议的，人民法院应制作调解书，经双方当事人签字和法院盖章后生效，具有法律效力。调解未达成协议或者调解书送达前一方或双方反悔的，人民法院应及时作出判决。

人民法院对下列起诉，分别情形予以处理：① 依照行政诉讼法的规定，属于行政诉讼受案范围的，告知原告提起行政诉讼；② 依照法律规定，双方当事人达成书面仲裁协议申请仲裁、不得向人民法院起诉的，告知原告向仲裁机构申请仲裁；③ 依照法律规定，应当由其他机关处理的争议，告知原告向有关机关申请解决；④ 对不属于本院管辖的案件，告知原告向有管辖权的人民法院起诉；⑤ 对判决、裁定、调解书已经发生法律效力的案件，当事人又起诉的，告知原告申请再审，但人民法院准许撤诉的裁定除外；⑥ 依照法律规定，在一定期限内不得起诉的案件，在不得起诉的期限内起诉的，不予受理；⑦ 判决不准离婚和调解和好的离婚案件，判决、调解维持收养关系的案件，没有新情况、新理由，原告在六个月内又起诉的，不予受理。

2. 审理前的准备

人民法院应当在立案之日起五日内将起诉状副本发送给被告，被告应当在收到之日起十五日内提出答辩状。人民法院应当在收到答辩状之日起五日内将答辩状副本发送给原告。人民法院对决定受理的案件，应当在受理案件通知书和应诉通知书中向当事人告知有关的诉讼权利和义务，或者口头告知。合议庭组成人员确定后，应当在三日内告知当事人。

3. 开庭审理

人民法院审理经济案件，除涉及国家秘密、个人隐私或者法律另有规定的以外，应当公开进行。涉及商业秘密的案件，当事人申请不公开审理的，可以不公开审理。

人民法院应当在开庭三日前通知当事人和其他诉讼参与人。公开审理的，应当公告当事人姓名、案由和开庭的时间、地点。

法庭调查按照下列顺序进行：① 当事人陈述；② 告知证人的权利和义务，证人作证，宣读未到庭的证人证言；③ 出示书证、物证、视听资料和电子数据；④ 宣读鉴定意见；⑤ 宣读勘验笔录。

法庭辩论按照下列顺序进行：① 原告及其诉讼代理人发言；② 被告及其诉讼代理人答辩；③ 第三人及其诉讼代理人发言或者答辩；④ 互相辩论。法庭辩论终结，由审判长按照原告、被告、第三人的先后顺序征询各方最后意见。

4. 判决

法庭辩论终结，应当依法作出判决。判决前能够调解的，还可以进行调解，调解不成的，应当及时判决。

人民法院对公开审理或者不公开审理的案件，一律公开宣告判决。当庭宣判的，应当在十日内发送判决书；定期宣判的，宣判后立即发给判决书。宣告判决时，必须告知当事人上诉权利、上诉期限和上诉的法院。

简易程序是指基层人民法院和它派出的人民法庭审理简单案件所适用的既独立又简便易行的诉讼程序。适用简易程序的案件由审判员一人独任审理，主要适用于事实清楚、权利义务关系明确、争议不大的简单的案件。当事人对争议的事实陈述基本一致，并能提供相应的证据，无须人民法院调查收集证据即可查明事实；能明确区分谁是责任的承担者，谁是权利的享有者；当事人对案件的是非、责任承担及诉讼标的争执无原则性分歧。对简单的民事案件，原告可以口头起诉。适用简易程序审理的案件，由审判员独任审判，书记员担任记录。人民法院适用简易程序审理的案件，应当在立案之日起三个月内审结。

（二）第二审程序

当事人不服地方各级人民法院第一审判决的，有权向上一级人民法院提起上诉。第二审人民法院审理上诉案件，应组成合议庭进行。

第二审人民法院对上诉案件，经过审理，按照下列情形分别处理：① 原判决、裁定认定事实清楚，适用法律正确的，以判决、裁定方式驳回上诉，维持原判决、裁定；② 原判决、裁定认定事实错误或者适用法律错误的，以判决、裁定方式依法改判、撤销或者变更；③ 原判决认定基本事实不清的，裁定撤销原判决，发回原审人民法院重审，或者查清事实后改判；④ 原判决遗漏当事人或者违法缺席判决等严重违反法定程序的，裁定撤销原判决，发回原审人民法院重审。

↘ **典型案例 8-5：**原告张某诉被告韩某合伙纠纷一案，原告方请求人民法院判决解除其与被告方合伙经营饭馆的合同关系。此案经某县人民法院进行审理，判决解除原被告之间的合伙关系。被告方不服，向某市中级人民法院提起上诉。二审人民法院指定审判员沈某处理此案。沈某经过调查审理，判决维持原判。

请问：人民法院对此案的处理在程序上是否正确？

（三）审判监督程序

审判监督程序是人民法院对已经发生法律效力的判决、裁定，发现确有错误，依法对案件进行再审的程序。

各级人民法院院长对本院已经发生法律效力的判决、裁定、调解书，发现确有错误，认为需要再审的，应当提交审判委员会讨论决定。最高人民法院对地方各级人民法院已经发生法律效力的判决、裁定、调解书，上级人民法院对下级人民法院已经发生法律效力的判决、裁定、调解书，发现确有错误的，有权提审或者指令下级人民法院再审。当事人对已经发生法律效力的判决、裁定，认为有错误的，可以向上一级人民法院申请再审；当事人一方人数众多或者当事人双方为公民的案件，也可以向原审人民法院申请再审。

最高人民检察院对各级人民法院已经发生法律效力的判决、裁定，上级人民检察院对下级人民法院已经发生法律效力的判决、裁定，发现民事诉讼法规定的特定情形并在法律规定的职权范围内，应当提出抗诉。

人民法院审理再审案件，应当另行组成合议庭。人民法院按照审判监督程序再审的案件，发生法律效力的判决、裁定是由第一审法院作出的，按照第一审程序审理，所作的判决、裁定，当事人可以上诉；发生法律效力的判决、裁定是由第二审法院作出的，按照第二审程序审理，所作的判决、裁定是发生法律效力的判决、裁定；上级人民法院按照审判监督程序提审的，按照第二审程序审理，所作的判决、裁定是发生法律效力的判决、裁定。

五、执行程序

发生法律效力的民事判决、裁定，以及刑事判决、裁定中的财产部分，由第一审人民法院或者与第一审人民法院同级的被执行的财产所在地人民法院执行。法律规定由人民法院执行的其他法律文书，由被执行人住所地或者被执行的财产所在地人民法院执行。

发生法律效力的民事判决、裁定，当事人必须履行。一方拒绝履行的，对方当事人可以向人民法院申请执行，也可以由审判员移送执行员执行。调解书和其他应当由人民法院执行的法律文书，当事人必须履行。一方拒绝履行的，对方当事人可以向人民法院申请执行。对依法设立的仲裁机构的裁决，一方当事人不履行的，对方当事人可以向有管辖权的人民法院申请执行。受申请的人民法院应当执行。

拓展阅读

民事起诉状范文格式：

民事起诉状

原告：写明姓名、性别、年龄、民族、籍贯、文化程度、所在工作单位及地址、家庭地址和户口所在地及电话号码、邮政编码。

被告：写明姓名、性别、年龄、民族、籍贯、文化程度、所在工作单位及地址、户口所在地或经常居住地（一年以上）、邮政编码、联系电话。

案由：

诉讼请求：

事实与理由：

证据及证据来源，证人姓名和住址：

此致

×××人民法院

起诉人：

年　　月　　日

附：起诉书副本（　）份

复习思考题

1. 经济纠纷的解决途径有哪些？
2. 简述仲裁的适用范围。
3. 简述仲裁的基本原则。
4. 简述经济诉讼的案件管辖。
5. 我国经济诉讼包括哪些程序？
6. 简述起诉的条件。
7. 第二审程序对上诉案件的处理结果有哪几种？
8. 审判监督程序的提起主体有哪些？

案例分析

1. 天南公司与海北公司于某年6月签订了一份融资租赁合同，约定由天南公司进口一套化工生产设备，租给海北公司使用，海北公司按年交付租金。甲省A银行出具担保函，为海北公司提供担保。后来天南公司与海北公司因履行合同发生争议。

请根据以下假设条件回答：

（1）如果天南公司与海北公司签订的合同中约定了以下仲裁条款："因本合同的履行所发生的一切争议，均提交乙市仲裁委员会仲裁"，天南公司因海北公司无力支付租金，向乙市仲裁委员会申请仲裁，将海北公司和A银行作为被申请人，请求裁决被申请人给付拖欠的租金。天南公司的行为是否正确？为什么？

（2）如果存在上问中所说的仲裁条款，天南公司能否向人民法院起诉海北公司和A银行，请求支付拖欠的租金？为什么？

（3）如果本案通过仲裁程序处理，天南公司向仲裁委员会申请对海北公司的财产采取保全措施，仲裁委员会应当如何处理？

（4）如果本案通过仲裁程序处理后，在对仲裁裁决执行的过程中，法院裁定对裁决不予执行，在此情况下，天南公司可以通过什么法律程序解决争议？

2. 一日，家住南京市鼓楼区的张某与家住南京白下区的王某在江宁区为停车发生口角，王某喊来家住安徽省马鞍山市雨山区的刘某帮忙动手打张某。刘某用一块砖头砸中张某腹部，张某忍痛逃跑，终于摆脱了王某和刘某。第二天，张某在家中自感腹部疼痛难忍，到医院就诊后查出脾脏受伤，张某为此花去了医疗费近万元。后来张某通过熟人找到王某，在熟人的调解下王某答应赔偿，双方当即签了一份协议，协议约定赔偿的医药费以2万元为限，王某先付5 000元，余款15日内付清。协议中还约定，若因为履行该协议发生纠纷，双方可以通过向南京市中级人民法院提起诉讼来解决。后来张某的治疗费接近3万元，王某付了5 000元后也未再付款。现张某准备向法院起诉。

请问：张某可以向哪些法院提起诉讼？

3. 原告李某于20××年9月1日向某基层法院起诉要求被告张某夫妇返还欠款1万元，并在起诉时向法院提交了起诉状及证明原被告之间存在债权债务关系的借据一份。该基层法院受理案件后，确定由某法官独任审理，并通知被告应诉答辩。在被告没有提交答辩状的情况下，独任法官于同月 27 日上午按照简易程序进行了开庭审理。开庭审理中被告方坚决否认与原告之间存在债务关系，并辩称，自己一家根本不认识原告，借条是因 20××年 4 月 26 日其装有房产证的手袋被冯某抢走，其后冯某又带原告李某到张家用刀胁迫其一家人签订的，并威胁如报案就杀死其全家。因此，被告方实际上根本不存在向原告借款的事实，事发后张氏一家也没敢报案。20××年 9 月 29 日，法院作出一审判决，判令被告方于判决生效后 10 日内清还原告借款一万元及利息。同年 10 月 12 日，一审判决书送达双方当事人。被告方收到判决书后，虽然表示了不服，但在上诉期间内没有提出上诉。上诉期满，因双方当事人均无上诉，一审判决生效。在法院决定强制执行判决时，被告方中的一对老人夫妇在法院门口服毒自杀。

请问：

（1）法院是否应当适用简易程序审理此案？

（2）如果被告一方不同意法院适用简易程序进行审理，应如何处理？

（3）在开庭审理中如果发现案件不宜适用简易程序进行审理的话应如何处理？

4. 王某与李某因合同纠纷诉诸法院，一审法院判决被告李某在判决生效后的 10 日以内交付全部货物并支付违约金 5 000 元，李某不服，向市中级人民法院提起了上诉。二审法院经审理，判决驳回李某的上诉，维持原判。李某仍然不服，向市中级人民法院申请再审。在审查再审申请期间，王某申请一审法院强制执行，一审法院认为，李某已申请再审，便裁定中止执行。在裁定中止执行以后，二审法院审判委员会讨论决定：决定再审，并裁定撤销原一审与二审的判决，发回一审法院重新审判。

请问：本案在程序上存在哪些问题？为什么？

技能训练

1. 制作一份民事诉讼状。

2. 以班级为单位，分成若干小组，分角色模拟经济案件的诉讼程序。

参 考 文 献

[1] 刘文华. 经济法. 4 版. 北京：中国人民大学出版社，2012.
[2] 牛洪光. 经济法. 2 版. 北京：机械工业出版社，2014.
[3] 杨紫煊. 经济法. 5 版. 北京：北京大学出版社，2014.
[4] 韦静. 新编经济法教程. 天津：南开大学出版社，2012.
[5] 张良，蔡占华. 经济法基础与实务. 北京：中国轻工业出版社，2013.
[6] 宋立成. 经济法概论. 北京：中国人民大学出版社，2015.
[7] 刘丽华. 经济法概论. 北京：中国商业出版社，2014.
[8] 李方武. 经济法基础. 北京：电子工业出版社，2010.
[9] 高慧云. 经济法实务. 北京：电子工业出版社，2012.
[10] 梁敏，何辛. 新编经济法实用教程. 5 版. 大连：大连理工大学出版社，2009.
[11] 崔保群，唐邦勋. 经济法概论. 北京：现代教育出版社，2012.
[12] 曹洪臣. 经济法概论. 北京：首都经济贸易大学出版社，2009.
[13] 王金荣，钟亚华. 经济法基础. 北京：电子工业出版社，2011.
[14] 崔建远. 合同法. 4 版. 北京：法律出版社，2007.
[15] 王利明. 合同法. 3 版. 北京：中国人民大学出版社，2009.
[16] 梁慧星. 民法总论. 4 版. 北京：法律出版社，2010.
[17] 范健. 商法. 北京：高等教育出版社，2007.
[18] 李昌麒. 经济法学. 北京：法律出版社，2007.
[19] 吴汉东. 知识产权法. 北京：经济管理出版社，2000.
[20] 关怀. 劳动法教程. 北京：法律出版社，2013.
[21] 王伟杰. 劳动合同法原理与应用. 北京：中国人民大学出版社，2009.
[22] 张斌生. 仲裁法新论. 3 版. 厦门：厦门大学出版社，2008.